Schöningh

TEAM 1

Arbeitsbuch für Politik und Wirtschaft

Herausgegeben von:
Wolfgang Mattes

Erarbeitet von:
Karin Herzig, Wolfgang Mattes,
Andreas Müller

www.schoeningh-schulbuch.de
Schöningh Verlag, Jühenplatz 1–3, 33098 Paderborn

Druck 5 4 3 2 1 / Jahr 2015 14 13 12 11
Die letzte Zahl bezeichnet das Jahr dieses Druckes.

Umschlaggestaltung: Nora Krull, Bielefeld
Fotos: © vario images (U1 beide), © blickwinkel/McPHOTOs (U4 links), Dominique Ecken/Keystone (U4 rechts)
Illustrationen: Reinhild Kassing, Kassel
Druck und Bindung: westermann druck GmbH, Braunschweig

ISBN 978-3-14-023700-0

Inhaltsverzeichnis

Vom richtigen Umgang mit Geld
5
Wir planen wirtschaftliches Handeln

Kinder und Jugendliche als Verbraucher
6
Wir treffen gut überlegte Kaufentscheidungen

Umweltschutz als Zukunftsaufgabe
7
Wir üben umweltfreundliches Verhalten

8
Kinder in aller Welt
Wir machen uns stark für die Rechte von Kindern

Methodenkarten
Verzeichnis der Seiten

Infoseiten
Verzeichnis der Seiten

Wie könnt ihr erfolgreich lernen im Fach Politik und Wirtschaft?

Schaut euch Selma und Frederic an und das, was sie tun. Die beiden wollten herausfinden, welche Aufgaben der Oberbürgermeister ihrer Heimatstadt hat. Diese Aufgabe haben sie erfolgreich gemeistert. Wie haben sie das gemacht?

Zuerst haben sie sich darüber informiert, wer Oberbürgermeister in ihrer Stadt ist und was er alles für seine Stadt unternimmt.
Nachdem sie das wussten, entwarfen sie für ihre Mitschüler eine Wandzeitung über die Aufgaben ihres Oberbürgermeisters.
Dann schauten sie sich den im Internet veröffentlichten Terminplan des Oberbürgermeisters noch einmal genauer an und überlegten, wie wichtig das ist, was er tagtäglich unternimmt – für seine Stadt und für die Menschen darin. Sie kamen zu der Überzeugung, dass ein Oberbürgermeister gut mit Menschen und gut mit Geld umgehen können muss und große Verantwortung trägt.
Dann meldeten sie sich im Rathaus an, bekamen einen Termin und durften dem Oberbürgermeister Fragen stellen.
Zurück in ihrer Schulklasse vervollständigten sie ihre Wandzeitung und präsentierten ihren Mitschülern die Ergebnisse ihre Arbeit. So hatten ihre Klassenkameraden auch etwas davon.
Ihre Lehrerin lobte die beiden und sie selbst konnten stolz sein auf das, was sie gemacht und dabei gelernt hatten.
Die Lehrerin sagte: „Selma und Frederic, ihr seid jetzt unsere Experten für alles, was mit dem Thema Oberbürgermeister zu tun hat, denn ihr habt bewiesen, dass ihr die notwendige Kompetenz dafür besitzt."
Was meinte die Lehrerin mit Kompetenz?

Kompetenz macht fit für das Leben

Das Wort Kompetenz bedeutet so viel wie gute Eignung, gute Fähigkeiten. Bäckerinnen und Bäcker sind kompetent, wenn sie gutes Brot backen können, Ärzte, wenn sie den Patienten helfen und Schülerinnen und Schüler, wenn sie erfolgreich lernen können. Kompetent zu werden ist eines der wichtigsten Ziele im Unterricht und macht fit für das Leben außerhalb der Schule. Aber: Kompetenzen fallen einem nicht in den Schoß. Man muss sie sich nach und nach erarbeiten. Dabei kommt es auf vier Dinge an:

Erstens: Man muss sich (so wie Selma und Frederic) informieren, um sich Wissen zu erarbeiten.

Zweitens: Man muss Fähigkeiten trainieren, wie zum Beispiel Texte verstehen, Wandzeitungen gestalten, einen Oberbürgermeister interviewen.

Drittens: Man muss sich eine eigene Meinung bilden können, zum Beispiel zur Frage, wie wichtig ein Oberbürgermeister ist.

Viertens: Man muss lernen, als Team zusammenzuarbeiten.

„Smuh“ einprägen!

Erwachsene verwenden vier Fachbegriffe zur Bezeichnung der vier Bereiche kompetenten Lernens. Ihr könnt sie verstehen, wenn ihr euch die Namen merkt und erklären könnt, was sie bedeuten. Prägt euch das aus den Anfangsbuchstaben gebildete Wort „Smuh“ ein. So könnt ihr euch die Reihenfolge merken.

1. Sachkompetenz
hat man, wenn man über eine Sache Bescheid weiß, weil man sich Wissen erarbeitet hat.

2. Methodenkompetenz
entsteht, wenn man sich Fähigkeiten erarbeitet (zum Beispiel Texte lesen und verstehen, Wandzeitungen gestalten, Interviews durchführen, Arbeitsergebnisse vor der Klasse präsentieren).

3. Urteilskompetenz
entwickelt man, indem man sich eine eigene Meinung bildet und diese auch begründen kann.

4. Handlungskompetenz
bedeutet, dass man lernt, mit anderen Menschen gut zusammenzuarbeiten und von seinem Wissen und seinen Fähigkeiten Gebrauch zu machen.

Die Kompetenzampel hilft dabei

Erfolgreiches Lernen wird leichter, wenn man weiß, worum es geht. Um Klarheit zu schaffen, haben die Autorinnen und Autoren von Team eine Kompetenzampel entwickelt. Die vier Farben dieser Ampel stehen für die vier Kompetenzbereiche. Ihr werdet die Kompetenzampel an vielen Stellen im Buch entdecken. An der Farbe, die jeweils aufleuchtet, erkennt ihr sofort, was der Sinn und der Schwerpunkt des Lernens sein wird.

1. Zeichnet die Kompetenzampel groß in euer Heft
2. Notiert die vier Kompetenzbereiche dazu.
3. Prägt euch die Farben und die Bedeutung der vier Ampellichter ein. Denkt an „Smuh“!

Wie hilft euch TEAM beim Lernen?

In diesem Buch gibt es verschiedene Seiten, die immer wieder vorkommen. Wir Autoren bezeichnen sie als die unterschiedlichen Elemente. Sie sollen euch das Lernen erleichtern, weil sie Ordnung schaffen. Wenn ihr beachtet, welches Element für welche Anforderung zuständig ist, werdet ihr sehen, dass ihr immer geübtere Lerner werdet.

ZIEL

Infoseiten
Hier informierst du dich über bedeutsame Themen des Faches. Wichtiges aus diesen Seiten kannst du dir aufschreiben und gut einprägen.

Ziel: „Ich weiß Wichtiges!"
= Sachkompetenz

Wenn das fröhliche Mädchen mit erhobenem Armen erscheint, ist diese Aufgabe etwas schwieriger zu lösen. Mit ein wenig Nachdenken kannst du sie schaffen.

Methodenkarten
Hier übst du Fähigkeiten ein, die du immer wieder in der Schule und im späteren Leben gut gebrauchen kannst, zum Beispiel ein Heft gut zu führen, schwierige Texte zu verstehen und vieles mehr.

Ziel: „Ich kann Wichtiges!"
= Methodenkompetenz

START

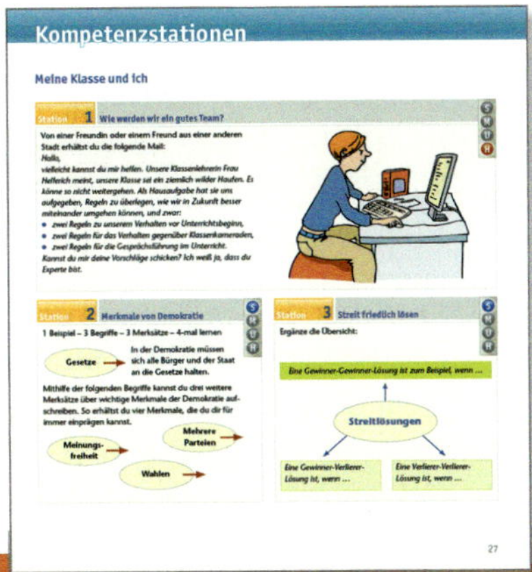

Kompetenzstationen
Hier wiederholst du das Gelernte mithilfe von interessanten Aufgaben zu den einzelnen Unterkapiteln. So bleibst du fit und prägst dir Gelerntes langfristig ein.

Ziel: „Ich behalte mir wichtige Sachen!"

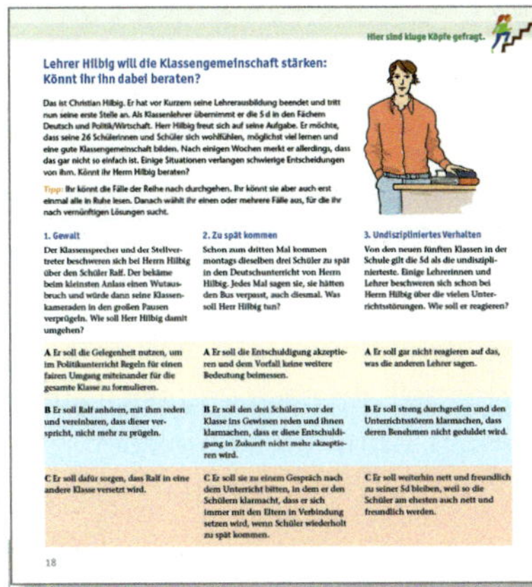

Hier sind kluge Köpfe gefragt
Auf den Seiten mit dem Zeichen der Erfolgstreppe gibt es zusätzliche Materialangebote zum Thema des Unterkapitels. Bearbeitet sie, wenn ihr mehr über ein Thema wissen wollt oder wenn ihr euch zutraut, auch etwas schwierigere Aufgaben zu lösen.

Ziel: „Wir werden zu Expertinnen und Experten!"

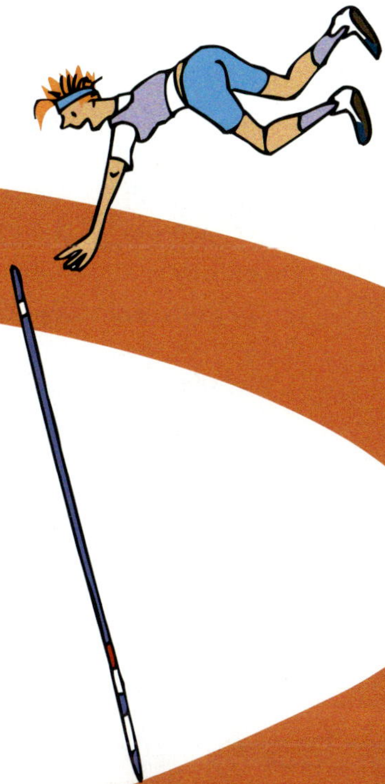

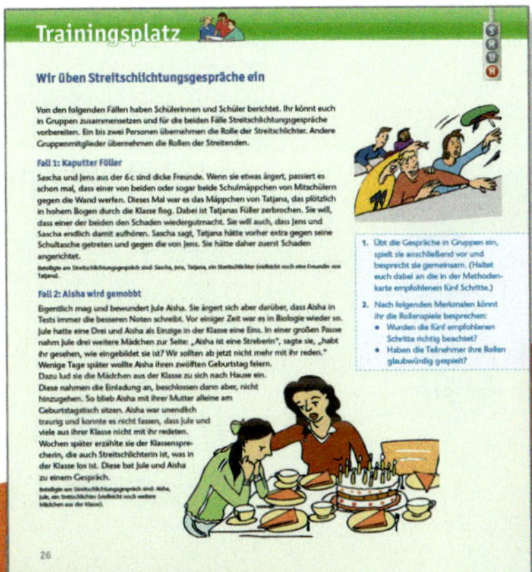

Trainingsplatz
Hier hast du die Gelegenheit, Gelerntes praktisch anzuwenden – mal alleine, oft zu zweit oder in Gruppenarbeit. Die Lichter der Kompetenzampel „Smuh" zeigen auch an, worum es beim Lernen geht.

Ziel: „Ich habe gut geübt!"

Auf allen Aufmacherseiten zu Beginn eines neuen Kapitels taucht dieser Detektiv auf. Er ist immer auf der Suche nach Lösungen für besonders knifflige Aufgaben. Dabei könnt ihr ihm helfen. Sein erster Auftrag lautet:

„Finde heraus, wie viele Trainingsplätze es in diesem Buch gibt?" Sind es 16, 18 oder gar 22?

Nur mit eurer Hilfe findet der Detektiv die richtigen Lösungen.

Methodenkarte 1

Einzelarbeit

Thema: Gute Heftführung

Hier findet ihr die erste von insgesamt 10 Methodenkarten in diesem Buch. Diese Karten sollt ihr nach und nach aufmerksam durchlesen und euch jeweils in einem zweiten Schritt daraus notieren, was euch besonders wichtig erscheint und was ihr in Zukunft bei der Anwendung der Methode immer beachten werdet.

A Worum geht es?

In dein persönliches Arbeitsheft trägst du alle Hausaufgaben ein und alles, was im Unterricht notiert werden soll. Manches kannst du zunächst vorschreiben, um es später sauber in dein Heft zu übertragen. Die schriftlichen Antworten zu den Fragen und Arbeitsaufträgen aus deinem Schulbuch TEAM sollen ebenfalls in dieses Heft eingetragen werden. Nimm dir von Beginn des Unterrichtes an fest vor, dein Arbeitsheft immer sorgfältig und vollständig zu führen.

B Wie führt man ein gutes Heft? Sechs wichtige Regeln

1. Das Heft muss äußerlich einen guten Eindruck machen. Achte darauf, dass der Umschlag sauber bleibt.
2. Das Heft muss ordentlich, mit Sorgfalt und übersichtlich geführt werden. Bemühe dich stets um eine gut lesbare Schrift und um sauberes Zeichnen.
3. Wenn Arbeitsaufträge aus TEAM schriftlich zu beantworten sind, solltest du immer die Fragen und die dazugehörige Seitenzahl über den Antworten in deinem Heft notieren.
4. Jede Eintragung wird mit einem Datum und dem Hinweis versehen, ob sie als Schularbeit oder als Hausarbeit angelegt wurde.
5. Besonders ansprechend wirkt ein Heft, wenn mit mehreren Farben gearbeitet wird. Zum Beispiel kannst du für die Fragen und für die Antworten jeweils unterschiedliche Farben verwenden. Du kannst auch farbige Zeichnungen anfertigen.
6. Das Heft wird regelmäßig und immer parallel zum Unterricht geführt.

Heftkrankheiten

- Unvollständigkeit
- Flecken Schmutz
- Schmierereien
- Eselsohren
- Durcheinander
- Abgerissene Seiten
- Plötzliches und unerklärliches Verschwinden

C Warum ist es wichtig, ein gutes Arbeitsheft zu führen?

Das sagen Lehrerinnen und Lehrer dazu:
„Eine gute Heftführung zeigt mir, wie viel Mühe sich meine Schülerinnen und Schüler geben und wie fleißig sie bei der Sache sind. Wer sein Heft sorgfältig und vollständig führt, zeigt damit sein Interesse am Fach und seine Bereitschaft, sich dafür anzustrengen."

So sehen es viele Eltern:
„Wir schauen uns gerne von Zeit zu Zeit die Arbeitshefte unserer Kinder an. So können wir uns informieren, was im Unterricht gemacht wird. Natürlich wollen wir auch sehen, ob unsere Tochter und unser Sohn sich Mühe geben und fleißig sind. Wenn wir wissen, was im Heft steht, können wir mit unseren Kindern über den Unterricht reden."

Das sagen Schülerinnen und Schüler:
„Es macht richtig Spaß, ein gutes Arbeitsheft zu führen. Wenn man einmal damit angefangen hat, es schön zu gestalten, möchte man immer damit weitermachen. Auf ein Heft, auf das man stolz ist, passt man ganz besonders gut auf. Das zeigt man auch gerne vor."

1 Meine Klasse und ich

Wir gehen fair miteinander um

1. Allein nachdenken

Notiere: Was gehört aus deiner Sicht zu einer guten Klassengemeinschaft?

2. Zu zweit beraten

Tauscht euch in Partnerschaften aus: Was sind für euch die beiden wichtigsten Dinge?

3. In der Klasse sammeln

Was sind für euch alle zusammen die Top-Drei-Merkmale?

Im Verlauf dieses Kapitels könnt ihr …

- Klassenregeln formulieren und aufschreiben,
- bei der Planung eines Klassenausflugs Merkmale herausfinden, die zu einer demokratischen Entscheidung gehören,
- erläutern, warum es zu Streit kommen kann,
- Lösungen für Streitfälle finden, die für die Streitenden akzeptabel sind.
- Außerdem könnt ihr einen Lehrer mit Namen Hilbig bei schwierigen Entscheidungen beraten.

Die Schülerinnen und Schüler dieser Klasse haben sich zum Klassenfrühstück getroffen. Sie wollen eine gute Klassengemeinschaft werden.

Detektivaufgabe für das ganze Kapitel:

Warum ist Nathalie traurig?

1 Wie werden wir ein gutes Team?

Wir erarbeiten Klassenregeln

Ein wilder Haufen ...

Saskia und Rehan besuchen seit drei Wochen eine neue Schule. Leider fühlen sich die beiden in ihrer neuen Klassengemeinschaft überhaupt nicht wohl. Könnt ihr herausfinden, woran das liegt?

Es ist Freitag und die ersten drei Wochen des neuen Schuljahres sind fast vorüber.
28 Mädchen und Jungen der 5 a gehen lärmend zu ihrem Klassenraum. An der Tür gibt es ein wildes Gerangel. Peter muss mal wieder der Erste sein und schubst Manuel weg. Der fällt gegen Martina – und die gibt ihm postwendend eine Ohrfeige. Manuel ist sauer und schreit Martina an: „Du blöde Gans!"
Irgendwann gelangen dann alle in den Klassenraum hinein.
Auf Heikos Platz liegt das Mäppchen von Irene. Er wirft es quer durch die Klasse und es landet vor der Tafel auf dem Boden, wo es unbeachtet liegenbleibt.
Sonja isst noch schnell ihr Butterbrot und steckt das Papier achtlos unter die Bank, von wo es auf den Boden fällt.
Serena spitzt schon mal vorsichtshalber ihren Bleistift. In dem Moment pustet Katrin über den Tisch. Der ganze Bleistiftabfall weht auf Helgas Platz. Wütend fährt diese Katrin an, sie soll die Schweinerei wegmachen. Katrin hat überhaupt keine Lust dazu – und schon fangen die beiden an, sich lautstark zu zanken.

Ben und Mischa sind schon wieder in einem Handgemenge, sie können einander einfach nicht ausstehen. Hendrik will die beiden auseinanderhalten und bekommt einen Fußtritt ab. Angela und Natascha tuscheln über Heike, die beide grässlich finden, weil sie ständig losheult, wenn sie etwas nicht weiß oder kann. Heike, die das alles mithört, sitzt unterdessen still am Tisch und lässt den Kopf hängen. Da betritt Frau Schümke, die Klassenlehrerin, den Raum. Sie versucht sofort, die Kämpfenden auseinanderzubringen, doch diese wollen keine Ruhe geben. Jede Partei versucht, sich zu rechtfertigen und benutzt dabei die schlimmsten Ausdrücke. Insgesamt zehn Minuten vergehen, bis die Klasse endlich leise ist. Der Unterricht beginnt. Mehr als die Hälfte der Klasse passt heute nicht auf und gibt sich auch keine Mühe beim Lernen. Viele beginnen erst leise – dann immer lauter – Privatgespräche. Als dann Mehmed noch eine falsche Antwort gibt und die Klasse laut darüber lacht, ist Frau Schümke am Ende ihrer Nerven: „Was soll ich bloß machen mit euch? So werdet ihr nie ein gutes Team – ihr seid eher ein wilder Haufen ...!"

1. Saskia und Rehan fühlen sich in dieser 5 a nicht wohl, weil ...
   Führt diesen Satz schriftlich zu Ende.
2. Lest euch eure fertigen Sätze gegenseitig vor.
3. Sammelt gemeinsam die Probleme in dieser 5 a.
4. Frau Schümke möchte, dass ihre 5 a von einem wilden Haufen zu einem guten Team wird. Könnt ihr dabei helfen und Verbesserungsvorschläge machen?

Infoseite

Regeln

1. Achtet in dem folgenden Text auf die Begriffe *Vorschrift, Vereinbarung* und *demokratisch*. Erklärt ihre Bedeutung.
2. Worin unterscheiden sich gute und schlechte Regeln? Beschreibt die Unterschiede.
3. Warum müssen sich die Menschen auch in einem Staat an Regeln halten? Könnt ihr dazu Beispiele finden und in der Klasse vorstellen?

Wozu braucht man Regeln?

Eine Regel ist eine *Vorschrift*, an die sich alle Mitglieder einer Gemeinschaft halten müssen. Menschen brauchen Regeln, um friedlich miteinander leben zu können. Das ist so in der Familie, im Freundeskreis, im Verein und natürlich auch in der Schulklasse. Regeln machen deutlich, was man tun darf und was nicht. Im Zusammenleben sind sie ein Schutz für alle Gemeinschaftsmitglieder, vorausgesetzt, es halten sich alle daran.

Gute Regeln, schlechte Regeln

Schlecht sind Regeln, die dazu führen, dass einer alleine oder eine kleine Gruppe andere Menschen beherrschen und für seine bzw. ihre Zwecke ausnutzen kann.
Regeln dürfen nie dazu führen, dass einzelne Gruppenmitglieder ausgeschlossen oder unterdrückt werden. Sie orientieren sich an wünschenswerten Eigenschaften des Zusammenlebens miteinander wie zum Beispiel gegenseitige Rücksichtnahme, fairer Umgang miteinander, Verzicht auf Gewalt.
Besonders gut sind Regeln, wenn sie das Ergebnis einer gemeinsamen Beratung sind. Sie sind dann eine *Vereinbarung*.
Auf *demokratische* Art kommen Regeln zustande, wenn über sie abgestimmt wird und wenn sie durch einen Mehrheitsbeschluss in Kraft gesetzt werden.

In dieser Klasse haben die Schülerinnen und Schüler Regeln vereinbart und fühlen sich wohl dabei.

Wie können Regeln eingehalten werden?

Schlimm ist ein Zustand, in dem sich niemand an die vereinbarten Regeln hält oder in dem Einzelne sich das Recht nehmen, die Regeln immer wieder zu verletzen. Es muss daher Maßnahmen geben, welche die Mitglieder einer Gruppe dazu veranlassen, sich an die Regeln zu halten. Das können Belohnungen sein für ein regelgerechtes Verhalten, das können aber auch Strafen sein, die den Regelverletzern klarmachen, dass ihr Verhalten nicht geduldet werden kann.

Warum beschäftigen wir uns im Politikunterricht mit Regeln?

Auch die Menschen in einem Staat müssen sich an Regeln halten, damit ein friedliches und geordnetes Zusammenleben möglich ist. In einem Staat sind die Regeln die Gesetze. Wer sie verletzt, kann von einem Gericht dafür bestraft werden.
Im Fach Politik/Wirtschaft wird der Umgang mit Regeln behandelt, weil man daran zwei Dinge lernen kann: Erstens lernt man, was man darf und was man nicht darf und zweitens lernt man, die Rechte anderer zu achten.

Welche Klassenregeln wollen wir?

Ältere Schüler geben dazu ihre Tipps

Hier kommen die Zehntklässler Stephanie, Katja und Philipp zu Wort.
Was haltet ihr von den Tipps, die sie euch geben?

Das Lernen macht mehr Spaß, wenn es in einer Klassengemeinschaft geschieht, in der alle zusammenhalten. Zudem werden die guten Klassengemeinschaften von den Lehrern höher angesehen. Sie unterrichten gerne in Klassen, die teamfähig sind. Doch um eine gute Klassengemeinschaft aufbauen zu können, bedarf es einiger Voraussetzungen:
Da wäre erst einmal der Umgang miteinander. Man sollte respektvoll mit seinen Klassenkameraden reden und ihnen zuhören, wenn sie etwas zu sagen haben. Wenn Probleme in der Klasse auftreten, sollte man sie gemeinsam besprechen und zusammen nach einer geeigneten Lösung suchen.
Gift für eine gute Klassengemeinschaft ist zum Beispiel, wenn sich die Schüler in unterschiedlichen Cliquen zusammenschließen, die dann miteinander streiten. Eine Klasse sollte eine funktionierende Gruppe sein, in der die besseren Schüler die schlechteren Schüler unterstützen.
Wenn jeder dem anderen hilft, werden die Schwächen geringer, der Neid kleiner und man tritt gemeinsam als Klassengemeinschaft vor andere.

Stephanie Johaentges und Katja Wallrich

Stephanie

Katja

Philipp

In der Grundschule ist es euch wahrscheinlich schon einmal passiert, dass ihr euch über andere geärgert habt oder dass ihr andere nicht leiden konntet. Das ist normal, solange es nicht zum Dauerzustand wird. Wenn es aber ständig Streit in der Klasse gibt, ist die Atmosphäre vergiftet und keiner fühlt sich richtig wohl. Deshalb solltet ihr alles tun, damit ihr zu einer guten Klassengemeinschaft werdet. Schließlich werdet ihr wahrscheinlich mehrere Jahre miteinander verbringen. Man braucht seine Mitschüler – zum Beispiel, wenn man Gruppenarbeit macht oder wenn man gemeinsam ein Referat vorbereitet. Andere Schüler können einem helfen, wenn man eine Mathearbeit verhagelt hat oder wenn man die Hausaufgabenstellung nicht kapiert. Sich gegenseitig zu helfen, ist viel besser als sich gegenseitig zu ärgern.
Ihr müsst allerdings einiges tun, damit die Klassengemeinschaft immer besser werden kann. Meiner Meinung nach solltet ihr öfter mal die Sitzordnung ändern und ihr solltet einige Regeln aufstellen, an die sich alle halten müssen. Achtet darauf, dass niemand schikaniert oder benachteiligt wird.

Philipp Hermesdorf

1. Welche konkreten Vorschläge machen Katja, Stephanie und Philipp? Sammelt alleine.
2. Welche davon haltet ihr für die beiden besten? Einigt euch zu zweit.
3. Was könntet ihr in eurer Klasse tun, um eine noch bessere Gemeinschaft zu werden? Sprecht gemeinsam darüber.

Wir formulieren Klassenregeln

Mithilfe dieses Trainingsplatzes könnt ihr für drei Bereiche nach möglichst vernünftigen Klassenregeln suchen. In dem Topf unten findet ihr Vorschläge für formulierte Regeln, die sich den Bereichen A, B oder C zuordnen lassen. Ihr könnt natürlich auch nach weiteren Vorschlägen und nach anderen Formulierungen suchen. Für die Bearbeitung in Dreiergruppen empfiehlt sich folgende Vorgehensweise:

- Teilt die Bereiche A, B und C untereinander auf. Alleine sucht jedes Gruppenmitglied nach drei Regeln für seinen Bereich.
- In der Gruppe stellt ihr euch die Regeln gegenseitig vor und erklärt, warum sie wichtig sind.
- Zu dritt präsentiert ihr eure Vorschläge in der Klasse.
- Gemeinsam einigt ihr euch auf die besten Formulierungen.

Fertige Regeln könnt ihr auf Plakate übertragen und in der Klasse aufhängen.

A Verhaltensregeln vor dem Unterrichtsbeginn	**B** Verhaltensregeln für den Umgang miteinander	**C** Gesprächsregeln im Unterricht
1.	**1.**	**1.**
2.	**2.**	**2.**
3.	**3.**	**3.**

* *Unmittelbar nach dem Klingeln zum Unterrichtsbeginn setze ich mich auf meinen Platz.*
* *Ich tue keinem Mitschüler absichtlich weh.*
* *Wenn ich im Unterricht etwas sagen will, melde ich mich.*
* *Ich höre gut zu, wenn andere in der Klasse einen Beitrag zum Unterricht leisten.*
* *Ich mache mich über keinen Mitschüler lustig.*
* *Vor Stundenbeginn lege ich mein Schulbuch und mein Arbeitsheft auf den Tisch.*
* *Ich warte auf den Lehrer und verhalte mich ruhig.*
* *Ich mache nichts kaputt, was anderen gehört.*
* *Ich mache keine abfälligen Bemerkungen über die Beiträge von anderen im Unterricht.*

Lehrer Hilbig will die Klassengemeinschaft stärken: Könnt ihr ihn dabei beraten?

Das ist Christian Hilbig. Er hat vor Kurzem seine Lehrerausbildung beendet und tritt nun seine erste Stelle an. Als Klassenlehrer übernimmt er die 5 d in den Fächern Deutsch und Politik/Wirtschaft. Herr Hilbig freut sich auf seine Aufgabe. Er möchte, dass seine 26 Schülerinnen und Schüler sich wohlfühlen, möglichst viel lernen und eine gute Klassengemeinschaft bilden. Nach einigen Wochen merkt er allerdings, dass das gar nicht so einfach ist. Einige Situationen verlangen schwierige Entscheidungen von ihm. Könnt ihr Herrn Hilbig beraten?

Tipp: Ihr könnt die Fälle der Reihe nach durchgehen. Ihr könnt sie aber auch erst einmal alle in Ruhe lesen. Danach wählt ihr einen oder mehrere Fälle aus, für die ihr nach vernünftigen Lösungen sucht.

1. Gewalt

Der Klassensprecher und der Stellvertreter beschweren sich bei Herrn Hilbig über den Schüler Ralf. Der bekäme beim kleinsten Anlass einen Wutausbruch und würde dann seine Klassenkameraden in den großen Pausen verprügeln. Wie soll Herr Hilbig damit umgehen?

A Er soll die Gelegenheit nutzen, um im Politikunterricht Regeln für einen fairen Umgang miteinander für die gesamte Klasse zu formulieren.

B Er soll Ralf anhören, mit ihm reden und vereinbaren, dass dieser verspricht, nicht mehr zu prügeln.

C Er soll dafür sorgen, dass Ralf in eine andere Klasse versetzt wird.

2. Zu spät kommen

Schon zum dritten Mal kommen montags dieselben drei Schüler zu spät in den Deutschunterricht von Herrn Hilbig. Jedes Mal sagen sie, sie hätten den Bus verpasst, auch diesmal. Was soll Herr Hilbig tun?

A Er soll die Entschuldigung akzeptieren und dem Vorfall keine weitere Bedeutung beimessen.

B Er soll den drei Schülern vor der Klasse ins Gewissen reden und ihnen klarmachen, dass er diese Entschuldigung in Zukunft nicht mehr akzeptieren wird.

C Er soll sie zu einem Gespräch nach dem Unterricht bitten, in dem er den Schülern klarmacht, dass er sich immer mit den Eltern in Verbindung setzen wird, wenn Schüler wiederholt zu spät kommen.

3. Undiszipliniertes Verhalten

Von den neuen fünften Klassen in der Schule gilt die 5d als die undisziplinierteste. Einige Lehrerinnen und Lehrer beschweren sich schon bei Herrn Hilbig über die vielen Unterrichtsstörungen. Wie soll er reagieren?

A Er soll gar nicht reagieren auf das, was die anderen Lehrer sagen.

B Er soll streng durchgreifen und den Unterrichtsstörern klarmachen, dass deren Benehmen nicht geduldet wird.

C Er soll weiterhin nett und freundlich zu seiner 5d bleiben, weil so die Schüler am ehesten auch nett und freundlich werden.

4. Bevorzugung

Stefanie kommt nach dem Unterricht zu Herrn Hilbig und sagt, sie hätte den Eindruck, dass sie in seinem Unterricht benachteiligt würde. Andere Schülerinnen würden immer bevorzugt behandelt. Wie soll Herr Hilbig damit umgehen?

A Er soll den Vorwurf zurückweisen, weil sonst die Schüler ständig mit Beschwerden kommen.

B Er soll Verständnis zeigen, erklären, dass ihm das nicht bewusst ist und dass er in Zukunft darauf achten wird.

C Er soll sagen, dass er zu Hause darüber nachdenken und dann wieder mit Stefanie sprechen wird.

5. Abschreiben

Bei der ersten Klassenarbeit, einem Diktat, haben Tobias und Olga, die nebeneinandersitzen, die gleichen merkwürdigen Fehler. Für Herrn Hilbig ist ziemlich klar, dass die beiden voneinander abgeschrieben haben. Was soll Herr Hilbig tun?

A Er soll das Diktat nicht bewerten und den beiden in einer Freistunde einen neuen Text als Klassenarbeit diktieren.

B Er soll den beiden eine Sechs erteilen, weil es sich um eine Täuschung handelt.

C Er soll die Sache ohne Kommentar durchgehen lassen. Schließlich ist es die erste Klassenarbeit im Fach Deutsch an der neuen Schule.

6. Unordnung in der Klasse

Immer wieder liegt eine Menge Abfall in der Klasse herum. Zum Beispiel werden gebrauchte Papiertaschentücher einfach auf den Boden geschmissen. Schon mehrfach haben sich Kolleginnen und Kollegen darüber beschwert, dass man sich in der 5 d wegen des vielen Drecks nicht wohlfühlen könne. Wie soll Herr Hilbig reagieren?

A Er soll einen Ordnungsdienst einrichten, in dem abwechselnd zwei bis drei Schüler die Verantwortung für die Sauberkeit in der Klasse übernehmen.

B Er soll einen Vortrag über Ordnung und Sauberkeit halten und alle Schülerinnen und Schüler dazu aufrufen, stets den eigenen Arbeitsplatz aufzuräumen.

C Er soll sich regelmäßig in seinem Unterricht die Zeit nehmen, die Schuldigen zu ermitteln, um diese dann zum Aufräumen zu zwingen.

1. Sucht für jeden der Fälle die eurer Meinung nach beste Lösung. Notiert sie ins Heft oder auf einem Blatt. (Das können auch andere Lösungen sein, als die hier vorgeschlagenen.)
2. Vergleicht verschiedene Lösungsvorschläge aus der Klasse.
3. Stellt euch nun vor, ihr hättet wirklich die Aufgabe, Herrn Hilbig (oder eine andere Lehrerin, einen anderen Lehrer) zu beraten. Welche Tipps würdet ihr geben? Notiert sie und stellt sie euch gegenseitig in der Klasse vor.

2 Wohin soll die Klassenwanderung gehen?

Wir sammeln Merkmale von Demokratie

Was darf man, was darf man nicht in einer Demokratie? Um diese Frage geht es in dem folgenden Fall aus einer sechsten Klasse.

Cedrik ist sauer

Die Klassenversammlung in seiner 6c läuft nicht so, wie er es will. Es geht um die Planung eines Wandertages. Cedrik hat vorgeschlagen, gemeinsam in einen Wild-West-Park im Sauerland zu fahren. Dort gibt es zweimal am Tag eine große Wildwest-Show. Die Klassenlehrerin, Frau Nosbers, lässt aber nicht über seinen Vorschlag abstimmen: „Es tut mir leid, aber das geht leider nicht", sagt sie. Und darum ist Cedrik sauer. „Ich dachte, Sie wollten uns Demokratie beibringen. Was hat das denn mit Demokratie zu tun, wenn über meinen Vorschlag nicht einmal beraten wird?"
Frau Nosbers setzt zu einer längeren Erklärung an: „Du hast Recht, Cedrik, ich will, dass ihr Demokratie lernt. Zur Demokratie gehören Regeln und die müssen eingehalten werden." Sie sucht in ihren Unterlagen, zieht ein sehr eng bedrucktes Blatt heraus und liest der Klasse vor: „‚Wandertage müssen einen deutlichen Bezug zum Unterricht haben und im Unterricht vor- und nachbereitet werden.' Das ist die Regel, die das Bildungsministerium beschlossen hat und die für alle Schulklassen in unserem Bundesland gilt. Der Wild-West-Park hat keinen Bezug zu unserem Unterricht. Wir müssen uns an die Regel halten. So ist das in einer Demokratie."

Bedrija jubelt

„Ich will aber, dass ihr mitbestimmt und dass wir gemeinsam ein schönes Ziel finden. Ich habe mir zwei Sachen überlegt", fährt die Lehrerin fort. „Im Sauerland gibt es ein Besucherbergwerk. Da kann man tief in die Erde hineinfahren. Man kann die geheimnisvollen Stollen erkunden und sehen, wie die Menschen früher dort gearbeitet haben. Als zweite Möglichkeit schlage ich den Besuch eines Wolfs- und Vogelgeheges vor. Da sieht man, wie die Wölfe gefüttert werden und wie die großen Greifvögel auf Beutefang gehen."
Nun ergreift Bedrija, die Klassensprecherin, das Wort: „In unserem Dorf gibt es einen ganz großen Bio-Bauernhof. Die Besitzer bieten Führungen für Schulklassen an. Man kann zusehen, wie die Kühe gemolken werden, kleine Schäfchen auf den Arm nehmen und vieles mehr. Das macht Riesenspaß."

Hier wird gewählt und die Mehrheit entscheidet.

Die Klasse stimmt ab

Drei Vorschläge stehen auf der Tagesordnung. Es beginnt eine lebhafte Diskussion, an deren Ende abgestimmt wird. Die Entscheidung fällt knapp aus: 8 Stimmen für das Wolfsgehege, 9 für das Bergwerk und 11 für den Biohof. Frau Nosbers ist überstimmt, aber sie akzeptiert die Wahl ihrer 27 Schüler. „Prima, dann fahren wir zum Biohof!", jubelt Bedrija. Wieder kramt Frau Nosbers ihr Informationsblatt hervor und erklärt: „Es gibt noch eine Regel, die wir einhalten müssen. Die Elternversammlung hat das Recht, über Klassenwanderungen zu beschließen. Ich werde am Elternabend das Ergebnis eurer Abstimmung vorstellen. Höchstwahrscheinlich werden die Eltern eure Wahl unterstützen."
„Warum ist das nicht schon jetzt beschlossene Sache?", fragt Simon. „In der Demokratie will man, dass Kinder mitreden, mit beraten und Vorschläge machen. Das Recht zu entscheiden und dann die Verantwortung dafür zu übernehmen, bekommt man aber erst mit zunehmendem Alter. So will man die Kinder heranführen an die Demokratie, ohne sie zu überfordern. Versteht ihr das?"

1. Warum ist Cedric sauer und warum jubelt Bedrija? Formuliert die Gründe.
2. „Ich will, dass ihr Demokratie lernt", sagt Frau Nosbers zu ihren Schülern. Was kann die 6c von diesem Fall darüber lernen?
3. Welche Merkmale von Demokratie fallen euch auf? Sammelt gemeinsam in der Klasse.

Merkmale von Demokratie

1. Mindestens fünf Merkmale von Demokratie solltest du nach dem Lesen des Textes notieren können.
2. Stellt die Rechte und die Pflichten von Kindern in der Demokratie einander gegenüber.
3. Ist Schulbildung eher ein Recht oder eher eine Pflicht oder ist sie beides? Formuliert dazu eure persönliche Stellungnahme.

Der Begriff Demokratie

Das Wort Demokratie kommt aus dem Griechischen und bedeutet „Herrschaft des Volkes". In Deutschland gibt es diese Staatsform seit 1949, zuvor gab es sie bereits einmal von 1918 bis 1933. Demokratie heißt: Alle Bürger und Bürgerinnen haben die gleichen Rechte und Pflichten. Über sie herrscht kein Kaiser, auch kein König und kein General.

Merkmale

Alle Menschen dürfen frei ihre Meinung sagen, sich versammeln, sich informieren. Es gibt unterschiedliche Parteien, die ihre Vorstellungen in sogenannten Parteiprogrammen kundtun. Die Bürger wählen Personen und Parteien, von denen sie eine bestimmte Zeit lang regiert werden wollen. Und wenn die Regierung ihre Arbeit schlecht macht, kann das Volk bei der nächsten Wahl eine andere Regierung wählen.

In einer Demokratie muss alles, was der Staat tut, nach den Regeln der Verfassung und der geltenden Gesetze erfolgen. In Deutschland stehen diese Regeln im Grundgesetz. Der demokratische Staat ist also immer auch ein Rechtsstaat.

In Deutschland gab es von 1949 bis 1990 einen zweiten deutschen Staat, die „Deutsche Demokratische Republik", abgekürzt DDR. Obwohl im Staatsnamen der Begriff „Demokratie" vorkam, war die DDR aber keine Demokratie.

(Aus: Gerd Schneider, Christiane Toyka-Seid: Demokratie, in: Hanisauland – Politik für dich, Bundeszentrale für politische Bildung, www.hanisauland.de, letzter Zugriff: 30. Januar 2011)

Kinderrechte und Kinderpflichten

Kinder haben grundlegende Rechte in der Demokratie. Dazu gehören das Recht auf Bildung, auf eine eigene Meinung und auf Schutz vor Gewalt. In der Schule haben Kinder das Recht, das Schulleben aktiv mitzugestalten. Im Wirtschaftsleben können Kinder ab sieben Jahren Einkäufe in der Höhe des Taschengeldes tätigen. Man nennt das „beschränkte Geschäftsfähigkeit". Ab 13 Jahren dürfen Kinder täglich bis zu zwei Stunden leichte Arbeiten gegen Bezahlung durchführen. Kinder haben auch Pflichten. Die wichtigste davon ist die Schulpflicht. Sie beginnt ab sechs Jahren. Kinder müssen die Gesetze achten. Ab 7 Jahren haben sie eine Mitverantwortung, wenn sie Straftaten begehen. Man nennt das „beschränkte Deliktsfähigkeit". Ab 14 Jahren können sie von einem Gericht für Gesetzesverstöße bestraft werden.

3 Streit zwischen Klassenkameraden friedlich lösen: Wie geht das?

Wir planen Lösungen für Streitfälle

Die Autoren von TEAM baten Schülerinnen und Schüler aus den Klassen 5 und 6 darum, von typischen Streitsituationen zu berichten. Den folgenden Fall hat Nathalie (12 Jahre alt) aus einer sechsten Klasse erzählt.

Warum ist Nathalie so traurig?

An dem Morgen, an dem es passierte, war ich sowieso schon unheimlich gereizt. Ich hatte mich darüber geärgert, dass Aida mein Englischheft, das ich ihr geliehen hatte, nicht mit in die Schule gebracht hatte. Moritz war wohl auch sauer. Wie er später sagte, hatte Nicole ihn angegiftet und es kochte innerlich in ihm.
Der Streit begann im Sportunterricht. Wir übten Bodenturnen. Moritz hatte sich auf einen kleinen Bock gesetzt und ich hatte das Gefühl, dass er unheimlich eingebildet über mich hinwegsah. Ich ging zu dem Bock hin und stellte einen Fuß neben seinen Sitzplatz. Schlecht gelaunt meinte er: „Hol deinen Fuß da runter!“ Darauf ich: „Ich kann meinen Fuß auf den Bock setzen, so lange ich will. Das ist ja wohl nicht nervig!“ „Doch, das ist es!“, schrie er mich an, „du nervst total!“ Ich begriff gar nicht, warum er so sauer reagierte. Als er meinem Fuß runterstieß, schnauzte ich ihn ebenfalls an: „Hör auf mit dem Quatsch, du hast sie wohl nicht mehr alle!“ Jetzt schien er völlig von der Rolle zu sein: „Weißt du eigentlich, dass du immer noch dieses blöde Entengesicht hast?“ Das sagte er so laut, dass auch die anderen es hören konnten. Ich war unglaublich beleidigt und wütend darüber. Und ich trat ihm ganz fest in den Rücken. Das hat dem Moritz sehr wehgetan. Nach der Sportstunde, als ich in die große Pause gehen wollte, rief er mir noch einmal vor allen anderen hinterher: „Du blödes Entengesicht!“ „Ist ja schon gut“, murmelte ich traurig und ging schnell weg.

1. Findet ihr eine Erklärung dafür, warum dieser kleine Vorfall zu einem so heftigen Streit führen konnte?
2. Nathalie berichtete weiter, dass sie mindestens zwei Wochen lang wütend und beleidigt gewesen sei. Moritz meinte, er habe nichts mehr mit Nathalie zu tun haben wollen, obwohl er sie bis dahin eigentlich ganz gut leiden konnte. Warum kann ein Streit so schlimme Folgen haben?
3. Habt ihr Vorschläge, wie dieser Streit beendet werden könnte? Lest dazu auch die folgenden Seiten.

Streit

1. Wann ist Streit schlimm und wann nicht?
2. Im Text werden drei mögliche Streitlösungen genannt. Was unterscheidet sie und welche ist die beste?
3. Versucht einmal, eine wahre oder eine erfundene Geschichte zu erzählen, in der es zwischen Klassenkameraden zum Streit kam und in der eine gute Lösung gefunden wurde.

Streit unter Jungen: oft mit Gewalt?

Gehört Streit immer dazu?

Unter einem Streit versteht man eine heftige Auseinandersetzung zwischen einzelnen Personen oder Gruppen. Streiten gehört zum Alltag und muss nicht unbedingt etwas Schlechtes sein. Man kann streiten und sich hinterher wieder vertragen.
Negativ ist ein Streit, wenn er nicht zu Ende geht. Besonders schlimm wird ein Streit, wenn Gewalt ins Spiel kommt oder wenn er dazu führt, dass ein Mensch auf Dauer ausgegrenzt wird. Jemanden auf Dauer aus der Gemeinschaft auszuschließen, wird als Mobbing bezeichnet. Das ist eine besonders schlimme Form von Streit, weil die Opfer oft gar nichts dafür können. Mobbing ist Gewalt an der Seele, macht Menschen einsam, traurig und sogar krank.

Streit unter Mädchen: oft mit Mobbing?

Streitursachen in der Klasse

Streitauslöser kann sein, dass man nicht aufpasst und etwas kaputt macht, was anderen gehört, oder dass man jemand anderem etwas wegnimmt. Eine häufige Streitursache sind Beleidigungen. Manchmal haben die Stärkeren einfach Lust, kleinere oder schwächere Schüler zu quälen. So entsteht Streit aus Gedankenlosigkeit. Oft sagen Schüler, sie hätten etwas nur zum „Spaß" gemacht. Dabei haben sie in Wahrheit einen Mitschüler oder eine Mitschülerin seelisch oder körperlich verletzt.

Schlechte Streitlösungen

Gewalt ist immer die schlechteste Lösung. Damit ist die Gewalt gemeint, bei der es Opfer gibt, die leiden müssen und deren Ziel darin besteht, einen schwächeren Gegner fertigzumachen. Spielerische Raufereien, bei denen es nur um das gegenseitige Kräftemessen geht, können dagegen relativ harmlos sein.
Im schlimmsten Fall hat ein Streit nur Verlierer, zum Beispiel weil eine Freundschaft durch einen Streit zerbricht. Man spricht dann von einer *Verlierer-Verlierer-Lösung*. Alle Beteiligten haben dabei Schaden erlitten.
Nicht viel besser ist die *Gewinner-Verlierer-Lösung*. Hier gibt es Sieger und Besiegte und der Streit kann nur beigelegt werden, weil einer der Beteiligten den gesamten Schaden erträgt.

Gute Streitlösungen

Als gute Streitlösung sollte eine *Gewinner-Gewinner-Lösung* angestrebt werden. Sie bedeutet, dass alle Beteiligten mit der Lösung einverstanden sind und mit einem guten Gefühl auseinandergehen.
Wenn es zum Streit kommt, sollten die Streitenden nach der ersten Wut eine Verschnaufpause einlegen. Oft ist es gut, wenn man sich zunächst einmal aus dem Weg geht. Danach sollte man das Gespräch suchen. Dabei sollten die Streitenden ihre Sicht der Dinge sagen können und dann gemeinsam darüber beraten, wie der Streit beendet werden kann.

Wie kann der Streit zwischen Nathalie und Moritz friedlich beigelegt werden?

Streitschlichterin Ariane vermittelt

Wir kehren noch einmal zum Streit zwischen Nathalie und Moritz zurück. Alleine bekamen die beiden ihren Streit nicht geregelt. Darum wendeten sie sich an die 15-jährige Ariane, die zur Streitschlichterin ausgebildet ist. Sie trafen sich mit Ariane zu einem Gespräch.

Ariane: Wir gehen nach Plan vor. Jeder von euch stellt zunächst einmal die Gründe für den Streit aus seiner Sicht dar. Fängst du bitte an, Nathalie.
Nathalie: Es war gemein von Moritz, dass er mich so schlimm beleidigt hat. Nach der Sportstunde hat er seine Beleidigung sogar noch einmal wiederholt – vor anderen Schülern aus der Klasse.
Ariane: Und du, Moritz, worin siehst du den Grund?
Moritz: Sie hat mir in den Rücken getreten. Das kann ich mir nicht gefallen lassen.
Nathalie: Du bist vielleicht gut. Das ist doch kein Spaß, wenn du jemanden vor allen anderen zweimal beleidigst.
Ariane: Moment mal, bitte fallt euch nicht ins Wort. Jeder soll ausreden können. War der Streit wirklich unvermeidlich?
Nathalie: Na ja, ich war an dem Morgen schon sowieso irgendwie schlecht gelaunt.
Moritz: Ich war auch genervt, weil Nicole, unsere Klassensprecherin, mich wegen einer anderen Sache angegiftet hatte.
Ariane: Nathalie, versuche du einmal, den Streit aus der Sicht von Moritz zu sehen, und du, Moritz, aus der Sicht von Nathalie.
Nathalie: Ich kann irgendwie schon verstehen, dass du sauer warst, als ich nach dir getreten habe. Vor den anderen Jungs aus der Klasse kam das wahrscheinlich ganz schlecht bei dir an.
Moritz: War wahrscheinlich auch blöd von mir, dass ich das mit der Ente zweimal gesagt habe.
Ariane: Könnt ihr euch jetzt gegenseitig sagen, was das Ziel dieses Gesprächs sein soll?
Nathalie: Ich finde es schade, dass wir nicht mehr miteinander reden. Ich würde mich gerne wieder mit dir vertragen.
Moritz: Ich wäre auch gerne wieder mit dir befreundet. Das mit der Beleidigung war ein Fehler. Das tut mir leid.
Ariane: Wie wollt ihr in Zukunft miteinander umgehen?
Nathalie: Mir tut leid, was passiert ist. Ich werde dich bestimmt nicht mehr treten. Das verspreche ich dir.
Moritz: Ich werde dich nicht mehr beleidigen, weil ich dich ja eigentlich gut leiden kann. Ich hoffe, dass ich insgesamt höflicher mit den Mädchen umgehen werde.
Ariane: Gut, dann lasst uns das jetzt in einem Vertrag festhalten, den ihr bitte beide unterschreibt.

Am Ende des Streitschlichtungsgesprächs wird ein Vertrag unterzeichnet. Darin steht, dass die beiden ihre Fehler einsehen und sich wieder vertragen wollen.

1. Was unternimmt Ariane, damit das Gespräch fair verläuft? Sammelt die Schritte, nach denen die Streitschlichterin vorgeht.
2. Wie bewertet ihr den Verlauf und das Ergebnis dieses Gesprächs?

Methodenkarte 2

S M U H

Streitschlichtungsgespräch

Thema: Streit friedlich beenden

A Worum geht es?

Streit schlichten zu können, ist eine schwierige Aufgabe. Schlichten bedeutet „ebnen, glätten, Streitigkeiten friedlich beilegen". Vielleicht existiert an eurer Schule ein Streitschlichterprogramm, in dem Schülerinnen und Schüler auf die Aufgabe der Streitschlichtung vorbereitet werden. Auch wenn ihr nicht zu diesen Schülern gehört, könnt ihr die Streitschlichtung trainieren, zum Beispiel indem ihr Rollenspiele durchführt, die das Thema Streit behandeln.

B Was ist die Rolle einer Streitschlichterin oder eines Streitschlichters?

Streitschlichter vermitteln zwischen den streitenden Parteien. Sie verhalten sich neutral, dürfen also nicht für die eine oder andere Seite Partei ergreifen und auch keine Strafen aussprechen. Bei ihrer Gesprächsführung gehen sie nach einem Plan vor, der aus fünf Schritten besteht. Alles, was ihnen von den Streitenden erzählt wird, behandeln sie streng vertraulich. Am Ende des Gesprächs formulieren sie gemeinsam mit den Streitenden eine schriftliche Vereinbarung, die von den Betroffenen unterschrieben wird.

C Die fünf Schritte in einem Streitschlichtungsgespräch

1. Die Streitschlichter erklären den Streitenden wichtige Gesprächsregeln.

Als wichtigste Regel gilt, dass die Streitenden sich gegenseitig gut zuhören und sich nicht ins Wort fallen dürfen. Der Schlichter fordert die Beteiligten auf, jede Art von Beleidigung zu unterlassen.

2. Jede der streitenden Parteien erläutert die eigene Sicht des Streites.

Wichtig ist, dass die Streitenden Gelegenheit zur ausführlichen Darstellung ihrer Sichtweise haben. Gegebenenfalls kann der Schlichter Nachfragen stellen: Worin siehst du die Ursache für den Streit? Wie sehr bist du über den Vorfall verärgert? …

3. Der Schlichter fordert dazu auf, die Sichtweise des jeweils anderen einzunehmen.

Das ist der wichtigste Teil in einem Streitschlichtungsgespräch. Nur wenn es den Streitenden gelingt, sich in die Lage des anderen hineinzuversetzen, können sie Verständnis füreinander entwickeln. Verständnis füreinander ist eine wichtige Voraussetzung für zufriedenstellende Lösungen.

4. Die Parteien entwickeln Vorschläge zur Streitlösung.

Hierbei sollte sich der Streitschlichter so weit wie möglich zurückhalten.

5. Die Lösung wird von den Streitenden vertraglich besiegelt.

Ein erfolgreiches Streitschlichtungsgespräch endet damit, dass sich ursprünglich zerstrittene Parteien die Hand zur Versöhnung reichen.

Wir üben Streitschlichtungsgespräche ein

Von den folgenden Fällen haben Schülerinnen und Schüler berichtet. Ihr könnt euch in Gruppen zusammensetzen und für die beiden Fälle Streitschlichtungsgespräche vorbereiten. Ein bis zwei Personen übernehmen die Rolle der Streitschlichter. Andere Gruppenmitglieder übernehmen die Rollen der Streitenden.

Fall 1: Kaputter Füller

Sascha und Jens aus der 6c sind dicke Freunde. Wenn sie etwas ärgert, passiert es schon mal, dass einer von beiden oder sogar beide Schulmäppchen von Mitschülern gegen die Wand werfen. Dieses Mal war es das Mäppchen von Tatjana, das plötzlich in hohem Bogen durch die Klasse flog. Dabei ist Tatjanas Füller zerbrochen. Sie will, dass einer der beiden den Schaden wiedergutmacht. Sie will auch, dass Jens und Sascha endlich damit aufhören. Sascha sagt, Tatjana hätte vorher extra gegen seine Schultasche getreten und gegen die von Jens. Sie hätte daher zuerst Schaden angerichtet.

Beteiligte am Streitschlichtungsgespräch sind: Sascha, Jens, Tatjana, ein Streitschlichter (vielleicht noch eine Freundin von Tatjana).

1. Übt die Gespräche in Gruppen ein, spielt sie anschließend vor und besprecht sie gemeinsam. (Haltet euch dabei an die in der Methodenkarte empfohlenen fünf Schritte.)
2. Nach folgenden Merkmalen könnt ihr die Rollenspiele besprechen:
   - Wurden die fünf empfohlenen Schritte richtig beachtet?
   - Haben die Teilnehmer ihre Rollen glaubwürdig gespielt?

Fall 2: Aisha wird gemobbt

Eigentlich mag und bewundert Jule Aisha. Sie ärgert sich aber darüber, dass Aisha in Tests immer die besseren Noten schreibt. Vor einiger Zeit war es in Biologie wieder so. Jule hatte eine Drei und Aisha als Einzige in der Klasse eine Eins. In einer großen Pause nahm Jule drei weitere Mädchen zur Seite: „Aisha ist eine Streberin", sagte sie, „habt ihr gesehen, wie eingebildet sie ist? Wir sollten ab jetzt nicht mehr mit ihr reden." Wenige Tage später wollte Aisha ihren zwölften Geburtstag feiern. Dazu lud sie die Mädchen aus der Klasse zu sich nach Hause ein. Diese nahmen die Einladung an, beschlossen dann aber, nicht hinzugehen. So blieb Aisha mit ihrer Mutter alleine am Geburtstagstisch sitzen. Aisha war unendlich traurig und konnte es nicht fassen, dass Jule und viele aus ihrer Klasse nicht mit ihr redeten. Wochen später erzählte sie der Klassensprecherin, die auch Streitschlichterin ist, was in der Klasse los ist. Diese bat Jule und Aisha zu einem Gespräch.

Beteiligte am Streitschlichtungsgespräch sind: Aisha, Jule, ein Sreitschlichter (vielleicht noch weitere Mädchen aus der Klasse).

Meine Klasse und ich

Station 1 Wie werden wir ein gutes Team?

S M U H

Von einer Freundin oder einem Freund aus einer anderen Stadt erhältst du die folgende Mail:

Hallo,

vielleicht kannst du mir helfen. Unsere Klassenlehrerin Frau Helferich meint, unsere Klasse sei ein ziemlich wilder Haufen. Es könne so nicht weitergehen. Als Hausaufgabe hat sie uns aufgegeben, Regeln zu überlegen, wie wir in Zukunft besser miteinander umgehen können, und zwar:

- *zwei Regeln zu unserem Verhalten vor Unterrichtsbeginn,*
- *zwei Regeln für das Verhalten gegenüber Klassenkameraden,*
- *zwei Regeln für die Gesprächsführung im Unterricht.*

Kannst du mir deine Vorschläge schicken? Ich weiß ja, dass du Experte bist.

Station 2 Merkmale von Demokratie

S M U H

1 Beispiel – 3 Begriffe – 3 Merksätze – 4-mal lernen

Gesetze → In der Demokratie müssen sich alle Bürger und der Staat an die Gesetze halten.

Mithilfe der folgenden Begriffe kannst du drei weitere Merksätze über wichtige Merkmale der Demokratie aufschreiben. So erhältst du vier Merkmale, die du dir für immer einprägen kannst.

Meinungsfreiheit →

Mehrere Parteien →

Wahlen →

Station 3 Streit friedlich lösen

S M U H

Ergänze die Übersicht:

Eine Gewinner-Gewinner-Lösung ist zum Beispiel, wenn …

Streitlösungen

Eine Gewinner-Verlierer-Lösung ist, wenn …

Eine Verlierer-Verlierer-Lösung ist, wenn …

2 Leben in der Schulgemeinschaft

Wir lernen Demokratie

1. Allein nachdenken

In der Schule gibt es Unterricht, Pausen, Ausflüge, Feste, Schülervertretungen. Wo sollten Schülerinnen und Schüler besonders gut mitwirken können?

2. Zu zweit beraten

Diese Mitwirkungsmöglichkeiten halten wir für besonders wichtig: …

3. In der Klasse sammeln

Unsere gemeinsamen Wünsche für die Mitwirkung der Schüler am Schulleben sind: …

Im Verlauf dieses Kapitels könnt ihr …

- herausfinden, welche Kandidatinnen oder Kandidaten für das Amt des Klassensprechers geeignet sind,
- deren Aufgaben beschreiben,
- eine Übersicht über Schülerrechte und -pflichten erstellen,
- über Rechte und Pflichten diskutieren,
- die Aufgaben der Schülervertretung erklären.
- Außerdem könnt ihr die Bedeutung von Wahlen erklären und Regeln für erfolgreiche Gruppenarbeit notieren.

Das Foto wurde in einer Schule gemacht, in der die Schülerinnen und Schüler ihren Schülersprecher und deren Stellvertreter wählen.
Was gehört innerhalb des Unterrichts in der eigenen Klasse zu einer guten Schulgemeinschaft?

Detektivaufgabe für das ganze Kapitel:

Welche Idee findet Amelie toll?

1 Wer hat das Zeug zur Klassensprecherin oder zum Klassensprecher?

Wir ermitteln die wichtigsten Eigenschaften

Wählen und mitbestimmen zu können, ist ein Grundmerkmal der Demokratie. Die Gründe für eine Wahlentscheidung sollten allerdings stets gut überlegt sein. In dem folgenden Fall ist Jasmin mit den Gründen für die Wahl des Klassensprechers überhaupt nicht zufrieden.

Warum ist Jasmin sauer?

Jasmin knallt ihre Schultasche in die Ecke und verschwindet in ihrem Zimmer. Als ihr Vater nach einer Stunde an ihre Tür klopft, hört er nur: „Lass mich in Ruhe. Ich bin sauer!“
Erst am Nachmittag setzt sich Jasmin mit dick verheulten Augen an den Küchentisch zu ihrem Vater: „So eine Ungerechtigkeit, diese Idioten“, jammert sie. „Was ist denn los? Erzähl doch mal!“
„Ach Mensch, heute war Klassensprecherwahl. Alle meine Freundinnen, auch meine Freunde Dimitrij und Kamil, haben mich überredet, zu kandidieren. Erst wollte ich nicht. Aber dann hat Leonie mich vorgeschlagen.“
„Prima, dass sie dich vorgeschlagen hat, da bin ich ja richtig stolz auf meine Tochter!“, versucht ihr Vater zu trösten. „Spar dir das! Gewählt haben sie nämlich den blöden Adrian und im zweiten Wahlgang seinen Freund Lars. Von den beiden hat noch keiner etwas Gutes für die Klasse gemacht. Adrian, wenn ich den schon sehe! Der hat immer eine große Klappe, wenn er mit seiner Clique zusammensteht und erzählt, was er alles machen würde, wenn er der Chef in der Klasse wäre. Wenn es aber darauf ankommt, dann hält er schön brav seinen Mund. Als wir neulich in der Klassenversammlung darüber gesprochen haben, ob wir für alle, die in der letzten Mathearbeit eine Fünf geschrieben haben, ein Helfersystem einrichten sollen, hat er sich überhaupt nicht an dem Gespräch beteiligt. Zufällig habe ich mitgekriegt, wie er zu seinem Freund Lars gesagt hat: „Ich hab' doch eine Zwei in der Arbeit. Was soll ich mich um die Blöden kümmern.“
„Ich finde, du solltest nicht traurig sein“, meint ihr Vater, „wenn man zu einer Wahl antritt, muss man damit rechnen, dass man verlieren kann. Das ist doch ganz normal.“
„Es wäre mir ja auch egal, ob ich Klassensprecherin bin oder nicht, aber dass sie ausgerechnet Adrian gewählt haben, das finde ich so doof. Als wir in Deutsch Gruppenarbeit gemacht haben, waren wir zusammen in einer Gruppe. Weil die Stunde zu Ende war, bevor wir mit der Arbeit fertig waren, sollte einer zu Hause die Folie für unseren Gruppenvortrag ausfüllen. Natürlich hat er sie mitgenommen und dann am nächsten Tag gefehlt. Seinen Freunden hat er erzählt, dass er einen Tag blaugemacht hätte. Wir standen da ohne unser Arbeitsergebnis. Leonie und ich, Kamil und Dimitrij, wir haben uns darum gekümmert, dass der Klassenraum schön gestaltet wird. Aber das spielte bei der Wahl überhaupt keine Rolle.“

1. Habt ihr Verständnis für Jasmins Ärger oder nicht? Äußert alle eure Meinung.
2. Zur gleichen Wahl hat Tim folgende Meinung: „Ich habe Adrian gewählt, weil er cool ist. Der hat auch keine Angst vor den Lehrern. Adrian und Lars, die sind groß und stark. Auch deshalb habe ich sie gewählt.“ Wie bewertet ihr die Gründe für Tims Entscheidung?

Trainingsplatz

S M U H

Wir ermitteln Eigenschaften, die wichtig sind für Klassensprecherinnen und Klassensprecher

Klassensprecherinnen oder Klassensprecher sollen …

1. besonders stark sein.
2. für Ruhe sorgen, wenn kein Lehrer da ist.
3. sich Zeit für die Sorgen und Probleme einzelner Mitschüler nehmen.
4. Ideen zur Verbesserung der Klassengemeinschaft haben.
5. in der Klasse beliebt sein.
6. sich besonders für schwächere Schüler einsetzen.
7. die Schülerinnen und Schüler ermahnen, wenn die Klasse in einem unsauberen Zustand ist.
8. mit dem Klassenlehrer sprechen, wenn in der Klasse etwas nicht klappt.
9. die Klasse über wichtige schulische Dinge informieren.
10. immer nur ihre eigene Meinung vertreten.
11. den Klassenlehrer beim Einsammeln von Geld, Formularen usw. unterstützen.
12. Ansprechpartner für alle in der Klasse sein.
13. bereit sein, sich auch außerhalb der Unterrichtszeit für die Klasse zu engagieren.
14. verschwiegen sein, wenn ihnen Mitschüler etwas anvertrauen.
15. vor allem die Meinung ihrer besten Freunde vertreten.

1. Arbeitet den Fragebogen durch und schreibt die Eigenschaften heraus, die ihr für wichtig haltet.
   - Das kann zunächst jede und jeder in Einzelarbeit leisten.
   - Danach könnt ihr gemeinsam eine Liste erstellen.
2. Beachtet auch, dass die Klassensprecher schnell auf verlorenem Posten stehen, wenn sie von den eigenen Klassenkameraden nicht genügend unterstützt werden. Sucht daher auch nach Antworten auf zwei Fragen:
   - Was erwarten wir von guten Klassensprechern?
   - Was kann die Klasse tun, um den Klassensprechern eine gute Arbeit zu ermöglichen?

Unsere Erwartungen an die Klassensprecher

1
2
3
Damit das klappt, bieten wir …

Wir wählen: Wie machen wir es richtig?

Schüler einer sechsten Klasse berichten

Wir wählen unsere Klassensprecher durch eine geheime Wahl. Als Erstes schlagen wir Kandidaten vor. Alle Mitschülerinnen und Mitschüler haben das passive Wahlrecht. Das heißt, sie kommen alle als Kandidatinnen oder Kandidaten infrage und zwar unabhängig von ihrer Staatsangehörigkeit. Die anwesenden Kandidaten werden gefragt, ob sie für das Amt kandidieren wollen.
Wenn ja, stehen sie kurz auf und erklären, warum sie für das Amt kandidieren möchten. Ihre Namen werden an die Tafel geschrieben. Dann bekommt jede/jeder einen Zettel und schreibt den Namen einer Kandidatin oder eines Kandidaten auf den Zettel und faltet ihn einmal in der Mitte. Man kann sich aber auch enthalten. Das heißt, dass es keine Wahlpflicht gibt. Daraufhin werden die Zettel in einem Behältnis gesammelt. Danach wird ein Zettel nach dem anderen geöffnet und vorgelesen. Die Namen der Kandidaten auf den Zetteln werden auf der Tafel festgehalten. Wir sind 24 Schüler in der Klasse. Gewählt ist der Kandidat, der die meisten Stimmen erhält. Stehen zum Beispiel drei Kandidaten zur Wahl, die jeweils zehn, acht und sechs Stimmen erhalten, so ist der mit den 10 Stimmen gewählt. Bei Stimmengleichheit findet zwischen zwei Kandidaten eine Stichwahl statt. Die stellvertretenden Klassensprecher werden in einer getrennten Wahl nach dem selben Verfahren gewählt. Nach der Wahl haben die Gewählten zu erklären, ob sie die Wahl annehmen. Sie sind dann für die Dauer des gesamten Schuljahres gewählt und können nur abgewählt werden, wenn zwei Drittel der Klassenmitglieder sich für einen neuen Klassensprecher entscheiden. Da wir es für besser halten, wenn die Klassensprecher im Team arbeiten, wählen wir noch eine weitere Person, welche die Arbeit der Klassensprecher unterstützt. Zu dritt bereitet dieses Team unsere Klassenversammlungen vor, die wir einmal im Monat durchführen. Das Wahlergebnis halten wir in einem schriftlichen Protokoll fest. Davon erhalten unser Klassenlehrer und die Schulleitung eine Abschrift.

Ina T. und Markus S., 11 Jahre

Gesetzlich geregelte Aufgaben

Klassensprecherinnen und Klassensprecher gehören zur Schülervertretung (SV). Die grundlegenden Aufgaben der SV sind in Nordrhein-Westfalen und in allen anderen Bundesländern im Schulgesetz geregelt. Daneben gibt es noch einen SV-Erlass, der die Aufgaben, Rechte und Pflichten der SV ganz genau regelt. „Leider" ist TEAM der Text daraus über die Aufgaben der Klassensprecher auseinandergefallen.

1 Die Klassensprecherin oder der Klassensprecher vertritt die

2 Sie oder er führt die Beschlüsse

3 Die Klassensprecherin oder der Klassensprecher informiert die Klasse über

4 Sie oder er bereitet die

der Klasse aus.

SV-Stunde vor und leitet sie.

wichtige Angelegenheiten der SV und solche,

die für sie von allgemeiner Bedeutung sind.

Interessen der Klasse.

1. Entwerft (in Stichworten) ein Informationsblatt, in dem ihr einen korrekt durchgeführten Wahlvorgang Schritt für Schritt erklärt.
2. Fügt den auseinandergefallenen Text unter der Überschrift „Klassensprecheraufgaben" in eurem Heft zusammen.
3. Erleichtert oder erschwert es die Arbeit der Klassensprecher, wenn zusätzlich eine dritte Person gewählt wird?

Wahlen und ihre grundlegende Bedeutung für die Demokratie

1. Erklärt, was man darunter versteht: aktives und passives Wahlrecht, absolute und relative Mehrheit.
2. Vergleicht die Wahl zum Klassensprecher mit Wahlen in der Politik. Was ist bei beiden genau gleich?
3. Warum kann es in einem Land ohne Wahlen keine Demokratie geben? Sucht nach einer Erklärung für diesen Zusammenhang.

Wahlen überall

Schülerinnen und Schüler haben mehrere Möglichkeiten, an Wahlen teilzunehmen. Sie wählen ihre Klassensprecher, ihre Stellvertreter und ihre Vertreterinnen und Vertreter für die Schulkonferenzen. Im Schülerrat oder als Schülerversammlung wählen sie Schülersprecher und Stellvertreter. Der Schülerrat wählt Lehrerinnen und Lehrer zur Beratung aus. Auch die Eltern und Lehrer nehmen an Wahlen in der Schule teil. Wenn man jemanden wählt, ist man aktiv. Deshalb bezeichnet man das Recht zu wählen auch als das *aktive Wahlrecht*. Wenn man sich als Kandidat einer Wahl stellt, ist man passiv. Deshalb nennt man das Recht, gewählt zu werden, das *passive Wahlrecht*.

Der Zusammenhang zwischen Demokratie und Wahlen

Die Möglichkeit, wählen zu können, gehört zu den grundlegenden Merkmalen einer Demokratie. Die Bürgerinnen und Bürger wählen Personen und Parteien, von denen sie eine Zeit lang im Parlament vertreten werden wollen. Das Parlament für Deutschland ist der Deutsche Bundestag in Berlin.
In der Demokratie hat das Volk das Recht, darüber zu entscheiden, wer für eine gewisse Zeitspanne bestimmen darf, was gemacht wird und was nicht. Weil jeder Mensch im Volk das gleiche Recht zur Mitwirkung hat, kann diese Entscheidung nur in der Form einer Wahl stattfinden. Man kann also sagen, dass es ohne das Recht, wählen zu können, gar keine Demokratie geben kann.

Gleichheit

In der Demokratie gilt gleiches Stimmrecht für alle. Das ist bei Wahlen in der Politik genauso wie bei der Wahl einer Klassensprecherin oder eines Klassensprechers. Es darf nicht sein, dass die Stimmen besonders reicher oder besonders einflussreicher Personen mehr Gewicht als andere haben.
Das Merkmal der Gleichheit bezieht sich auch auf das Verhältnis der Geschlechter.
Heute gehört es für uns selbstverständlich zu einer demokratischen Wahl, dass die Stimmen von Frauen und Männern gleich viel zählen. Das war aber nicht immer so und ist auch heute noch nicht überall auf der Welt eine Selbstverständlichkeit.

Mehrheitsprinzip

Wahlen werden nach dem Mehrheitsprinzip entschieden. Das ist in der Politik wieder genauso wie bei der Klassensprecherwahl. Man unterscheidet dabei zwischen der *absoluten Mehrheit* und der *relativen Mehrheit*.
Die absolute Mehrheit liegt vor, wenn eine Kandidatin oder ein Kandidat mehr als die Hälfte aller Stimmen bekommt. Das ist bei einer Klassensprecherwahl zum Beispiel der Fall, wenn bei 28 Schülern ein Kandidat mindestens 15 Stimmen bekommt.
Die relative Mehrheit ist erreicht, wenn einer von mehreren Kandidaten die meisten Stimmen bekommt. Erhält zum Beispiel bei einer Klassensprecherwahl Kandidat A 12 von 28 Stimmen, Kandidat B zehn und Kandidat C sechs Stimmen, so ist Kandidat A mit relativer Mehrheit gewählt.

Klassensprecherwahl: Demokratie erleben in der Schule

2 Welche Rechte und Pflichten sollen wir haben?

Wir trainieren Verhaltensregeln für erfolgreiche Gruppenarbeit

Menschen wollen Rechte haben. Die Frage ist, ob Menschen, die ihre Rechte in Anspruch nehmen, auch bereit sind, dafür Pflichten zu übernehmen. In dem folgenden Fall steht dieses Problem im Mittelpunkt.

Ein Klassenaquarium für die 6 d

Wie bewegt sich ein Fisch nach vorne und zurück, zur Seite und von oben nach unten? Fasziniert schauen die Sechstklässler der Ludwig-Simon-Realschule den Film über das Leben im Wasser an, den Lehrer Mallmann in die Biostunde mitgebracht hat. „Nach vorne zu schwimmen, ist für Fische kein Problem", sagt Rabia, „dazu haben sie ja die Flossen." „Prima! Wie aber hat sich der Kugelfisch, den ihr gesehen habt, nach oben und nach unten bewegt?" Die 25 Schülerinnen und Schüler überlegen: „Wenn er seine Schwimmblase mit Luft füllt, wird er kugelrund und steigt nach oben und wenn er die Luft rauslässt, sinkt er ab." An dieser Stelle meldet sich Amelie, die Klassensprecherin: „Eine Freundin, die in eine andere Schule geht, hat mir erzählt, dass sie ein Aquarium in der Klasse eingerichtet haben. Das könnten wir doch auch machen. Mit ihrem Vorschlag löst Amelie helle Begeisterung in der Klasse aus. „O ja, das sollten wir machen." So und ähnlich lauten fast alle Beiträge. Als alle durcheinanderreden, macht Herr Mallmann das Ruhezeichen und dazu noch sein Gesicht mit den Sorgenfalten: „Ich weiß, wie so etwas läuft", sagt er, „erst herrscht große Begeisterung und dann, wenn die laufenden Pflichten zu erfüllen sind, ist es damit schnell vorbei." „Welche Pflichten meinen Sie?", fragt Katharina. „Nun, Fische sind Lebewesen, kein Spielzeug. Sie benötigen Futter, regelmäßige Pflege, die Wasserqualität muss stimmen. Habt ihr bedacht, dass Fische nicht in Urlaub fahren? Sie müssen auch in den Ferien versorgt werden." „Typisch Lehrer", seufzt Noah, „sagen Sie doch gleich, dass sie dagegen sind und dass wir wieder einmal keine Rechte haben." „Doch", lautet die Antwort, „ihr habt das Recht dazu und ich finde eure Idee auch gut. Wir könnten viel über das Leben der Fische lernen und alle hätten wir unsere Freude daran." Dann erzählt Herr Mallmann von einem Vorfall, der sich in einer anderen Klasse ereignet hat: „Wir hatten ein sehr schönes Aquarium eingerichtet. Doch dann, eines Nachmittags, haben Schüler eine ganze Dose Trockenfutter ins Wasser gekippt. Am nächsten Tag trieben alle Fische tot an der Oberfläche. Wahrscheinlich hatten die Schüler das nicht böse gemeint. Sie waren nur mit der Verantwortung überfordert. Ihr versteht, dass ich das nicht noch einmal erleben möchte. Wenn ihr das Recht in Anspruch nehmen wollt, ein Aquarium einzurichten, werde ich euch unterstützen, vorausgesetzt, ihr bedenkt Folgendes: Wer Rechte hat, der muss auch Pflichten übernehmen!"
Noch einmal meldet sich Amelie: „Ich finde unsere Idee trotzdem toll. Wenn wir gut planen, kriegen wir das mit dem Aquarium auch hin."

1. Ein Aquarium in der Klasse: Was haltet ihr von Amelies Vorschlag und von Herrn Mallmanns Sorgen?
2. Welche Pflichten müsste die Klassengemeinschaft übernehmen? Erstellt eine Liste.
3. „Wer Rechte hat, der muss auch Pflichten übernehmen", sagt Herr Mallmann. Welche Beispiele aus dem Schulleben fallen euch ein, die zu diesem Spruch passen?

Methodenkarte 3

S M U H

Erfolgsregeln für Gruppenarbeit

Thema: Schülerrechte und Schülerpflichten

A Warum ist Gruppenarbeit sinnvoll?

Wenn man in einer Gruppe lernt, ist man nicht allein. Viele Aufgabenstellungen lassen sich besser lösen, wenn man es gemeinsam tut. Erfolgreich kann die Methode nur funktionieren, wenn alle Beteiligten bestimmte Regeln einhalten.

B Fünf Regeln für erfolgreiche Gruppenarbeit

1. Alle Gruppenmitglieder sind gleichberechtigt.

In einer guten Gruppe arbeiten alle Gruppenmitglieder gleichberechtigt mit. Niemand wird ausgeschlossen, niemand bestimmt andauernd über die anderen.

2. Jede Gruppe beginnt zügig mit der Arbeit.

Nach dem Beginn legen alle Gruppenmitglieder ihre Arbeitsmaterialien zurecht. Die Zeit wird nicht vertrödelt. Am Anfang solltet ihr besprechen, wie ihr vorgehen wollt und wer welche Aufgabe übernimmt.

3. Alle Gruppenmitglieder notieren die wichtigen Arbeitsergebnisse.

In schlecht funktionierenden Gruppen notiert nur ein Gruppenmitglied die notwendigen Ergebnisse und die anderen schauen zu. Die Gruppe steht dann hilflos da, wenn erst in der nächsten Stunde die Ergebnisse präsentiert werden sollen und das Gruppenmitglied fehlt, das alles aufgeschrieben hat.

4. Alle Gruppen gehen rücksichtsvoll mit den anderen Gruppen um.

In der Gruppe sollte man jemanden bestimmen, der aufpasst, dass die Gruppe nicht zu laut wird und so die anderen Gruppen im Raum stört. Benutzt ein vereinbartes Stillezeichen. Lasst jeden ausreden.

5. Alle Gruppenmitglieder arbeiten an einem guten Ergebnis.

Gruppenarbeit macht keinen Spaß, wenn einige wenige Gruppenmitglieder viel Arbeit übernehmen, andere dagegen nur von der Arbeit der Fleißigen profitieren wollen. Wenn das vorkommt, darf die Gruppe die Faulpelze ermahnen. Sollten Gruppenarbeit und Arbeitsergebnisse benotet werden, können die, die nichts geleistet haben, nicht erwarten, auch die guten Noten der übrigen Teilnehmer zu bekommen.

C Worauf solltet ihr besonders achten?

Wenn eine Gruppe ihr Ergebnis vorstellt, hören und schauen die übrigen Gruppen aufmerksam zu. Sie kümmern sich jetzt nicht mehr um ihre eigenen Sachen, sondern widmen den vortragenden Gruppen ihre Aufmerksamkeit.

Tipp: Die beiden Beispiele auf der folgenden Doppelseite können in Gruppenarbeit bearbeitet werden. Zum Beispiel können jeweils drei Gruppen Beispiel 1 und 2 bearbeiten und dabei die Erfolgsregeln anwenden.

Wozu sollen wir uns verpflichten in der Schule?

Zur Bearbeitung dieser Doppelseite solltet ihr Dreiergruppen bilden und euch die Arbeit aufteilen. Dabei könnt ihr die Regeln für gute Gruppenarbeit einüben und über die Fälle miteinander diskutieren.

Das sollt ihr in der Gruppe tun:

1. Fertigt Notizen an, mit deren Hilfe ihr das Beispiel aus Sachsen euren Mitschülern vorstellen könnt.
2. Sammelt gemeinsam Gründe, die für und die gegen eine einheitliche Schulkleidung sprechen. Schreibt sie auf, damit ihr sie in der Klasse vorstellen könnt.
3. Formuliert eure eigenen Ansichten zum Thema, schreibt Begründungen dazu auf und stellt sie nach der Gruppenarbeit in der Klasse vor.

Beispiel 1: Einheitliche Schulkleidung: ja oder nein?

In den Schulen Nordrhein-Westfalens kann seit Sommer 2005 einheitliche Schulkleidung eingeführt werden. Die Voraussetzung dafür ist, dass die Schülerinnen und Schüler in der Schulkonferenz dies einstimmig beschließen.

- Soll man das Recht, seine Kleidung frei wählen zu dürfen, einschränken, um so ein besseres Gemeinschaftsgefühl zu entwickeln?

Das ist die Frage, über die ihr in eurer Gruppe diskutieren könnt.

Mittelschule in Sachsen führt einheitliche Schulkleidung ein

Nicht selten entscheidet die Kleidung über die Zugehörigkeit zu einem Freundeskreis und über die Akzeptanz in der Klasse.
Nicht so an der Freien Schule Rietschen im Niederschlesischen Oberlausitzkreis. Hier tragen Schüler und Lehrer seit drei Wochen einheitliche Schulkleidung. [...]
Die Kollektion präsentiert sich in strahlendem Blau, Grün, Gelb und Weiß und kostet insgesamt 98 Euro. „Wir haben es den Eltern aber freigestellt, wie viele Teile sie erwerben“, erläutert der Vorsitzende des Schulträgervereins, Lutz Ackermann. [...] Auch die Lehrer tragen die Pullover. „Was ich von den Kindern erwarten kann, kann ich nur durch Vorleben steuern“, sagt die Schulleiterin Ilona Fehler. Auch Deutschlehrerin Karin Claus ist mit dem Outfit zufrieden. Sie habe nur etwas dagegen, wenn es als Uniform bezeichnet werde. Mit der einheitlichen Bekleidung wird aber nicht nur ein Zusammengehörigkeitsgefühl nach außen dokumentiert. Guter Nebeneffekt sei, dass damit der Trend nach Markenklamotten umgangen werde, der Kinder aus sozial schwachen Familien zunehmend ausgrenze, betont Fehler. [...] „Die Schüler, vor allem die Jungen, konzentrieren sich besser“, weiß die Pädagogin. Für den elfjährigen Julius Zinke zählt die Wirkung: „Wenn man eine gute Tat vollbracht hat, weiß jeder, dass wir von der Schule Rietschen sind.“ Die zehnjährige Valerie Weise sagt, jetzt könne niemand mehr wegen seiner Kleidung gehänselt werde.

(Jeannette Tandel, in: Lausitzer Rundschau vom 4.3.2006, www.bl-online.de)

Beispiel 2: Sollen Schülerinnen und Schüler ihre Schule selbst reinigen?

Das sollt ihr in der Gruppe tun:

1. Fertigt Notizen an, mit deren Hilfe ihr das Beispiel der Putzaktion euren Mitschülern vorstellen könnt.
2. Sucht gemeinsam nach Gründen, die für und die gegen gemeinsame Putzaktionen sprechen. Schreibt sie auf, damit ihr sie in der Klasse vorstellen könnt.
3. Formuliert eure eigenen Ansichten zum Thema. Schreibt Begründungen dazu auf und stellt sie nach der Gruppenarbeit in der Klasse vor.

Sicherlich gibt es Tätigkeiten, die Schüler lieber machen, als die eigene Schule auf Hochglanz zu bringen. Aber: Sollen immer nur andere den Dreck wegmachen, den man selbst mit verursacht hat?

- Welche Vor- und Nachteile hat es, wenn Schülerinnen und Schüler sich dazu verpflichten, zumindest gelegentlich eine gemeinsame Putzaktion in ihrer Schule zu starten?

Das ist die Frage, über die ihr in der Gruppe diskutieren könnt.

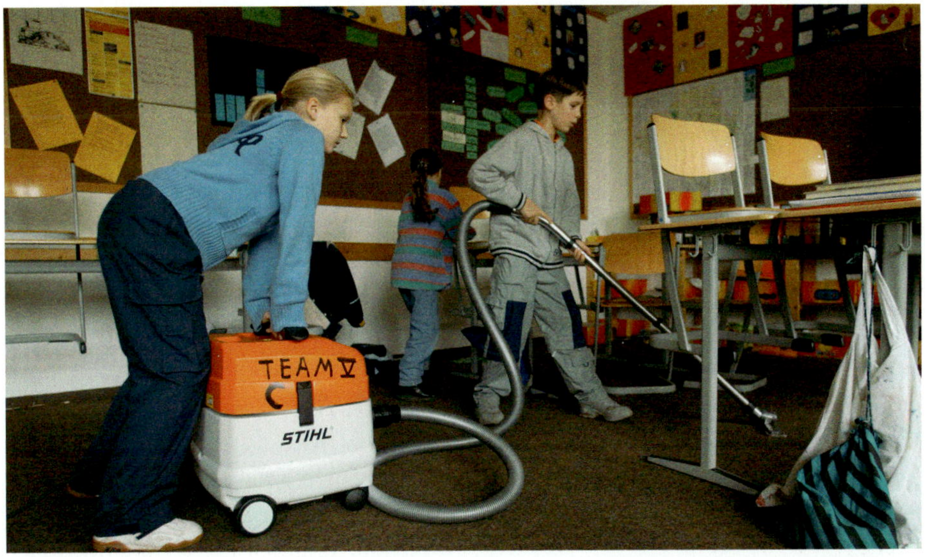

Das Foto zeigt Schülerinnen und Schüler der Helene-Lange-Schule in Wiesbaden bei einer Putzaktion. Regelmäßiger Reinigungsdienst gehört hier zum Schulalltag. Mit dem eingesparten Geld für Putzdienste werden das Schultheater und Anschaffungen finanziert.

Frühjahrsputz am MPG

Am letzten Schultag vor den Osterferien griffen die Schüler des Max-Planck-Gymnasiums zu Eimer und Wischmob. „Putzen statt Lernen" hieß das Motto. […]
Kurz nach halb elf machten sich die Jungen und die Mädchen an die Arbeit. Mit Eimer, Putzlappen und Scheuerpulver bewaffnet rückten sie dem Dreck zu Leibe. Vorbei war es da mit der Ruhe vor den Ferien. Im Max-Planck-Gymnasium ging es zu wie in einem Bienenhaus.
Generalstabsmäßig hatte beispielsweise die Klasse 6a den Frühjahrsputz geplant. Erst waren die Tische an der Reihe, dann schrubbten die Schüler die Fenster. Nur von innen natürlich aus Sicherheitsgründen. Kurz nach elf stapeln sich dann Tische und Stühle in der hintersten Ecke des Klassenzimmers. Ein sicheres Anzeichen dafür, dass bald der Fußboden an der Reihe ist.
Selbst vor noch so hartnäckigem Schmutz macht das Atta-Ballett nicht Halt. So gehörten nicht nur diverse Allesreiniger zur Ausrüstung der Nachwuchs-Raumpfleger, sondern auch Ako-Pads und Metall-Spachtel – für hartnäckige unter dem Tisch klebende Kaugummis.
Die Idee zum Großreinemachen hatten die Schüler selbst.

(Christian Dohle, in: Trierischer Volksfreund vom 15./16.4.2000, S. 11)

Meinungen zum Thema

„Durch gemeinsame Putzaktionen lernen die Schülerinnen und Schüler Verantwortung für ihre Schule zu übernehmen. Das ist eine gute Sache."
Regina R., Schulleiterin einer Realschule

„Ich sehe nicht ein, dass ich Dreck wegmachen soll, den ich nicht selbst gemacht habe."
Christian H., Realschüler, 12 Jahre

„Ich fand die Putzaktion klasse und war mit Begeisterung dabei."
Nele, Gymnasiastin, Klasse 5

Rechte und Pflichten, die Schülerinnen und Schüler kennen sollen

Rechte wahrnehmen in der Schule …

Unter einem Recht versteht man etwas, was man tun darf. Ein Recht ist eine garantierte Freiheit. Nicht alle Rechte, die den Erwachsenen zustehen, stehen auch schon Kindern und Jugendlichen zu. Zum Beispiel haben Kinder noch nicht das Recht, einen Führerschein zu erwerben oder Kaufverträge über große Summen abzuschließen. Rechte nehmen allmählich zu, weil man einem Kind keinen Gefallen tut, wenn man ihm zu früh zu viele Rechte und damit auch zu viel an Verantwortung übergibt. Nie hat jemand grenzenlose Rechte. Zum Beispiel darf niemand, der das Recht hat, ein Motorrad zu fahren, eine rote Ampel missachten.
Unter einer Pflicht versteht man eine Aufgabe, die man zu erfüllen hat. Schüler haben zum Beispiel die Aufgabe, etwas zu lernen in der Schule. Sie können nicht tun und lassen, was sie wollen, sondern sind an die Einhaltung von Pflichten gebunden.

Rechte und Pflichten im Schulgesetz

Das wichtigste Recht der Schülerinnen und Schüler steht im Schulgesetz direkt im ersten Abschnitt. Darin heißt es:

„Jeder junge Mensch hat ohne Rücksicht auf seine wirtschaftliche Lage und Herkunft und sein Geschlecht ein Recht auf schulische Bildung.“

Komisches Recht, mag da manch einer denken, weil er das eher als eine Pflicht empfindet. Man stelle sich vor, es gäbe dieses Recht nicht und nur reiche Leute könnten sich schulische Bildung leisten. Dem Recht auf Bildung steht die Pflicht zum Schulbesuch gegenüber. Mindestens neun Jahre ist jedes Kind und jeder Jugendliche schulpflichtig in Deutschland. So endet die Schulpflicht in der Regel im Alter von 16 Jahren. Weiterhin legt das Schulgesetz folgende Rechte und Pflichten fest:

„Schülerinnen und Schüler haben das Recht, im Rahmen dieses Gesetzes an der Bildungs- und Erziehungsarbeit der Schule mitzuwirken und ihre Interessen wahrzunehmen. Sie sind ihrem Alter entsprechend über die Unterrichtsplanung zu informieren und an der Gestaltung des Unterrichtes zu beteiligen.

Schülerinnen und Schüler sind insbesondere verpflichtet, sich auf den Unterricht vorzubereiten, sich aktiv daran zu beteiligen, die erforderlichen Arbeiten anzufertigen und die Hausaufgaben zu erledigen.“

(Textauszüge aus dem Schulgesetz für Nordrhein-Westfalen, §1 und 42 in der Fassung vom 27. Juni 2006)

… und lernen, Pflichten zu erfüllen.

1. Angenommen, du lebst in einem Land, in dem die Mädchen kein Recht auf Bildung haben und daher auch kein Recht, eine Schule zu besuchen (leider gibt es das noch). Schreibe einen Tagebucheintrag:
a) Wie es mir als Mädchen in einem Land geht, in dem ich kein Recht auf Schulbildung habe.
b) Wie es mir als Junge in einem Land geht, in dem nur Jungen Schulen besuchen dürfen.
Lest euch die Texte gegenseitig vor.

Trainingsplatz

Wir erstellen eine Übersicht über Schülerrechte und Schülerpflichten

In dem Topf auf dieser Seite findet ihr wichtige Schülerrechte und -pflichten. Ihr könnt Ordnung in diese Liste bringen, indem ihr eine Übersicht erstellt. Das kann in Gruppenarbeit geschehen (am besten in Dreiergruppen).

Tipp: Teilt das Aufschreiben der Rechte und Pflichten auf.

1. Entwerft eine Übersicht über eure Rechte und eure Pflichten.
2. Sucht für ein, zwei oder drei Rechte und Pflichten nach Beispielen, die ihr aus eurem Schulalltag kennt.
3. Tragt nach der Arbeit die Rechte und Pflichten und einzelne Beispiele dazu vor der Klasse vor (möglichst frei).

Rechte und Pflichten

1. Themen vorschlagen, die im Unterricht behandelt werden sollen ✱ 2. Teilnahme an Arbeitsgemeinschaften ✱ 3. regelmäßige und pünktliche Teilnahme am Unterricht ✱ 4. Informationen einholen über den eigenen Leistungsstand ✱ 5. Anordnungen der Lehrer und der Schulleitung befolgen ✱ 6. Mitarbeit im Unterricht ✱ 7. Leistungen erbringen ✱ 8. sich bei der Schulleitung beschweren, wenn man sich in seinen Rechten verletzt fühlt ✱ 9. Einhaltung der Klassen- und Hausordnung ✱ 10. an der Klassensprecherwahl teilnehmen ✱ 11. informiert werden über wichtige Angelegenheiten, die die Schüler betreffen ✱ 12. schulische Einrichtungen pfleglich behandeln ✱ 13. Hausaufgaben anfertigen ✱ 14. Mitarbeit in der Schülervertretung ✱ 15. sich selbst zur Wahl stellen bei der Klassensprecherwahl

3 Schülerinnen und Schüler regieren in der Schule mit

Wir veranschaulichen die Rolle der SV

Beispielhaft wird hier die Arbeitsweise eines Schülerrates geschildert. Achtet beim Lesen darauf, welche Aktivitäten der Schülervertretung hier zur Sprache kommen.

Der Schülerrat tagt

Jessica, die gewählte Schülersprecherin aus der 9 c, leitet die Sitzung des Schülerrates. Sie ruft den ersten Tagesordnungspunkt auf.

TOP 1: Ehrung der Klasse 6 a

Jessica erklärt: „Die 6 a ist die Bläserklasse in unserer Schule und hat im letzten Schuljahr mehrere Konzerte gegeben, eines im Seniorenheim am Schilfweiher und zwei auf dem Weihnachtsmarkt. Dabei kamen Spenden in Höhe von 500 Euro zusammen. Die Klasse hat das Geld zu gleichen Teilen an das Tierheim in der Moltkestraße und an ein SOS-Kinderdorf in Tibet gespendet. Dafür ehren wir heute die Klasse 6 a."
Stolz nimmt Klassensprecher Jakub Applaus und Ehrung zur Kenntnis und freut sich schon darauf, seine Klasse in der nächsten SV-Stunde zu informieren.

TOP 2: Rückblick auf die Aktivitäten im vergangenen Schuljahr

Abwechselnd tragen Jessica und Ercan – ihr Stellvertreter – vor, was die SV unternommen hat: „Das gemischte Fußballturnier der Klassen 5 bis 7 im Frühjahr war ein Erfolg.
Die Unterstufendisco, die Rock-Gegen-Rechts-Party der Neuner und Zehner sowie die Karnevalsfeier waren gut organisiert und sind gut angekommen.
Das zweitägige SV-Seminar unter der Leitung unserer Verbindungslehrerin Frau Warnke hat die Klassensprecher gut auf ihre Aufgaben vorbereitet.
Wir haben damit angefangen, einen Schulgarten einzurichten. Doch der befindet sich noch in einem bescheidenen Zustand. Wir übergeben das Wort an unseren Kassenwart."

TOP 3: Bericht des Kassenwartes

Magdalena – die gewählte Kassenwartin – ist gut vorbereitet. In einer Bilanz hat sie die Einnahmen von insgesamt 1 400 Euro den Ausgaben von 800 Euro gegenübergestellt, bleiben 600 Euro. Magdalena eröffnet die Diskussion.
Was soll mit dem Geld geschehen? Adile, Klassensprecherin aus der 5 e, möchte einen Zuschuss von 200 Euro für das Schulaquarium haben. Luca aus der 6 d will für 100 Euro neue Spiele für die Spielsammlung. Die neu eingerichteten Spielnachmittage würden gut angenommen.
Alexander weist darauf hin, dass der Kühlschrank im Schülercafé Schuca dabei ist, seinen Geist aufzugeben. Luisa will einen Zuschuss von 150 Euro zur Aufstockung der Schülerbibliothek, um die sich ihre 7 b intensiv kümmert. Für alle Wünsche reicht das vorhandene Geld nicht. Schließlich meint Anna aus der 8 a, man solle das Geld sparen und abwarten, bis mehr da ist. Der letzte Tagesordnungspunkt in dieser Sitzung lautet:

TOP 4: Planung neuer Aktivitäten

Die Großen wünschen sich die Einrichtung eines Internetcafés, andere wollen, dass man sich jetzt auf den Schulgarten konzentriert. Eine Wiederholung der Feste wird von allen akzeptiert und zum Schluss fordert Mia aus der 9 c, die SV solle ein Projekt „Unsere umweltfreundliche Schule" starten und begleiten.

1. Ehrung, Rückblick, Planung von Neuem: Fasst mit eigenen Worten zusammen, worum es in dieser SV-Sitzung geht.
2. Wofür hättet ihr das eingenommene Geld ausgegeben?
3. Welche der Aktivitäten in diesem Schülerrat hältst du für so sinnvoll, dass ihr sie auch in eurer Schule gerne verwirklichen würdet?

Aufgaben und Zusammensetzung der Schülervertretung (SV)

Recht auf Mitgestaltung

Mit dem folgenden Aufruf macht das Ministerium für Schule und Weiterbildung in Nordrhein-Westfalen Schülerinnen und Schülern Mut zur Mitarbeit in der SV:

Ihr könnt an eurer Schule etwas bewegen – auch wenn ihr nicht Klassensprecher seid. Es lohnt sich, mitzuentscheiden, wenn es um euren Unterricht, das Schulleben oder das Schulprogramm geht.

(Aus: www.schulministerium.nrw.de, Stand 2007)

Aufgaben der SV

Die wichtigsten Aufgaben der Schülervertretungen bestehen darin, die Rechte der Schülerinnen und Schüler wahrzunehmen und deren Interessen zu vertreten. Die Vertreter der SV sind in ihren Entscheidungen frei, jedoch der Schülerschaft verantwortlich. Für ihre Arbeit gelten folgende Grundsätze:

- Die SV soll partnerschaftlich mit den Lehrkräften und der Schulleitung zusammenwirken.
- Sie sollte offen und fair mit allen Beteiligten diskutieren, sachlich argumentieren und in Konfliktfällen nach gemeinsamen und nicht nach einseitigen Lösungen suchen.

Zusammensetzung der SV

A Schülersprecher

Die Schülersprecherin oder der Schülersprecher ist Vorsitzender des Schülerrates und Sprecher der SV. Schülersprecher berufen den Schülerrat ein, leiten die Sitzungen und führen die Beschlüsse des Schülerrates aus. Sie sind dem Schülerrat gegenüber verantwortlich. Schülersprecher und Stellvertreter werden vom Schülerrat gewählt. Wenn es von Schülern beantragt wird, können sie auch von allen Schülerinnen und Schülern der Schule direkt gewählt werden. Den Kandidaten ist Gelegenheit zur Vorstellung zu geben. An einer Schule können mehrere Stellvertreter des Schülersprechers gewählt werden. Sie sollen die Sprecherin bzw. den Sprecher bei seinen Aufgaben unterstützen.

B Der Schülerrat

Der Schülerrat ist für alle Fragen der SV zuständig, die über den Bereich der einzelnen Klasse oder Jahrgangsstufe hinausgehen. Er setzt sich aus den Klassensprecherinnen und Klassensprechern und den Sprecherinnen und Sprechern der Jahrgangsstufen zusammen. Auf Beschluss des Schülerrates können stellvertretende Klassensprecher an den Sitzungen teilnehmen, sofern für sie dadurch kein Unterricht ausfällt.

C Klassensprecher

Die Klassensprecher sind Bestandteil der SV. Sie vertreten im Schülerrat die Interessen ihrer Klasse, sind aber in ihren Entscheidungen frei. Sie informieren ihre Klassen über wichtige Angelegenheiten und Beschlüsse. Dazu können sie die SV-Stunde nutzen, die ihnen einmal im Monat zur Verfügung steht.

Der Text folgt den rechtlichen Grundsätzen, die im SV-Erlass geregelt sind (Nordrhein-Westfalen). Wer sich genauer informieren will, kann in diesem Erlass nachschauen. **Tipp:** Ihr findet ihn in den meisten Aufgabenheften.

1. Erstellt eine Übersicht, in der ihr Aufgaben und Zusammensetzung der SV anschaulich darstellt.
2. Das Schulministerium ermuntert Schülerinnen und Schüler zur aktiven Mitwirkung am Schulleben. Lohnt es sich, mitzuarbeiten, oder lohnt es sich nicht? Formuliert dazu eure persönliche Stellungnahme und tauscht eure Ansichten aus.

10 aus 20 – Wir erstellen eine Liste von Maßnahmen, die die SV durchführen sollte

1. Projektideen für eine geplante Projektwoche entwickeln
2. Einen Flohmarkt für einen guten Zweck durchführen
3. Bei Konflikten mit Lehrerinnen oder Lehrern beraten
4. Für das regelmäßige Erscheinen einer Schülerzeitung sorgen
5. Patenschaften zwischen älteren und jüngeren Schülern organisieren
6. Bei der Planung und Durchführung eines Schulfestes aktiv sein
7. Einen Schüleraufenthaltsraum schön gestalten
8. Eine Infowand über die Arbeit der SV einrichten
9. Mithilfe der Verbindungslehrer ein SV-Seminar über Gewaltvermeidung durchführen
10. Einen Kummerkasten für die Sorgen von Schülern einrichten
11. Die Aufstellung von Getränkeautomaten fordern
12. Streitschlichter ausbilden, die in Konfliktfällen vermitteln können
13. Schulinterne Sportfeste organisieren (Tischtennis, Handball, Volleyball)
14. Pausenradio organisieren
15. Die beliebteste Lehrerin oder den beliebtesten Lehrer wählen
16. Die Ausgabe von Pausenspielen organisieren
17. Interessante Ideen für Unterrichtsthemen und Unterrichtsformen entwickeln
18. Über E-Mail Kontakte zu Partnerschulen und anderen Schulen aufnehmen
19. An der Gestaltung der Homepage der Schule mitwirken
20. Kleinen Schülern Hilfe anbieten, die von den Großen geärgert wurden

sehr wichtig

???

einigermaßen wichtig

???

eher unwichtig

???

Und was noch?

Hier findet ihr eine Reihe von Dingen, die Schülervertretungen planen können. Welche davon haltet ihr für sehr wichtig, welche für einigermaßen wichtig und welche für eher unwichtig?

Erstellt eine Liste aller wichtigen Maßnahmen und setzt dabei die wichtigste auf Platz eins, die zweitwichtigste auf Platz zwei usw. Das kann man gut in Gruppenarbeit tun. Einigt euch am Ende auf eine gemeinsame Klassenliste. (Vielleicht könnt ihr sie dem Schülerrat eurer Schule zukommen lassen oder in der Schülerzeitung veröffentlichen.)

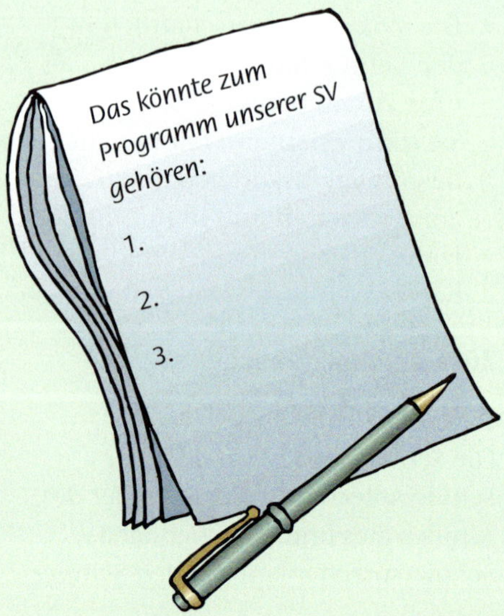

Wir diskutieren:
Wer soll die Schülersprecherin oder den Schülersprecher wählen?

Stellt euch folgende Situation vor: Ihr befindet euch in einer Sitzung des Schülerrates und diskutiert über die Wahl des neuen Schülersprechers. Das Schulgesetz sieht dafür zwei Möglichkeiten vor (siehe Möglichkeiten A und B). Ihr sollt nun eine Entscheidung herbeiführen. Bis jetzt haben sich zwei Schüler gemeldet und ihre Meinung vertreten, Canan und Thomas.

Canan sagt:

Ich bin dafür, dass wir als Schülerrat den neuen Schülersprecher und seine Stellvertreter wählen. Wir sind doch die gewählten Sprecher unserer Klassen. Wir kennen die Bewerber durch die gemeinsamen Sitzungen und können besser beurteilen, wer für die Aufgabe geeignet ist und wer nicht.

Thomas meldet sich zu Wort:

Ich bin dafür, dass wir den neuen Schülersprecher von allen Schülerinnen und Schülern wählen lassen. So kann jeder Schüler an unserer Schule mit entscheiden und die Kandidatin oder den Kandidaten seiner Wahl direkt wählen. Wenn alle wählen dürfen, ist das die demokratischste Art, wie ein Schülersprecher gewählt werden kann.

Diskutieren lernen
Um Demokratie zu lernen, muss man miteinander diskutieren können. Fünf Regeln sind dabei unverzichtbar.

1. Beteilige dich aktiv.
2. Sprich in vollständigen Sätzen.
3. Lass die anderen ausreden.
4. Mach dich nicht über andere lustig.
5. Lass auch andere Meinungen gelten.

A Die Schülersprecherin oder der Schülersprecher und ihre oder seine Stellvertreterinnen werden vom Schülerrat aus seiner Mitte gewählt. (SV-Erlass NRW, 3.5.2)

B Auf Antrag von 20 von Hundert der Gesamtzahl der Schülerinnen und Schüler können die Schülersprecherinnen und -sprecher auch aus der gesamten Schülerschaft ab Klasse 5 gewählt werden. (SV-Erlass NRW, 3.5.2)

1. Welche Gründe sprechen für Möglichkeit A, welche für B? Überlege allein.
2. Welche Möglichkeit hältst du für die beste? Entscheide dich für A oder B.
3. Wie sehen deine Tischnachbarn die Sache? Beratet gemeinsam.
4. Wie steht die Klassengemeinschaft zu dieser Frage? Diskutiert in der Klasse.

Die SV-Verfügungsstunde: Wie kann man sie gestalten?

Der SV-Erlass sieht vor, dass den Schülerinnen und Schülern ab Klasse 5 einmal im Monat eine Stunde während der allgemeinen Unterrichtszeit als SV-Stunde zu gewähren ist. Hier soll alles besprochen werden, was für die Klassengemeinschaft wichtig ist. In den Klassen 5 bis 7 ist die Anwesenheit des Klassenlehrers Pflicht. SV-Stunden können zum Ärgernis werden, wie das Beispiel 1 zeigt. Überlegt, was ihr tun könnt, damit sie sinnvoll ablaufen.

Beispiel 1: Die Chaosklasse

Sabine verrammelt die Klassentür von innen, indem sie das Pult vor die Tür schiebt, dieses mit zwei Stühlen beschwert und das Lineal als zusätzliche Sicherheit unter die Klinke klemmt. Paul und Thomas bearbeiten den kleinen schreienden Sebastian mit ihren Fäusten. Manuela bemalt die Tafel mit anzüglichen Zeichnungen, während Karl den neuesten Hit der Toten Hosen zum Besten gibt. Claudia und Sarah beschießen sich mit Papierkügelchen, Frederike strickt. Bernhard versucht mit dem Kartenständer den Schrank zu erklimmen und Nureia bekritzelt inzwischen Jessicas Etui. Dina und Martin versuchen, ihre Hausaufgaben zu erledigen, was aber nicht gelingen will, da Martina die Lautstärke ihres CD-Players erprobt.
Die 8 a hat Verfügungsstunde – einmal im Monat die Angelegenheiten der Klasse besprechen und alles regeln und das ohne Lehrer.

(Aus: SV macht Schule: Schriftenreihe zur Lehrerfort- und -weiterbildung, Bezirksregierung Münster, Seite 17, ohne Jahrgang)

Beispiel 2: SV-Stunden in der 6 c

Frau Mader führt die Klasse seit dem fünften Schuljahr und sie hat schon viele SV-Stunden mitgestaltet. Vom fünften Schuljahr an hat sie mit ihrer Klasse vereinbart, dass sie zunächst die SV-Stunden leiten wird, weil das schwierig ist und weil man es erst lernen muss. Jetzt übernehmen die Schülerinnen und Schüler nach und nach das Geschäft. In früheren SV-Stunden hat man sich im Vorfeld auf gemeinsame Themen geeinigt, wie zum Beispiel: Aufgaben des Klassensprechers, der SV, unsere Rechte und Pflichten. Gemeinsam haben die Schülerinnen und Schüler eine Liste von Themen erstellt, die jetzt und in Zukunft in den SV-Stunden besprochen werden können. Diese Liste hängt in der Klasse aus.

Themen für unsere SV-Verfügungsstunden

* *Berichte unserer Klassensprecher aus dem Schülerrat*
* *Informationen unserer Klassenlehrerin an die Klasse*
* *Wie kann unser Klassenraum schöner gestaltet werden?*
* *Was tun wir, wenn jemand Geburtstag hat?*
* *Wie helfen wir, wenn jemand längere Zeit krank war?*
* *Wie verhindern wir Mobbing und Gewalt?*
* *Sorgenrunden: Wer hat wen ungerecht behandelt?*
* *Wie können wir die Klassensprecher besser unterstützen?*
* *Welche Themen soll der Schülerrat behandeln?*
* *Was können wir tun, wenn wir Ärger mit Lehrerinnen oder Lehrern haben?*

1. Erstellt eine Liste: Unsere SV-Stunden: Wie sollen sie ablaufen ☺ und wie nicht ☹?

Leben in der Schulgemeinschaft

Station 1 Klassensprecher wählen

Ein Fernsehinterview

Stell dir folgende Situation vor: Ein örtlicher Fernsehsender besucht eure Schule und hat dich für ein Interview ausgesucht. Die Fragen hat man dir vorher zur Verfügung gestellt. Nun bereitest du dich auf das Interview vor und machst dir Notizen.

1. Frage: Kannst du unseren Zuschauern zwei Aufgaben nennen, die ein Klassensprecher zu erfüllen hat?

2. Frage: Die Zuschauer wüssten gerne, was der Unterschied zwischen dem passiven und dem aktiven Wahlrecht ist. Kannst du helfen?

3. Frage: Kannst du uns zwei unterschiedliche Wahlen nennen, an denen du in deiner Klassen- und Schulgemeinschaft teilnehmen darfst?

4. Frage: Erkläre uns doch bitte, warum Wahlen zu den unverzichtbaren Merkmalen einer Demokratie gehören?

Station 2 Rechte und Pflichten

Sätze zusammenfügen

Hier ist ein Text über Rechte und Pflichten „auseinandergefallen". Du wirst ihn wieder richtig zusammenfügen.

1. Ein Recht ist eine ...
2. Nie hat jemand ...
3. Das wichtigste Recht in der Schule ist ...
4. Das Recht auf eine eigene Meinung darf nicht dazu ...
5. Unter einer Pflicht versteht man ...
6. Eine wichtige Schülerpflicht ist ...

a. grenzenlose Rechte.
b. garantierte Freiheit.
c. die Pflicht zum regelmäßigen Schulbesuch.
d. das Recht auf Bildung.
e. eine Aufgabe, die man zu erfüllen hat.
f. missbraucht werden, andere zu beleidigen.

Station 3 Schülerinnen und Schüler regieren in der Schule mit

Wahlmöglichkeit A

Wahlmöglichkeit B

1. Erkläre den Unterschied: Welche beiden Möglichkeiten bei der Wahl des Schülersprechers zeigen die Zeichnungen?
2. Formuliere jeweils einen Grund: Was spricht für die Möglichkeit A und was für die Möglichkeit B?
3. Begründe deine eigene Meinung: Für welche Möglichkeit entscheidest du dich?

3 Zusammenleben in der Familie

Wir untersuchen Lebenssituationen von Kindern, Jugendlichen und Erwachsenen

1. Allein nachdenken

Notiere: Was gehört für dich zu einer guten Familie?

2. Zu zweit beraten

Tauscht euch aus und einigt euch auf mindestens drei Merkmale einer guten Familie.

3. In der Klasse sammeln

Was meint die Klasse? Erstellt gemeinsam eine Rangliste der Merkmale einer guten Familie.

Im Verlauf des Kapitels könnt ihr …

- beschreiben, wie Familien in Deutschland und in anderen Ländern aussehen,
- unterschiedliche Familienrollen erläutern,
- Konflikte in der Familie beurteilen und unterschiedliche Lösungen durchspielen.
- Außerdem könnt ihr spielerisch verschiedene Rollen einnehmen und dabei über euer eigenes Verhalten nachdenken.

Detektivaufgabe für das ganze Kapitel:

Warum steht Carla Schaminski unter Volldampf?

Tierfamilien und Menschenfamilien haben ganz schön viel gemeinsam …

1 Wie leben Kinder in unterschiedlichen Familien?

Wir erstellen Familiensteckbriefe

So leben Familien in Deutschland

Vater, Mutter, Kind – so stellen sich viele eine Familie vor. Familien können aber auch ganz anders aussehen …

Tipp: Ihr könnt Gruppen bilden und die drei Beispiele auf die Gruppen verteilen.

Beispiel Nr. 1: Caroline Hilpert (12 Jahre) findet es schön, dass sie eigentlich drei Familien hat

„Wir sind fünf Kinder in der Familie. Alle staunen, wenn ich von meiner großen Familie erzähle. Aber eigentlich habe ich etwas dick aufgetragen: Denn wir haben nicht alle dieselben Eltern. Meine Eltern sind beide tagsüber nicht da, weil sie berufstätig sind. Mittags, wenn wir aus der Schule nach Hause kommen, essen wir Kinder immer zusammen. Meistens ist schon etwas am Abend vorbereitet worden, sodass wir nicht so viel Arbeit haben.
Trotzdem gibt es manchmal Streit, wer was macht. Im Großen und Ganzen sind wir aber ein gut eingespieltes Team: Lars muss den Tisch decken, Marc und ich kochen und spülen.
Papa hat aus erster Ehe ebenfalls zwei Kinder: Martin (23 Jahre) ist schon erwachsen und studiert, Stefanie lebt bei ihrer Mutter. Martin und Stefanie kommen oft am Wochenende zu Besuch. Sie schlafen dann in unserem Gästezimmer.
Meistens bin ich froh, dass ich so viele verschiedene Verwandte habe. Bei uns ist es deswegen auch nie langweilig. Und wenn ich mal Hilfe brauche, finde ich es schön, dass ich einen schon fast erwachsenen Bruder habe. Schließlich will man ja nicht alles mit Mama oder Papa besprechen.“

Beispiel Nr. 2: Anika Baptiste (10 Jahre) wohnt allein mit ihrer Mutter und ihrer kleinen Schwester zusammen

Ihr Vater ist Engländer und arbeitet in Arabien.
„Ich stehe jeden Morgen um 6.30 Uhr auf, dann brauche ich eine halbe Stunde. Meine Mutter macht mir immer die Brote, bevor ich in die Schule gehe – im Winter mit dem Bus, im Sommer mit dem Rad.
Seit diesem Jahr bin ich im Gymnasium, da hab' ich Kunst und Sport am liebsten, aber manchmal auch Mathe. […] Die Schule dauert bis drei Uhr, montags hab' ich noch Chor, mittwochs Geige, danach gehe ich nach

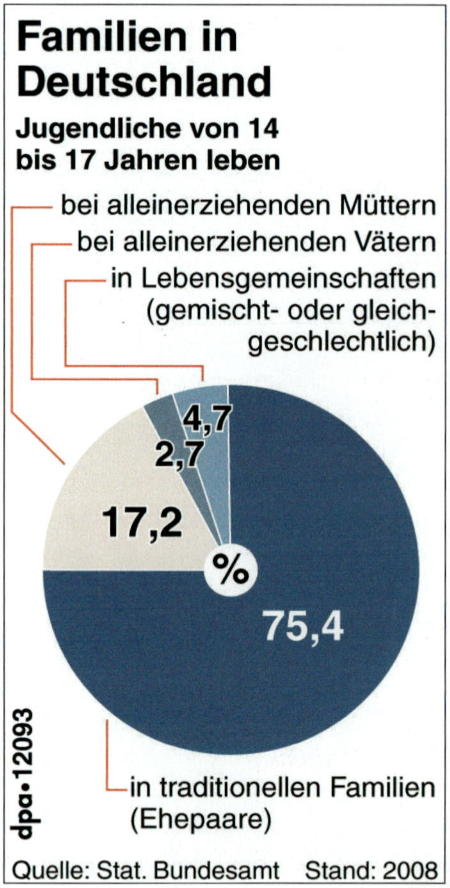

1. Wenn du folgende Sätze ergänzen kannst, hast du das Schaubild verstanden.
Beispiel: Von 100 Jugendlichen in Deutschland leben etwa 5 in Lebensgemeinschaften.
- Von 100 Jugendlichen in Deutschland leben etwa … in traditionellen Familien.
- Von 100 Jugendlichen in Deutschland … bei alleinerziehenden Müttern.
- Von 100 Jugendlichen in Deutschland … bei alleinerziehenden Vätern.

Hause. Wenn meine Mutter kocht, pass' ich auch mal auf Mia auf. Zweimal in der Woche oder so ruft Papa an, dann erzähl' ich ihm, wie es mir so geht, was ich für Noten hab' und was in der Schule so los ist. Ich würde ihn schon gerne mal wieder besuchen – ich glaube, meine Mutter weiß das schon."

(Aus: Gebina Doencke, Meine Familie und ich, in: Süddeutsche Zeitung Nr. 82 vom 10. April 2007, S. 9)

Beispiel Nr. 3: Franziska (11 Jahre) hat sechs Geschwister

Über zu wenig Leben im Haus muss sich Franziska keine Gedanken machen. Denn wenn Franziska am Mittagstisch Platz nimmt, dann sitzen dort neben ihren Eltern auch noch ihre sechs Geschwister im Alter von acht bis 20 Jahren mit am Tisch [...]. Auf ihre ungewöhnlich große Kinderschar angesprochen, meint Mutter Agnes, sie sei überzeugt, dass ihren Kindern kein Nachteil entstanden sei. „Ich denke, sie bekommen dadurch ein ganz anderes Sozialverhalten, von dem sie auch später im Berufsleben profitieren könnten. Mit anderen Menschen zu diskutieren oder einen zu Wort kommen zu lassen – so etwas lernt man nicht in zwei Wochen." [...]

Im neunköpfigen Haushalt der Familie Hack ist das aber eine Selbstverständlichkeit. [...]
Wenn es Situationen gibt, die bei allen Familienmitgliedern wenig Begeisterung wecken, dann gehört der Einkauf mit Sicherheit dazu. Wenn Franziska dabei helfen muss, dann bekommt auch sie mit, dass die Leute manchmal komisch gucken.
Denn ein Einkaufswagen reicht in der Regel nicht, um alle in dieser Großfamilie satt zu bekommen. [...]

(Nach: Uwe Hentschel, Eigentlich nur Hausfrau und Mutter, in: Trierischer Volksfreund Nr. 24 vom 29. Januar 2007, S. 3)

Familiensteckbrief für ______________

- *Wer gehört alles zur Familie?*
- *Welche Pflichten haben die einzelnen Familienmitglieder?*
- *Welche Besonderheiten gibt es in der Familie?*
- *Was sagt das Schaubild über diese Familienform aus?*

2. Ein Steckbrief ist eine Übersicht mit den wichtigsten Erkennungsmerkmalen. Erstellt für jede Familie einen Familiensteckbrief und präsentiert ihn der Klasse.

3. Sprecht nach der Präsentation darüber, welche Unterschiede und Gemeinsamkeiten die vorgestellten Familien haben.

4. Angenommen, du solltest zwei Wochen als Gast in einer dieser Familien wohnen: Welche suchst du dir aus? Begründe deine Entscheidung.

So leben Familien in anderen Ländern

Keine Familie ist wie die andere. – Trotzdem haben zum Beispiel Familien aus Europa Gemeinsamkeiten, die sie von Familien aus Asien, Afrika oder Amerika unterscheiden. Wie eine Familie lebt, hängt nämlich auch von der Kultur des Heimatlandes ab.
Stellt euch die drei Familien, deren Alltag auf den nächsten Seiten beschrieben wird, gegenseitig vor.
So könnt ihr vorgehen:

1. Schritt: Bildet Gruppen und entscheidet euch für eine Familie, die ihr genauer kennenlernen wollt. Jeder liest den Text und füllt für sich die Tabelle auf der übernächsten Seite aus.

2. Schritt: Vergleicht eure Arbeitsergebnisse in der Gruppe. Korrigiert und ergänzt dabei eure Tabelle.

3. Schritt: Stellt eure Ergebnisse der Klasse vor. Sprecht nach den Präsentationen über die Gemeinsamkeiten und Unterschiede mit Familien in Deutschland.
Tipp: Protokolliert die Ergebnisse der anderen Gruppen ebenfalls in der Tabelle.

Beispiel Nr. 1:
Familie Getu, Äthiopien

Das ist Familie Getu. Sie lebt in Äthiopien, einem der ärmsten Länder der Welt. Sie besteht aus den Eltern und ihren fünf Kindern im Alter von acht Monaten bis zu zehn Jahren. Ihr wertvollster Besitz: Ochsen. Ihr sehnlichster Wunsch: mehr Nutztiere, Kleider zum Wechseln, besseres Saatgut, Ackergerät, Frieden im Land und in der Welt.
Der Fotograf berichtet: „Es gibt hier weder fließendes Wasser noch Gas noch Elektrizität. Das Wenige, das sie hatte, hat die Großfamilie freundlich mit mir geteilt. Wenigstens dreimal pro Tag hat man mich in eines ihrer Häuser gebeten und mir Kaffee und geröstetes Getreide angeboten. Tagsüber gab es zu dieser Zeit für die Männer nicht viel auf den Feldern zu tun. Nur ein Verwandter hütete das Vieh der Großfamilie. Für die Frauen allerdings gibt es keine ruhige Jahreszeit. Sie holen Wasser, kochen, säubern die Pferche, formen Dung zu Brennmaterial und immer essen sie erst nach den Männern, trinken ihren Kaffee, wenn die Männer fertig sind. Wenn ich ausgetrunken hatte, wurde eine der Frauen herbeigerufen, mir Kaffee oder Tee nachzugießen, selbst wenn die Kanne in Griffweite stand. Das war mir immer peinlich. Am stärksten beeindruckt war ich von Getus Botschaft an die Welt. Er, der manchmal Hunger leidet, wünschte sich geradezu leidenschaftlich Frieden auf der Welt."
Bau- und Brennholz sind äußerst knapp. Deswegen sammelt Zenebu jeden Morgen Dung im Pferch und vermischt ihn mit Stroh. Ein Teil davon wird zum Verputzen der Hauswände benutzt. Auch die Kinder werden in die tägliche Arbeit mit eingespannt. Getu und Zenebu sind der Meinung, dass ihre Kinder auf lange Sicht als Bauern keine Überlebenschancen haben. Nach ihrer Überzeugung ist eine gute Ausbildung von allergrößter Bedeutung. Deshalb schmerzt es sie besonders, dass ihre

Kinder nicht die örtliche Schule besuchen können. Der Unterricht ist zwar kostenlos, doch für Schulkleidung und Lernmittel müsste die Familie etwa ein Drittel ihres Jahreseinkommens aufwenden. So ist es nicht verwunderlich, dass in dieser Region, in der 10 000 Menschen leben, nur 100 Kinder die Dorfschule in Moulo besuchen.

Beispiel Nr. 2:
Familie Nguyen, Vietnam

Familie Nguyen lebt in Viet Doan in Vietnam.
Familienmitglieder: 5
Arbeitszeit pro Woche: 119 Stunden (Vater, Mutter jeweils 17 Stunden pro Tag. Urlaub gibt es nicht.) Der wertvollste Besitz: Haus (Vater), Gesundheit der Kinder (Mutter).
Der Arbeitstag beginnt für die Familie Nguyen um 6.30 Uhr. Noch vor dem Frühstück müssen die Schweine gefüttert und die Hühnereier aus den Nestern genommen werden. Dann wird das Haus aufgeräumt. Das Frühstück besteht für gewöhnlich aus Resten vom Abend zuvor: Eier, Schweinefleisch, Gemüse und Reis. Anschließend geht Thi Canh auf ein Feld der Produktionsgenossenschaft und erntet Grünfutter. Der Morgendunst hängt noch über dem Dorf, wenn Zweitklässler Duy Hung sich um 7.30 Uhr auf den Schulweg macht. Für Thi Huong beginnt der Unterricht erst eine halbe Stunde später. Ihr bleibt noch Zeit, ihre kleine Schwester Thi Hai zum Kindergarten zu bringen. Ehe sich die Familie zum Familienfoto aufstellte, luden die Nguyens alle Mitglieder der Großfamilie und uns zu einem Festessen ein – eine ansehnliche Gästeschar, denn Duy Ha hat noch drei ältere Brüder und eine Schwester. Fünf Tabletts mit identischen Speisen wurden von den Frauen hereingebracht: Eins war für Duy Ha, dessen Mutter und seine Brüder; drei für die Frauen, Kinder und Jugendlichen und ein fünftes für Duy Has Vater und die ausländischen Gäste. Bald erfüllten fröhliches Stimmengewirr, das Surren des Ventilators und der appetitanregende Duft von gerösteten Erdnüssen, im Wok gebratenem Hühnerfleisch, frittiertem Tofu, Frühlingsrollen und Reis den Raum. Schon früh am Morgen spült Mutter Thi Canh Geschirr und wäscht Gemüse. Vater Duy Ha und die kleine Thi Hai helfen ihr dabei. In der Landkommune Phat Tich, zu der die Familie Nguyen gehört, wird Reis angebaut und verarbeitet.

Beispiel Nr. 3:
Familie Balderas, Mexiko

Familie Balderas lebt in Guadalajara in Mexiko.
Familienmitglieder: 6
Arbeitszeit pro Woche: 36 Stunden – Vater (Gelegenheitsarbeiten nicht mitgerechnet); 60 Stunden – Mutter, im Haushalt

Der wertvollste Besitz: Fernsehgerät (ganze Familie), Stereoanlage (Vater), Bibel (Mutter), Fahrrad (älterer Sohn)
Ambrosio Castillo Balderas geht gegen vier Uhr morgens zur Arbeit und ist froh, wenn er den Abend einmal mit der Familie vor dem Fernseher verbringen kann. Er ist ständig auf den Beinen. Wenn er nicht an seinem Haus baut, verdient er sich nach Feierabend noch etwas als Schweißer dazu. Tagsüber arbeitet Ambrosio auf dem Großmarkt, wo er Lastwagen mit Karotten, Chillis, Eiern und Tomaten belädt. Die Kinder besuchen die Grundschule der „Mexikanischen Helden“, benannt nach einer Gruppe von Kindern, die während der Revolution von 1910 gefallen sind. Carmen ist Hausfrau. Sie ist sehr ordnungsliebend und hat mit dem Haushalt genug zu tun. Mit ihren Kindern geht sie am Sonntag zu einem Gottesdienst der Zeugen Jehovas, denen die Familie angehört. In dem von einer hohen Mauer umgebenen Hof der Familie Castillo Balderas spielt sich ein Großteil des Familienlebens ab. Dort stehen auch Ambrosios Arbeitsgeräte und Carmens Waschmaschine. Und hier gibt es das Trinkwasser aus einem Gartenschlauch, der provisorisch an eine Wasserleitung angeschlossen ist. Überdies ist der Hof für die Kinder ein sicherer Spielplatz in einer unsicheren Gegend.

(Alle Beispiele aus: So lebt der Mensch, hrsg. von Peter-Matthias Gaede, Verlag Gruner und Jahr, Hamburg 2004)

Übertragt die Tabelle in euer Heft und protokolliert darin die Arbeitsergebnisse der verschiedenen Gruppen.

Name der Familie, Herkunftsland	Wer gehört zur Familie?	Wer übernimmt welche Aufgaben in der Familie?	Was besitzt die Familie?	Was ist der Familie wichtig?
Familie Getu, Äthiopien				
Familie Nguyen, Vietnam				
Familie Balderas, Mexiko				

Familie

1. Was versteht man unter einer Familie?
2. Was haben die meisten Familien auf der Welt gemeinsam?
3. Was erzählt das Foto über die Aufgaben der Familie? Schreibe einen erklärenden Text zum Bild.

Eine gleichgeschlechtliche Lebenspartnerschaft: Familie Steinbeck hat Kim Sophie aus Vietnam adoptiert.

Was ist eigentlich eine Familie?

Bei dem Wort „Familie" denken die meisten Menschen wohl an Ehepaare mit Kindern. Zu Recht, denn nach wie vor leben in Deutschland etwa 8 von 10 Kindern mit ihren leiblichen Eltern zusammen. Auch der Staat setzt Ehe und Familie im Artikel 6 des Grundgesetzes weitgehend gleich und versteht unter Familie in erster Linie Ehepaare und deren Kinder.
Expertinnen und Experten sagen dagegen, man muss nicht unbedingt verheiratet sein, um eine Familie zu bilden. In Deutschland sind zwar die meisten Eltern miteinander verheiratet. Nur in 9 von 100 Fällen sind die Lebenspartner nicht miteinander verheiratet. In 19 von 100 Familien sorgt ein Elternteil allein für die Kinder.

Was haben Familien überall auf der Welt gemeinsam?

Überall auf der Welt erfüllen Familien zwei Aufgaben.

Aufgabe 1:
Für eine gute Entwicklung sorgen

Jedes Baby, das auf die Welt kommt, ist zunächst einmal vollkommen hilflos: Es braucht die Mutter, die ihm Nahrung und Schutz gibt. Es braucht aber auch Zuwendung und Liebe seiner Eltern und der Menschen in seiner Umgebung. Im Idealfall vermittelt die Familie dem Kind das Gefühl, geborgen zu sein und geliebt zu werden. Man nennt dieses Gefühl Urvertrauen. Es wirkt sich positiv auf die weitere körperliche, geistige und gefühlsmäßige Entwicklung des Kindes aus. In der Zeit bis zum sechsten Lebensjahr bewirken deshalb liebevolle Zuwendung und Förderung, dass das Kind ein gesundes Selbstvertrauen entwickeln kann. Der Grundstein für ein erfolgreiches Leben wird also von der Familie in den ersten Lebensjahren gelegt.

Aufgabe 2:
Für eine gute Erziehung sorgen

Eltern wollen, dass ihre Kinder ihr Leben meistern und glücklich und zufrieden sind. Das gelingt jedoch nur, wenn Kinder die Regeln, die in der Gesellschaft gelten, kennen und lernen, sich an diese Regeln zu halten. Um ihr Kind auf ein selbstständiges und erfolgreiches Leben in der Gesellschaft vorzubereiten, versuchen sie, dessen Verhalten bewusst zu beeinflussen. Das nennt man Erziehung.

2 Wie sollen die Rollen in der Familie gerecht verteilt werden?

Wir machen ein Rollenspiel zur Gleichberechtigung

Kinder werden geboren, Eltern lassen sich scheiden, alleinerziehende Eltern heiraten wieder. Immer dann, wenn die Familie sich ändert, muss über die bisherige Verteilung der Rollen, das sind Erwartungen an das Verhalten in einer bestimmten Gruppe, neu nachgedacht werden. Damit verbunden ist immer die Frage, wer zukünftig welche Aufgaben in der Familie übernehmen soll.
Genau in dieser Situation ist die Familie Schaminski. Sie ist wahrscheinlich etwas anders als die meisten Familien, die ihr kennt. Warum? Das findet ihr beim Lesen am besten selbst heraus.

Das ist Arno Schaminski – die Seele der Familie. Unermüdlich sorgt er für die Seinen: einkaufen, kochen, putzen, bügeln, Schulaufgaben beaufsichtigen, Streit schlichten, quengelige Kinder trösten. Seine größte Schwäche: Er telefoniert leidenschaftlich gerne – oft stundenlang – mit seinen Freunden. Da blüht er auf: Einmal pro Woche trifft er sich mit seinen Freunden zum Kaffeekränzchen. Dort werden die neuesten Klatschgeschichten ausgetauscht, drehen sich die Gespräche um Kochrezepte, Kindererziehung, Krabbelgruppen und Elternabende – einfach rund um den Hausmannsalltag. „So schön wie du möchte ich's auch einmal haben", bekommt er dann abends von seiner Frau zu hören. In solchen Momenten sehnt sich Arno danach, wieder in seinen Beruf zurückzukehren, natürlich erst, wenn die Kinder größer sind und – Teilzeit natürlich.
Carla Schaminski steht als Geschäftsführerin der Mega-Motorenwerke meist unter Volldampf. Ihre Familie bekommt sie – leider, leider, wie sie gerne betont – nur selten zu Gesicht. „Um den Haushalt und den ganzen Kinderkram kann ich mich beim besten Willen nicht auch noch kümmern", pflegt sie zu sagen. „Arno hat ja auch von Natur aus wirklich ein

Händchen für Kinder." Ihre Leidenschaft: die Politik. Für ihre Partei würde sie alles liegen und stehen lassen. Ihr Hobby: Dienstags und freitags trifft sie sich mit ihren Skatschwestern auf ein Bierchen im Freihof. „Ein bisschen Entspannung steht mir als Ernährerin der Familie ja schließlich zu", meint sie dann.

Chris hat wirklich nur noch Fußball im Kopf. Jeden Tag trainiert sie; vielleicht wird's doch noch was mit der erträumten Profikarriere. Sonst kann sie ja immer noch Baggerführerin werden.

Andi nimmt sich viel Zeit, wenn es um seine Topfblumen geht. Liebevoll hegt und pflegt er jedes einzelne Pflänzchen seiner großen Sammlung. Riesig stolz ist Andi, dass es ihm gelungen ist, eine Kalanchoe aus Samen zu ziehen. „Den Tipp mit dem Mini-Gewächshaus habe ich aus der Zeitschrift ‚Zimmerpflanzen-Hits'. Die lese ich regelmäßig", erklärt er den Gästen von Papas Kaffeerunde.

Franzi bringt ihren Papa mit ihren Wutanfällen manchmal ganz schön auf die Palme.

Ampelspiel: Was wünscht ihr euch von eurer Familie?

Vorbereitung:
Jeder Schüler und jede Schülerin sucht sich einen gut erkennbaren roten und grünen Gegenstand. Das kann zum Beispiel ein Stift sein.
Formuliert nun in Partnerarbeit Aussagesätze, in denen ihr beschreibt, welche Aufgabenverteilung und Verhaltensweisen ihr euch für eure Familie wünscht, zum Beispiel: Der Vater bringt die Kinder ins Bett.

Spiel:
Jedes Team liest seine Sätze vor. Nach jedem Satz stimmt die Klasse ab. Wer der Aussage zustimmt, hebt den grünen Gegenstand; wer nicht damit einverstanden ist, hält den roten Gegenstand hoch. Eine Schülerin oder ein Schüler notiert die Abstimmungsergebnisse an der Tafel.

Auswertung:
Betrachtet die Ergebnisse: Bei welchen Aussagen war sich die Klasse ziemlich einig? Wo liegen die größten Unterschiede in der Bewertung? Diskutiert anschließend in der Klasse darüber.

1. Sind die Schaminskis eine verrückte Familie? Formuliere deine Meinung.

2. Franzi besucht nunmehr seit einem halben Jahr den Kindergarten. Dort gefällt es ihr total gut, sie mag ihre Erzieherin und versteht sich prächtig mit den anderen Kindern. Arno ist jetzt jeden Morgen allein zu Hause. Immer häufiger denkt er darüber nach, in seinen alten Beruf als Koch zurückzukehren. Doch dann würde sich in Zukunft einiges in der Familie Schaminski ändern.
- Stellt fest, wie die Aufgaben bei den Schaminskis bislang verteilt waren.
- Erstellt einen Plan, wer in Zukunft was machen soll.
- Stellt eure Ergebnisse im Rollenspiel vor. Lest dazu zuerst die Methodenkarte auf der nächsten Seite.

Methodenkarte 4

S M U H

Rollenspiel

Thema: Arbeitsteilung in der Familie Schaminski

A Was ist ein Rollenspiel?

Im Rollenspiel schlüpfen die Spielerinnen und Spieler in die Haut einer anderen Person. Das ist ungefähr so wie bei einer Theaterrolle. Allerdings ist das Spiel nicht genau festgelegt. Denn ihr müsst euch überlegen, wie sich die Person, die ihr spielt, in dieser Situation verhalten würde. Damit das gelingt, müsst ihr euch in die Person hineinversetzen, ihr müsst euch vorstellen, was sie empfindet und denkt.

B Wie geht man dabei am besten vor?

Ein Rollenspiel gliedert sich in Vorbereitung, Spiel und Besprechung.

1. Vorbereitung

Teilt zuerst eure Klasse in Spielgruppen auf. In jeder Gruppe sind die Rollen von Arno, Carla, Chris und Andi zu besetzen.

- Überlegt euch zuerst, welche Pflichten die betreffende Person bereits übernommen hat.
- Denkt dann darüber nach, welche Meinung diese Person vertreten wird.
- Welche Vorschläge zur Lösung könnte sie machen?
- Welche Vorschläge wird sie wohl auf keinen Fall akzeptieren?

Sprecht in der Gruppe darüber, wie sich die einzelnen Personen verhalten sollen und welche Lösung ihr darstellen wollt.

2. Spiel

Im Rollenspiel muss jede Gruppe abwechselnd spielen oder beobachten.

Wenn ich spiele, …

- achte ich darauf, meine Rolle einzuhalten,
- äußere ich meine eigene Meinung nicht,
- versuche ich, die Familienkonferenz so zu spielen, wie sie tatsächlich stattgefunden habe könnte.

Wenn ich beobachte, …

- bin ich konzentriert und leise,
- versuche ich, Antworten auf folgende Fragen zu finden:
  Haben die Spieler ihre Rollen glaubwürdig dargestellt? Bin ich mit den Lösungen einverstanden?

3. Besprechung

Nach jedem Rollenspiel gibt es eine kurze Besprechungsrunde, in der sich die Beobachter äußern. Wenn alle Rollenspiele vorgespielt sind, könnt ihr gemeinsam die Ergebnisse vergleichen und darüber reden, welche Lösungen euch am besten gefallen haben und welche Vorschläge nicht akzeptabel sind. Alle Spielerinnen und Spieler sind nun nicht mehr an ihre Rolle und Gruppe gebunden und können sich frei äußern.

Wir tauschen in der Familie die Rollen

Schreibt eine Geschichte, in der ähnlich wie bei den Schaminskis die Rollen in der Familie getauscht werden.
Wenn du ein Junge bist, dann schreibe aus der Sicht eines Mädchens; bist du ein Mädchen, dann schreibe deine Geschichte so, als ob du ein Junge wärst. Die Geschichte kann eine tatsächlich erlebte Situation beschreiben oder auch frei erfunden sein.

Nachdem ihr eure Geschichten in der Klasse vorgetragen habt, könnt ihr darüber diskutieren, wie sich die Mädchen- oder Jungenrollen in der Familie ändern sollten.

3 Wie kann man mit Konflikten in der Familie umgehen?

Wir suchen nach Konfliktlösungen

Aufgaben der Familie

In einer Familie hat jeder bestimmte Aufgaben, die er erfüllen muss. Wenn ein Familienmitglied seine Aufgaben nicht richtig erfüllt, kann es zu Konflikten kommen. Denkt darüber nach, welche Aufgaben die Familie für euch übernimmt und welche Aufgaben ihr selbst in der Familie habt. Dabei helfen euch die Fotos auf der folgenden Seite.

1. Schritt: Welche Begriffe aus dem Topf passen zu welchem Bild? Die Begriffe könnt ihr auch mehrfach vergeben.
2. Schritt: Erstellt eine Liste der wichtigsten Aufgaben einer Familie. Präsentiert sie eurer Klasse.
3. Schritt: Legt gemeinsam eine Tabelle mit den Aufgaben von Eltern und Kindern an.

Aufgaben von Eltern in der Familie	Aufgaben von Kindern in der Familie
…	…

Schaut euch nochmals die Fotos an und sprecht darüber, welche Folgen es hätte, wenn die Eltern ihre Aufgaben nicht erfüllen würden.

Wenn ich nach der Schule nach Hause komme, habe ich einen Riesenhunger. Meine Mutter hat dann immer schon etwas gekocht. Beim Essen reden wir über das, was morgens in der Schule passiert ist. Darauf freue ich mich eigentlich jeden Tag.

Wenn ich Streit mit meinen Freundinnen habe oder Ärger in der Schule, kann ich immer zu meiner Mutter gehen und mit ihr darüber sprechen. Sie nimmt mich immer ernst und danach geht es mir meistens besser.

1. In welchen Situationen hilft die Familie? Formuliere ähnliche Sprechblasen mit kurzen Geschichten.

A

B

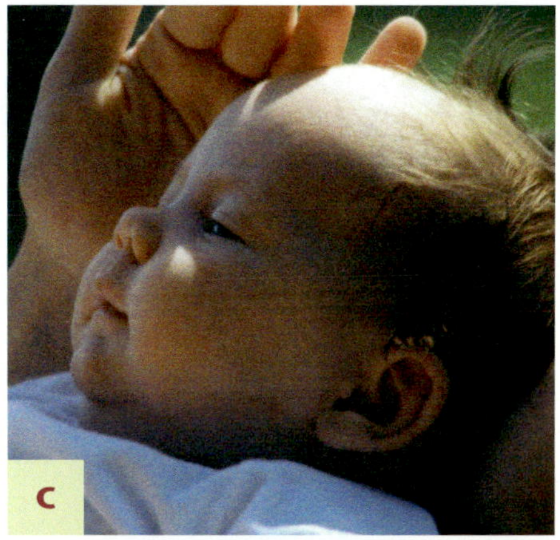
C

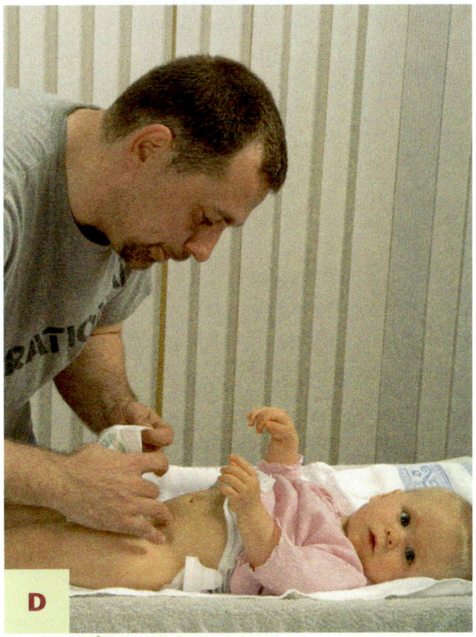
D

E

F

G

H

I

A Ein Alltagskonflikt – Die Familie löst ihren Konflikt selbst

Konflikte in der Schulklasse hast du bereits kennengelernt. Auf den folgenden Seiten kannst du nun Konflikte in der Familie genauer unter die Lupe nehmen. Die drei Fälle könnt ihr in Gruppen bearbeiten.

Tipp: Geht dabei so vor, wie ihr es im ersten Unterkapitel bereits geübt habt.

1. Schritt: Bildet Gruppen und entscheidet euch für einen Fall. Jeder bearbeitet zuerst allein die Aufgaben 1 und 2.

2. Schritt: Anschließend vergleicht ihr eure Arbeitsergebnisse in der Gruppe und bereitet gemeinsam eine Präsentation vor. Dann übt ihr das Rollenspiel ein.

3. Schritt: Stellt euren Fall der Klasse vor und präsentiert in einem Rollenspiel eure Lösungen.

Darf Sara bei ihrer Freundin übernachten?

„Warum ausgerechnet ich? Alle anderen dürfen bei Jolanda übernachten!“ Sara ist sauer und fühlt sich ungerecht behandelt. Am Samstag feiert ihre beste Freundin ihren zwölften Geburtstag. Darauf freut sie sich schon die ganze Woche. Mit ihren Freundinnen hat sie sich ein tolles Geburtstagsgeschenk ausgedacht. Gemeinsam haben sie während der Woche an einem Überraschungskoffer gebastelt und ein lustiges Karaoke-Video gedreht, das war eine Wahnsinnsarbeit und wird abends als Höhepunkt der Party vorgeführt. Und das soll nun alles ohne sie stattfinden?
„Sara, musst du denn unbedingt dort übernachten? Genügt es nicht, wenn du nachmittags zum Grillen zu Jolanda gehst, und ich hole dich um acht Uhr abends wieder ab?“
Seit einer Viertelstunde streiten die beiden nun schon.
„Nein, dann verpasse ich ausgerechnet das Beste, abends wird's doch erst richtig interessant.“
„Sara, normalerweise wäre die Übernachtung überhaupt kein Problem. Aber du weißt genau, dass am Montag die letzte Mathearbeit geschrieben wird, und auf die kommt es an.“ „Ich kann doch noch am Sonntag lernen, außerdem habe ich am Samstagmorgen noch Zeit genug, was für die Schule zu tun.“
„Nein Sara, Schule geht vor. Du hast die ganze Woche nichts für die Schule gemacht. Ich kenn dich doch, am Sonntag bist du totmüde, da bist du zickig und für nichts zu gebrauchen. Die Sache ist entschieden. Du kannst in deinem Leben noch oft genug irgendwo übernachten.“
„Immer schreibst du mir vor, was ich zu tun habe.“ Sara bricht in Tränen aus und schreit: „Lass mich in Ruhe. Du

hast ja keine Ahnung von mir und weißt überhaupt nicht, wie wichtig das Fest ist.“ Wütend wirft sie den Küchenstuhl um, auf dem sie gesessen hat, enttäuscht knallt sie die Tür zu …

1. **Das Problem:**
   Sara fühlt sich im Recht. Warum?
2. **Die Stellungnahme:**
   Handelt Saras Mutter richtig? Begründe deine Meinung.
3. **Die Lösung:**
   Stell dir vor, dass du mit Sara befreundet bist. Sara bittet dich, mit ihrer Mutter zu reden. Was könntest du vorschlagen, damit der Konflikt zur Zufriedenheit beider gelöst wird? Bildet Dreiergruppen und bereitet ein Rollenspiel vor.

B Ein schwieriger Konflikt – Die Familie braucht Hilfe bei der Lösung

Petra braucht Hilfe

Wütend knallt Petra ihre Schultasche auf den Küchentisch. Schon wieder eine Fünf in Mathe! In letzter Zeit haben ihre Leistungen in der Schule sehr nachgelassen. Kein Wunder, denn sie schwänzte häufig den Unterricht. Ihr Magen meldet sich. Im Kühlschrank findet sie nur ein paar vergammelte Wurstreste, Bierdosen und Katzenfutter vor. Also läuft sie schnell zum Kiosk an der Ecke und kauft sich eine große Portion Pommes mit Majo und eine Cola. Dass sie noch ein paar Schokoriegel mitgehen lässt, bemerkt der Kioskbesitzer zum Glück nicht. Im Nebenzimmer schnarcht Mami leise. Vollständig angezogen liegt sie auf dem Bett, wahrscheinlich ist sie wieder betrunken. Seit Papa vor einem Jahr zu seiner Freundin gezogen ist, passiert das immer häufiger.

So gerne hätte sie eine Freundin. Trotzdem hat sich Petra in letzter Zeit immer mehr von den anderen Kindern zurückgezogen. Niemand in ihrer Klasse weiß von ihren Sorgen. Sie schämt sich so wegen dieser unordentlichen Wohnung, wegen ihrer betrunkenen Mutter. Längst bräuchte sie neue Hosen und Schuhe, auch ein Besuch beim Friseur ist dringend notwendig; aber Mami scheint das gar nicht zu bemerken. Petra ist im letzten Jahr nicht nur in die Länge gewachsen. Richtig dick ist sie geworden. Sie kann einfach nicht aufhören zu essen. Unmengen von Süßigkeiten und Chips schlingt sie gierig hinunter. So frisst sie ihren Kummer förmlich in sich hinein.

„Ach Petra, ich möchte dir so gerne eine gute Mutter sein. Ich sehe ja, wie sehr du unter dieser schlimmen Situation leidest. Von heute an werde ich mit dem Trinken aufhören", hat Mami ihr schon mehrmals versprochen. Geändert hat sich bisher nichts, wahrscheinlich fehlt Mami einfach die Kraft dazu. Immer wieder hat sie sich um eine Arbeitsstelle bemüht, aber die Leute merkten meist schnell, was mit ihr los war. Dabei könnten sie so dringend Geld gebrauchen. Papi unterstützt sie nur sehr unregelmäßig. „Du gibst es ja doch wieder für deinen Alkohol aus", meint er meist, wenn Mami ihn verzweifelt um Geld bittet.
„Petra, ich finde, es ist höchste Zeit, dass wir beide uns mal in Ruhe unterhalten", nimmt die Klassenlehrerin Petra nach der Stunde zur Seite. „Hast du heute nach dem Unterricht noch etwas Zeit?"
„Ja, sicher", stimmt Petra zu.

(Nach einem wirklichen Fall erzählt)

1. **Das Problem:**
   Was bekommt Petra von ihrer Familie, was fehlt ihr? Sammelt eure Ergebnisse in einer Tabelle.
   Tipp: Schaut euch dazu nochmals den Begriffstopf auf der vorangehenden Doppelseite an.
2. **Die Stellungnahme:**
   Ist Petra in ihren Rechten beeinträchtigt? Begründe dein Urteil.
3. **Die Lösung:**
   Überlegt gemeinsam, wie man Petra helfen könnte. Was kann die Klassenlehrerin tun? Was können ihre Mitschülerinnen und Mitschüler tun? Präsentiert eure Ergebnisse in einem Rollenspiel.

C Ein unlösbarer Konflikt? Der Staat greift ein

Dennis ist froh, dass er ins Heim gekommen ist

Der junge Mann (17) steht kurz vor der mittleren Reife. Anschließend will er ins technische Gymnasium, um dort das Abitur zu machen. Dennis (Name geändert) hat schon viel erlebt. Seit seinem elften Lebensjahr wohnt er nicht mehr zu Hause. Bis vor einem halben Jahr lebte er in einer Wohngruppe [...] und nun alleine in einer kleinen Wohnung.
Dennis erinnert sich: „Als Kind konnte ich meine schwierige Lage schlecht einschätzen. Aber ich bin froh, dass ich ins Heim gekommen bin. Das war sehr wichtig für mein Leben, vielleicht wäre ich sonst hochgradig kriminell geworden." An die Zeit im Heim hat er viele gute Erinnerungen: „Ich hatte viel Freiraum für meine persönliche Entwicklung. Die Erzieher übten keine Macht aus, sondern entwickelten eine persönliche Bindung zu mir." [...]
Die Heimunterbringung ist nur eine Möglichkeit der staatlichen Hilfen zur Erziehung. Daneben gibt es zum Beispiel Tagesgruppen, professionelle Erziehungsstellen oder Hilfen, bei denen die ganze Familie betreut wird. [...] Während Kinder unter sechs Jahren bei Bedarf in Pflegefamilien untergebracht werden, leben Ältere in familienähnlichen Wohngruppen. Dabei wird der Kontakt mit der Herkunftsfamilie möglichst aufrechterhalten. Auf die Wohngruppe folgt meist das betreute Wohnen, ein ambulantes Betreuungs- und Beratungsangebot für Jugendliche ab 16 Jahren. Dabei leben die jungen Menschen in Einzelwohnungen und werden regelmäßig und intensiv betreut.

(Aus: Katharina Rolshausen, „Ich bin froh, dass ich ins Heim gekommen bin", in: Saarbrücker Zeitung Nr. 91 vom 19.04.2007, S. B 1)

Das Robert-Perthel-Haus in Köln: Hier finden Jugendliche mit seelischen Problemen Hilfe.

1. **Das Problem:**
   Warum ist für Dennis das Heim ein Glücksfall? Sammelt Gründe.
   Tipp: Schaut euch dazu nochmals den Begriffstopf auf der Seite 58 an.
2. **Die Stellungnahme:**
   Kann das Heim eine Familie ersetzen? Begründe dein Urteil.
3. **Die Lösung:**
   Stellt euch vor, ihr hättet die Möglichkeit, Dennis zu treffen. Überlegt gemeinsam, ob das Leben im Heim zur Lösung seines Problems beigetragen hat.

Zusammenleben in der Familie

Station 1 Familienformen

S M U H

Stelle folgende Zahlen in einem Schaubild dar.

- Etwa 3 von 100 Jugendlichen leben bei alleinerziehenden Vätern.
- Etwa 17 von 100 Jugendlichen leben bei alleinerziehenden Müttern.
- Etwa 75 von 100 Jugendlichen leben in traditionellen Familien.

Mein Schaubild

- Etwa 3 von 100 Jugendlichen leben bei alleinerziehenden Vätern:

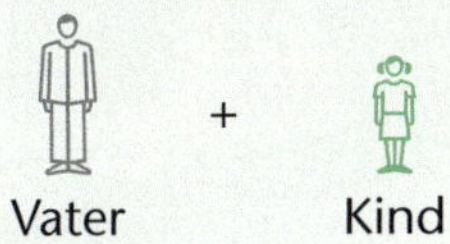

Station 2 Rollenverteilung in der Familie

S M U H

In der Familie Schneider – Herr Schneider, Frau Schneider, Nico (12 Jahre), Elena (10 Jahre), Sandra (3 Jahre) – müssen die Rollen und Aufgaben neu verteilt werden. Da Sandra seit Kurzem den städtischen Kindergarten besucht, will Frau Schneider, die seit der Geburt Sandras zu Hause geblieben war, wieder zurück in ihren Beruf als Bankkauffrau und halbtags bei der Sparkasse arbeiten.

Wer soll in dieser Situation was tun? Verteile die Aufgaben in der Familie so, dass Frau Schneider entlastet wird. Überlege dabei, welche Aufgaben Nico und Elena übernehmen könnten, um ihrer Mutter zu helfen.

Station 3 Konflikte in der Familie

S M U H

Petras Entwicklung ist gefährdet.

- Petra geht es nicht gut. Warum?
- Was müsste ihre Mutter tun, damit es Petra wieder besser geht?
- Was könnte die Klasse tun?

Verfasse einen Brief an Petras Klassenlehrerin, in dem du diese Fragen ansprichst.

Demokratie in der Gemeinde

4

Wir reden mit

1. Allein nachdenken

Was muss in einem Dorf oder in einer Stadt vorhanden sein, damit du dich wohlfühlst?

2. Zu zweit beraten

Was muss in einem Dorf oder in einer Stadt vorhanden sein, damit Kinder viele Möglichkeiten der Freizeitgestaltung haben?

3. In der Klasse sammeln

Wenn wir zu bestimmen hätten: Was würden wir in unserem Dorf oder unserer Stadt verbessern?

Im Verlauf dieses Kapitels könnt ihr …

- an Beispielen untersuchen, wie Kinder ihre Interessen vertreten,
- herausfinden, welche Rechte Kinder haben, um auf Entscheidungen in der Gemeinde Einfluss zu nehmen,
- das örtliche Rathaus real oder mithilfe des Computers erkunden,
- darstellen, wie Demokratie in der Gemeinde funktioniert.

Außerdem könnt ihr

- in der Rolle eines Stadtrates entscheiden, wofür ihr Geld ausgeben würdet,
- in einem Planspiel einen Streit um die Zukunft eines Parks lösen.

Detektivaufgabe für das ganze Kapitel:

Was macht Herr David morgens um 8.15?

1 Können Kinder mitmachen in der Politik?

Wir üben, unsere Interessen zu vertreten

In dieser Einheit findet ihr Beispiele dafür, wie Kinder und Jugendliche ihre Interessen durchgesetzt haben.
Tipp: Teilt das Lesen der Beispiele 1 und 2 in der Klasse auf und informiert euch dann gegenseitig.

Beispiel 1: Besuch im Kinderparlament

Baesweiler, Nordrhein-Westfalen: Bürgermeister Dr. Willi Linkens besucht das Kinderparlament in der Andreasschule.
„Gu-u-u-ten Mo-o-o-rgen, He-e-e-rr Bü-ü-ü-rgermeister", ertönte es laut und breit im Musiksaal der Andreasschule Setterich. Dr. Willi Linkens war für das Kinderparlament zu Besuch, stellte sich den Fragen der Schülerinnen und Schüler. Dabei musste er die unterschiedlichsten Antworten parat haben: Was gegen schmutzige Spielplätze getan werden könne, wie die Arbeit im Rathaus so laufe und für welchen Fußballverein aus der Bundesliga das Herz des Bürgermeisters schlage, wollten die Kinder wissen. Fast eineinhalb Stunden lang schossen immer wieder Finger in die Höhe, reihum sprudelte es Ideen und Vorschläge. Ein Hauptanliegen war das viel zu schnelle Autofahren in den Wohngebieten. „110 Stundenkilometer in Spielstraßen haben die Autos bestimmt drauf", so die Schätzung der Schüler. Auch wenn die Autos wohl nicht ganz so schnell fahren werden, zeigte die lebhafte Diskussion, wie wichtig den Kindern Rücksicht im Verkehr ist. Dass sie ihre Umgebung und was darin vor sich geht, aufmerksam wahrnehmen, wurde an dem Thema deutlich, das allen Kindern am schwersten auf dem Herzen lag: Tierquälerei.

In Baesweiler geht das Kinderparlament „on Tour". Der Bürgermeister besucht Schulen mit seinen Beigeordneten. Darüber hinaus treffen sich die Klassensprecherinnen und Klassensprecher zu Sitzungen im örtlichen Rathaus.

Gegen Tierquälerei

„Im Park haben wir gesehen, wie ein Junge mit Stöcken zwei Entenküken erschlagen hat. Die Entenmutter wollte ihre Kinder verteidigen, da hat der Junge sie am Hals gepackt und so lange geschleudert, bis sie auch tot war", erzählt Anissa.
An Lösungsvorschlägen sollte es nicht mangeln: „Ihre Mitarbeiter können sich ja mit einer Kamera im Gebüsch verstecken und wenn die Tierquäler wiederkommen, die erst filmen und dann verhaften!"
Linkens versprach, sich dem Thema anzunehmen. Dass aber wirklich etwas passiert, glauben viele Schüler nicht: „Erwachsene versprechen oft sehr viel", so der nüchterne Kommentar von Jill. Dass es das Kinderparlament gibt, findet die Zehnjährige prima …
Schulleiter Gottfried Frings freut sich: „Die Kinder haben so viel Engagement gezeigt, vielleicht können ja doch einige ihrer Wünsche umgesetzt werden." Den Anfang sollen neue Spielgeräte auf dem Schulhof machen …

(Aus: Aachener Zeitung vom 12.05.2006, Lokales Alsdorf)

1. a) Berichte deinem Lernpartner mit eigenen Worten, wie die Sitzung des Kinderparlaments in der Andreasschule verlaufen ist.

Beispiel 2: Anjas Einstellung ändert sich

Freibad von Jülich, wiedereröffnet am 1. Juli 2006

Anja weiß heute noch genau, wann sie damit begann, sich dafür zu interessieren, was in ihrer Heimatgemeinde geschieht. Es war kurz vor ihrem zwölften Geburtstag, genau am 9. März 2004. An diesem Tag las sie in der örtlichen Zeitung, dass der Stadtrat von Jülich beschließen wolle, das Freibad zu schließen. Anja wollte das nicht glauben. Das schöne Freibad, das gehörte im Sommer für sie und ihre Freundinnen einfach zum Leben dazu. Das durfte doch nicht geschlossen werden!

Am nächsten Tag war die Freibadschließung großes Thema in Anjas Klasse. Alle Schülerinnen und Schüler waren empört darüber.

Als Klassensprecherin der Klasse 6d nahm Anja die Gelegenheit wahr, das Problem auch im Schülerrat ihrer Schule zur Sprache zu bringen. Einige Mitglieder des Schülerrates waren gleichzeitig gewählte Vertreter im Kinderparlament von Jülich. Für seine nächste Sitzung setzte das Kinderparlament die Freibadschließung auf die Tagesordnung. Dort gab der Jugendbeauftragte der Stadt wichtige Auskünfte zum Stand der Dinge:

„Das Freibad müsste dringend renoviert werden, weil es mittlerweile große bauliche Mängel aufweist. Dazu sind circa drei Millionen Euro erforderlich. Das ist für die Stadt leider viel zu teuer. Lieber will man Geld ausgeben, um ein neues und modernes Hochleistungszentrum für Schwimmer zu errichten. Kinder, Jugendliche und Familien können im Sommer an die Badeseen in der Umgebung fahren.“

Anja erfuhr von den Plänen der Stadt. Sie war nicht der Ansicht, dass Jülich ein sportliches Hochleistungszentrum benötigte. Bereitwillig nahm sie in der Folgezeit an allen Aktivitäten teil, welche die Kinder und Jugendlichen in Jülich zur Erhaltung ihres Freibades auf die Beine stellten. Eine Demonstration wurde organisiert. Man sammelte Unterschriften, schrieb Briefe an die örtliche Gemeindevertretung. Erwachsene gründeten eine Bürgerinitiative, welche die Forderungen der Kinder und Jugendlichen unterstützte.

Diese friedlichen Aktionen führten zu einem Umdenken in der Gemeindepolitik und es gab wieder eine Mehrheit im Stadtrat für die Freibadrenovierung. Am 1. Juli 2006 wurde das renovierte Freibad wiedereröffnet. Die Aachener Zeitung berichtete, dass Kinder und Jugendliche zwischen 12 und 17 Jahren maßgeblich zum Erfolg beigetragen hätten. Anja und ihre Freunde waren stolz darauf, dass sie sich für ihre Sache so intensiv starkgemacht hatten.

(Vom Autor nach den tatsächlichen Fakten berichtet)

1. b) Berichte deinem Lernpartner mit eigenen Worten, was Anja und die anderen Kinder unternommen haben, um die Schließung des Freibades zu verhindern.

2. Angenommen, ihr hättet den Bürgermeister in eurer Schule zu Gast: Welche Wünsche würdet ihr vortragen?

3. Kann der Fall von der verhinderten Freibadschließung in Jülich Kindern und Jugendlichen Mut machen, ihre eigenen Interessen zu vertreten oder nicht? Formuliert dazu eure Stellungnahme.

Welche Möglichkeiten haben Kinder, um politisch zu handeln?

Kinder haben politische Rechte

Kinder können sich Gruppen und Vereinen anschließen, die es sich zur Aufgabe gemacht haben, die Interessen von Kindern zu vertreten. Überall haben sie das Recht, ihre Meinungen aktiv zu vertreten, auch wenn es um Politik geht.
Kinder können die Informationsangebote zur Gemeindepolitik nutzen. Ab 14 können Jugendliche zusammen mit anderen schriftlich beantragen, dass der Gemeinderat sich mit einem bestimmten Thema beschäftigt. In Nordrhein-Westfalen und mehreren anderen Bundesländern können Jugendliche ab 16 Jahren an den Kommunalwahlen teilnehmen. Allerdings können Kinder nicht Mitglied eines Gemeinderates werden und nicht an politischen Wahlen teilnehmen. Damit will man den Kindern nicht Probleme anvertrauen, die von Erwachsenen gemacht wurden und daher von diesen gelöst werden müssen.

Aktiv werden in K-Teams

Auf die Kinder kommt es an.
Deutsches Kinderhilfswerk

Nähere Informationen erhaltet ihr unter www.kindersache.de.

Eine gute Möglichkeit für Kinder, sich politisch zu engagieren, sind die sogenannten „K-Teams", die vom deutschen Kinderhilfswerk ins Leben gerufen wurden. K-Teams organisieren zum Beispiel Streetball-Turniere in vielen Städten. Sie setzen sich gegen zu hohe Eintrittspreise in öffentlichen Schwimmbädern ein, fordern bessere Kontrollen gegen Hunde auf öffentlichen Spielplätzen und vieles andere mehr. Mitglied in einem K-Team kann jedes Schulkind werden. Anmelden kann man sich über das Internet.

Mitwirkung in Kinder- und Jugendparlamenten

In vielen kleinen und großen Städten wurden im Laufe der vergangenen Jahre Kinder- und Jugendparlamente gegründet, sogenannte KiJuPas. Stellvertretend für die Zielsetzungen der Kinderparlamente in Deutschland zitieren wir hier aus dem Internetauftritt des Kinder- und Jugendparlaments der Stadt Herne:

„Bei uns bekommen die Herner Kids die Chance, ihre Vorstellungen und Verbesserungsvorschläge vorzubringen und diese in die Tat umzusetzen. Überall da also, wo eure Interessen und Belange betroffen sind, soll laut Gemeindeordnung der Stadt das KiJuPa angehört und beteiligt werden, so z. B. beim Bau oder bei der Umgestaltung von Schulhöfen, Straßen, Spiel- und Sportplätzen, Freizeitstätten, der Ausrichtung von Veranstaltungen und bei vielem anderen mehr."

(Aus: www.herne.de, verf. von Norbert Gresch)

1. Welche Möglichkeiten haben Kinder, welche nicht?
2. Welche der abgedruckten Meinungen über die Mitarbeit in Kinderparlamenten überzeugt euch am meisten? Sprecht miteinander und begründet eure Ansichten.

Wir formulieren die Interessen von Kindern

Stellt euch die folgende Situation vor:

Auf eurem Schulhof sind von der Stadt mehrere Spielanlagen installiert worden. Auch eine Basketball-Anlage gehört dazu.
Nun könnt ihr euch nachmittags auf eurem Schulhof treffen und dort eure Freizeit verbringen. Doch schon nach wenigen Wochen gibt es großen Ärger. Mehrere Erwachsene fordern, dass die Spielanlagen umgehend wieder entfernt werden. Der Grund: Ihrer Meinung nach machen spielende Jungen und Mädchen zu viel Lärm und zu viel Schmutz. Die Klagen sind nicht ganz unberechtigt. In den ersten Tagen und Wochen war es immer extrem laut und es lag nach den Spielnachmittagen viel Müll auf dem Schulhof. Doch nun ist das vorbei. Die SV hat einige Verhaltensregeln eingeführt und so gibt es jetzt weniger Lärm und weniger Dreck. Zum jetzigen Zeitpunkt haltet ihr die Klagen der Erwachsenen für unberechtigt. Das Spielen auf dem Schulhof kann eigentlich niemanden stören. Trotzdem müsst ihr auf die Vorwürfe der Erwachsenen reagieren. Sonst kann es mit den schönen Spielmöglichkeiten am Nachmittag schnell wieder vorbei sein.

Herr Meierling, Anwohner: „Das Aufknallen der Bälle und die Schreierei der Kinder sind jetzt nachmittags so laut, dass mich das in meiner Wohnung unglaublich stört. Die Kinder sollen woanders spielen."

Lieber Herr Meierling,

Herr Talheim, Hausmeister der Schule: „Ich bin froh, wenn die Spielgeräte wieder wegkommen. Jedes Mal nach den Spielnachmittagen sieht der Schulhof wie ein Schweinestall aus."

Lieber Herr Talheim,

Frau Sonnental, Oberbürgermeisterin eurer Stadt: „Wenn es viele Proteste gegen den Lärm und den Schmutz auf dem Schulhof gibt, müssen wir die Spielgeräte wieder entfernen lassen. Schließlich muss ich als Oberbürgermeisterin für alle Bewohner in unserer Stadt handeln."

Sehr geehrte Frau Sonnental,

Das sollt ihr tun:

1. Bildet Teams zu dritt. Jeder in der Dreiergruppe schreibt einen Brief an einen der drei Erwachsenen. Darin müsst ihr versuchen, die Person davon zu überzeugen, dass die Vorwürfe unberechtigt sind und dass die Spielgeräte erhalten bleiben sollen.
2. Lest euch die Briefe in den Dreiergruppen gegenseitig vor. Korrigiert und überarbeitet sie gemeinsam.
3. Stellt mehrere Fassungen in der Klasse vor. Überlegt: Wer hat im Brief seine Interessen am besten vertreten?

2 Was geschieht in einem Rathaus?

Wir führen eine Erkundung durch

Vielleicht habt ihr schon einmal vor einem Rathaus in einer Stadt gestanden und euch gefragt, was eigentlich darin geschieht. Hier habt ihr die Gelegenheit, euch darüber genauer zu informieren. Vielleicht wisst ihr auch schon einiges darüber und könnt den Kindern, die hier vor einem Rathaus stehen, einige Antworten auf ihre Fragen geben.

Blick in ein Bürgeramt eines Rathauses

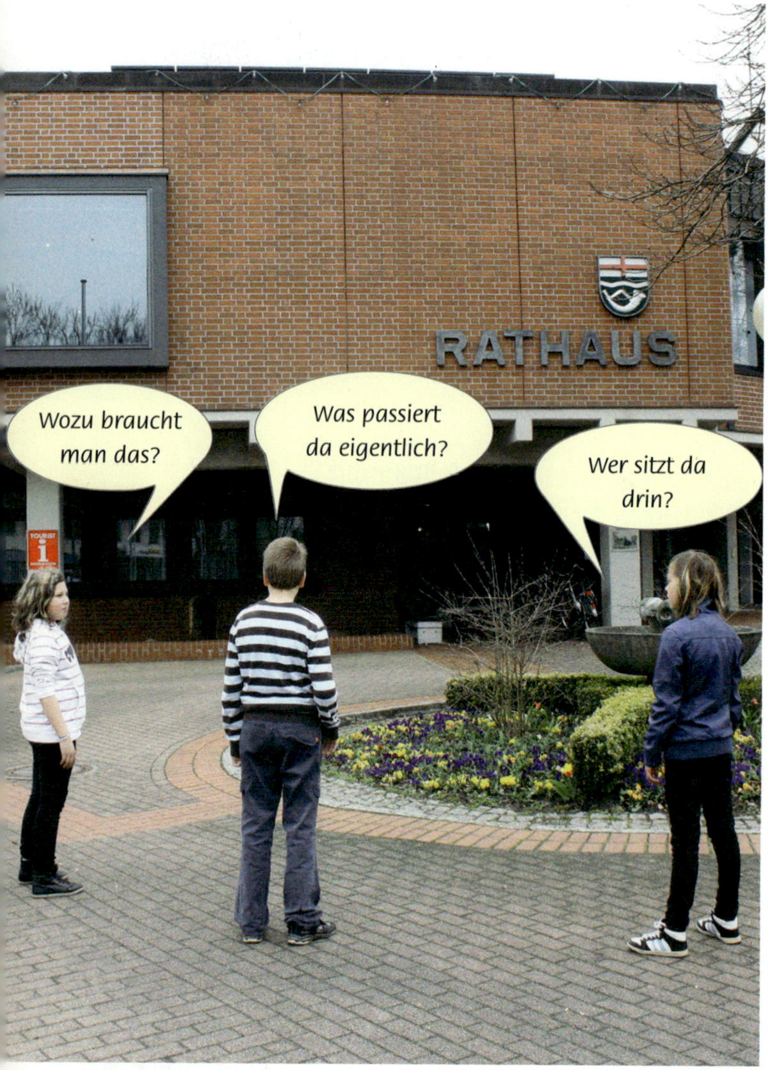

Ratssitzung

Auf den folgenden Seiten könnt ihr euch genauer über die Arbeit in einem Rathaus informieren. Empfohlen wird, dass ihr die Arbeit aufteilt. Je ein Drittel der Klasse kann vorstellen, was
(A) der Bürgermeister,
(B) der Stadtrat und
(C) die Verwaltung leistet.

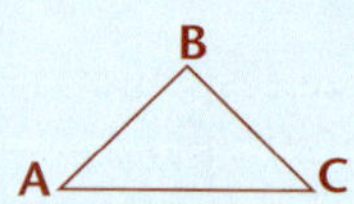

Anschließend könnt ihr euch in Dreiergruppen mit je einem Bearbeiter von A, B und C zusammensetzen und euch gegenseitig informieren. Gemeinsam könnt ihr dann vor der Klasse die Arbeit in einem Rathaus präsentieren. Alle Überschriften in den Materialien sind in Frageform formuliert. Diese Fragen solltet ihr in euren Vorstellungen beantworten können.

Team A
Wir stellen einen Oberbürgermeister vor

Oberbürgermeister David in der Kantine des Rathauses von Bielefeld

So ähnlich wie eine Direktorin oder ein Direktor die Aufgaben in einer Schule leitet, so stehen Bürgermeister an der Spitze einer Gemeinde. Sie haben ihr Büro im Rathaus. In großen Städten, die keinem Landkreis angehören, werden sie Oberbürgermeister genannt. In dem folgenden Interview stellt sich der Oberbürgermeister der Stadt Bielefeld, Eberhard David, den Fragen Jugendlicher.

Herr David, wie wird man Oberbürgermeister?

Als Oberbürgermeister wird man von den Bürgern und Bürgerinnen der Stadt für fünf Jahre gewählt. Dazu ist es wichtig, bei den Leuten bekannt zu sein. Um bekannt zu werden, muss man gern mit den Menschen sprechen, ein offenes Ohr für ihre Wünsche und Kritik haben, zu Festen und Veranstaltungen gehen, viele Besuche, z. B. in Schulen und Kindergärten, machen und einiges andere mehr.

Welche Aufgaben haben Sie als Oberbürgermeister?

Als Oberbürgermeister habe ich drei wichtige Aufgaben:
Ich bin Vorsitzender des Stadtrates und leite die Ratssitzungen mit 70 Ratsmitgliedern. Dazu gehört auch, dass ich die Sitzungen vorbereite. […]
Wenn ich Gäste empfange, bekannte Persönlichkeiten z. B., oder wenn hohe Politiker ins Rathaus kommen, um sich ins Goldene Buch unserer Stadt einzutragen, dann begrüße ich sie im Namen aller Bürgerinnen und Bürger der Stadt Bielefeld, des Rates und der Verwaltung unserer Stadt. […] Der dritte ist der schwerste Teil: Ich bin der Vorgesetzte aller städtischen Mitarbeiter und Mitarbeiterinnen. Das sind fast 5 000 Menschen.

Wie sieht ein Arbeitstag bei Ihnen aus?

Um 5:30 Uhr beginnt mein Tag: Nach dem Joggen durch die Senne lese ich beim Frühstück mehrere Zeitungen, um informiert zu sein. Meistens bin ich dann um 8.15 Uhr im Büro. Dort steht schon der erste Mitarbeiter vor der Tür und bespricht mit mir, was die Presse schreibt. Danach geht es Schlag auf Schlag: Manchmal habe ich jede halbe Stunde ein Gespräch zu allen möglichen Themen: über Sport, Kultur, Jugend, Soziales, Bebauung, Wirtschaft, alles, was man sich so denken kann.

Und wann endet Ihr Tag?

So im Schnitt arbeite ich jeden Tag fast 12 bis 14 Stunden. Gegessen wird irgendwann zwischendurch, manchmal auch in der Rathaus-Kantine.

Können sich auch Kinder an Sie wenden?

Herzlich gerne, ich bekomme sehr nette Briefe von Kindern. Wobei ich immer darauf achte, ob die Briefe von Kindern selbst geschrieben wurden oder ob Erwachsene für ihre Interessen Kinder benutzen. Das kann ich sehr wohl unterscheiden. […] Besonders gern heiße ich Schulklassen im Rathaus willkommen. Was in der Stadt passiert und entschieden wird, kann gut im Unterricht besprochen werden.

(Aus: www.kinderrathaus.de, Zugriff Januar 2008, © Stadt Bielefeld und Kidsville Redaktionsbüro GbR, Bielefeld)

Die Amtskette des Oberbürgermeisters. Sie wird nur bei offiziellen Anlässen getragen.

Team B
Wir stellen den gewählten Rat der Stadt vor

Welche Aufgaben hat der Rat der Stadt?

In jeder selbstständigen Gemeinde gibt es ein Rathaus. Es heißt so, weil dort der Rat der Stadt seine Sitzungen abhält. Der Rat einer Stadt, auch Stadtrat oder Gemeinderat genannt, trifft die Entscheidungen, die für die Gemeinde wichtig sind.
Da geht es zum Beispiel um die Anschaffung von neuen Stadtbussen, um die Einrichtung eines Spielplatzes oder Stadtparks, die Renovierung des städtischen Freibades, den Umbau des städtischen Krankenhauses, Kindergartens oder Altersheims und um vieles andere mehr.

Woher kommt das Geld für die städtischen Aufgaben?

In der Stadt ist es wie überall in der Politik. Die meisten Maßnahmen kosten Geld und das Geld ist knapp und weil es so knapp ist, wird oft darüber gestritten, wofür es ausgegeben werden kann und wofür nicht.
Die Stadt erhält ihr Haushaltsgeld aus drei Quellen:

- aus Steuern,
- aus Gebühren, welche die Einwohner bezahlen müssen (zum Beispiel für die Müllabfuhr oder für das Ausstellen von Pässen),
- aus weiteren Zuschüssen vom Bundesland oder aus Berlin.

Wie wird der Rat der Stadt gewählt?

In Nordrhein-Westfalen werden die Stadträte alle fünf Jahre von den Einwohnern der Gemeinden gewählt. Wahlberechtigt ist man ab 16 Jahren. Wer wählt, begibt sich in sein zuständiges Wahllokal. Dort erhält man einen Stimmzettel, bei dem man zwischen zahlreichen Kandidaten auswählen kann. Sie gehören meist verschiedenen Parteien und Wählergemeinschaften an. Mit der Größe einer Stadt nimmt auch die Zahl der Mitglieder in einem Stadtrat zu. In einer Stadt mit 10000 Einwohnern sind es zum Beispiel 32 Mitglieder, bei 300000 Einwohnern sind es bereits 70. Die Ratsmitglieder werden Ratsfrauen oder Ratsherren genannt. Sie üben weiterhin ihren Beruf aus und erhalten für ihre Tätigkeit im Rat eine kleine finanzielle Entschädigung. Man nennt so etwas „ein Ehrenamt ausüben“.

Wie läuft eine Ratssitzung ab?

Als Beispiel dazu ein Bericht aus dem Stadtrat von Bielefeld:
Der Oberbürgermeister sitzt in den Sitzungen ganz vorne, hat ein Mikrofon und eine große Glocke vor sich. Wenn er die Glocke läutet, müssen alle Leute im Sitzungssaal still sein.
Gerecht eingeteilt wird auch die Redezeit. Wenn die Uhr abgelaufen ist, ertönt ein Klingelton.
Der Oberbürgermeister fragt alle, ob sie eine bestimmte Sache gut oder schlecht finden. Zum Beispiel, ob Bielefeld einen neuen Kindergarten oder einen Bolzplatz bekommen soll.
[…]
Am Ende fragt der Oberbürgermeister alle, ob sie dafür oder dagegen sind. Zur Abstimmung hebt jeder still die Hand, und der Oberbürgermeister zählt die Hände, die dafür sind und die, die dagegen sind. Die Sache, die am Ende die meisten Hand-Stimmen erhalten hat, gewinnt und wird umgesetzt.

(Aus: www.kinderrathaus.de, Zugriff Januar 2008, © Stadt Bielefeld und Kidsville Redaktionsbüro GbR, Bielefeld)

Hier tagt der Stadtrat von Bielefeld mit 70 Ratsmitgliedern und dem Oberbürgermeister

Team C
Wir stellen die Gemeindeverwaltung vor

Was sind ihre Aufgaben?

- Du möchtest einen Ausweis beantragen,
- jemand aus der Familie plant zu heiraten,
- dein Freund Kandil stellt einen Antrag auf Einbürgerung,
- deine Familie bezieht eine neue Wohnung,
- Sondermüll ist zu entsorgen ...

Wann immer solche Dinge anstehen, wird die Verwaltung der Gemeinde aktiv. Eine ihrer wichtigsten Aufgaben besteht darin, den Einwohnern bei behördlichen Angelegenheiten behilflich zu sein. Weil die Verwaltungsaufgaben sehr unterschiedlich sind, gibt es die Ämter mit den unterschiedlichen Zuständigkeiten, z. B. das Einwohnermeldeamt, das Standesamt, das Jugendamt usw. Je nachdem, was man vorhat, muss man sich an das zuständige Amt wenden. Eine weitere wichtige Aufgabe der Verwaltung ist die Unterstützung der Arbeit der Stadträte. Zum Beispiel sind viele Berechnungen und Pläne notwendig, wenn die Stadt die Einrichtung eines neuen Industriegebiets beschließen möchte. Alle notwendigen Planungen werden von der Verwaltung erledigt.

Wer leitet die Verwaltung?

Oberbürgermeisterin bzw. Oberbürgermeister sind die Chefs der Verwaltung. Das bedeutet, dass diese in den Städten Vorgesetzte von mehreren hundert Mitarbeitern sein können. Weil sie diese Aufgabe nicht allein leisten können, stehen ihnen mehrere Dezernenten zur Seite, die für verschiedene Bereiche zuständig sind. Das Wort Dezernent bedeutet „Mitentscheider“. Sie sind sozusagen die Minister in der Regierung einer Stadt und zuständig für Jugendarbeit, Sport, Kunst, Wirtschaft und anderes.

Was ist das virtuelle Rathaus?

Fast alle Rathäuser sind mittlerweile dazu übergegangen, ihre Dienstleistungen auch online anzubieten. Antragsformulare können heruntergeladen und vielfältige Informationsangebote mittels PC genutzt werden. Dazu ein Beispiel aus der Homepage der Stadt Dortmund:

> „Seit 2002 bietet Ihnen die Stadt Dortmund zusätzlich die Nutzung des virtuellen Rathauses doMap an, mit dem das Stadtportal dortmund.de um ein digitales Dienstleistungs-Center ergänzt wird. Mit der doMap haben Sie die Möglichkeit, Formulardaten sicher über das Internet zu übermitteln und weitere, laufend ausgebaute E-Services zu nutzen.“
>
> (Aus: www.dortmund.de, Zugriff Januar 2008)

Ordnungsämter: wichtig oder ärgerlich?

Wer kümmert sich darum, dass Müll nicht achtlos weggeworfen wird? Wer ruft randalierende Jugendliche zur Ordnung, wenn sie nachts lärmend durch die Straßen ziehen?
Das gehört zu den Aufgaben der städtischen Ordnungsämter. Als Teil der Stadtverwaltung arbeitet das Ordnungsamt mit der örtlichen Polizei zusammen und schreitet ein, wenn bestehende Gesetze verletzt werden. Dazu kann es auch Bußgelder verhängen, die vom Stadtrat beschlossen werden.

Ein städtischer Hilfspolizist, Angestellter des Ordnungsamtes, zeigt hier einem Passanten die „Rote Karte“. Viele Städte sagen Müll-Sündern den Kampf an mit Bußgeldern zwischen 20 und 35 Euro für weggeworfene Verpackungen, Kaugummis und Zigarettenkippen.

Wir sind der Stadtrat von Schönstadt und treffen Entscheidungen

Stellt euch die folgende Situation vor:

Die Verwaltung der Stadt Schönstadt hat eine Liste erstellt, auf denen alle die Vorhaben stehen, die im nächsten Haushaltsjahr von der Gemeinde durchgeführt werden sollen. Diese Liste liegt nun dem Stadtrat vor. Es soll entschieden werden, was davon verwirklicht werden soll und was nicht. Das Problem ist: Die Verwirklichung aller Maßnahmen würde 8 Millionen Euro kosten. Der Stadt stehen aber nur 4 Millionen Euro für diese Ausgaben zur Verfügung. Es muss also gespart werden.
Ihr seid der Stadtrat von Schönstadt und sollt über drei Fragen – A, B und C – entscheiden:
Setzt euch zunächst in kleinen Gruppen zusammen. Ihr seid dann die sogenannten Ausschüsse, welche die Stadtratssitzung vorbereiten. Erarbeitet Vorschläge und berechnet sie so, dass sie insgesamt nicht mehr als vier Millionen Euro kosten. Nach der Gruppenarbeit stellen die einzelnen Gruppen ihre Vorschläge in der Klasse vor. Die Klasse ist dann sozusagen der Stadtrat von Schönstadt. Jede Gruppe muss versuchen, den Stadtrat, also die gesamte Klasse, von ihren Vorschlägen zu überzeugen. Denkt euch in den Gruppen gute Begründungen aus. Die Klasse kann dann per Abstimmung über die einzelnen Punkte entscheiden und eine endgültige Liste verabschieden.

Ihr müsst entscheiden:

A Welches Vorhaben soll auf jeden Fall verwirklicht werden?

B Auf welches Vorhaben soll ganz verzichtet werden?

C Welches Vorhaben soll zu einem späteren Zeitpunkt verwirklicht werden?

Die Wunschliste	Die Kosten
1. Um das Wohngebiet Schleemannstraße müsste eine Lärmschutzmauer gebaut werden.	1 500 000 Euro
2. Das viel zu klein gewordene Fremdenverkehrsamt für die Touristen in der Stadt müsste erweitert werden.	250 000 Euro
3. Der städtische Kindergarten müsste um zwei Gruppenräume erweitert werden.	500 000 Euro
4. Ein neues Industriegebiet müsste mit Strom, Gas, Wasser und Abwasserleitungen versehen werden, damit sich neue Betriebe in Schönstadt ansiedeln können.	2 000 000 Euro
5. Alte Stadtbusse sollten durch drei neue Busse für die Beförderung von Schülerinnen und Schülern ersetzt werden.	400 000 Euro
6. Im städtischen Gymnasium ist das Dach undicht. Es müsste erneuert werden.	600 000 Euro
7. Das Seniorenheim in der Stadtgartenstraße soll vergrößert werden.	300 000 Euro
8. Die historische Rathausfassade müsste restauriert werden, da an einigen Stellen der Putz abzubröckeln droht.	300 000 Euro
9. Das Stadttheater braucht dringend einen neuen Vorhang und für mehrere Reihen neue Stühle.	100 000 Euro
10. Ein Haus soll angekauft werden, damit die Stadt ein Jugendzentrum einrichten kann.	1 000 000 Euro
11. Für mehrere Spielplätze in der Stadt müssten neue Spielgeräte angeschafft werden.	200 000 Euro
12. Die schon lange geplante Skater- und Schlittschuhbahn im Stadtpark sollte gebaut werden.	850 000 Euro
	zusammen: 8 Millionen Euro

A, B oder C?

Erkundung real

Thema: Wir erkunden das örtliche Rathaus

A Erkundung: Was ist das?

Erkunden heißt, etwas auskundschaften, was bis dahin unbekannt war. Hier könnt ihr euch euer örtliches Rathaus für eine Erkundung vornehmen. Die Erkundung kann außerhalb der Unterrichtszeit durchgeführt werden. Ihr sollt dabei möglichst viel über die Arbeit in einem Rathaus erfahren.

B Wie macht man das?

1. Schreibt auf, was ihr in Erfahrung bringen wollt.

Setzt euch zusammen und überlegt, was ihr wissen wollt. Formuliert Fragen wie zum Beispiel: Wie viele Menschen arbeiten im Rathaus? Was wird dort speziell für Kinder und Jugendliche getan? Welche Aufgaben sind zurzeit besonders aktuell? und andere Fragen mehr.

2. Vereinbart einen Termin für die Erkundung.

Setzt euch mindestens zwei Wochen vor der geplanten Erkundung mit dem Rathaus telefonisch in Verbindung. Sagt, was ihr vorhabt, vereinbart einen Termin, bittet darum, dass euch jemand für eure Fragen zur Verfügung steht und euch durch das Rathaus führt. Vielleicht nimmt sich ja der Bürgermeister oder einer seiner Beigeordneten persönlich Zeit für euch.

3. Teilt die Erkundungsaufgaben untereinander auf.

In der Vorbereitung solltet ihr genau festlegen, wer was fragt, wer Fotos macht und wer was notiert. Besprecht, ob ihr eine Gruppe von Schülerinnen und Schülern die Erkundung durchführen lasst oder ob die gesamte Klasse daran teilnehmen soll.

4. Besorgt die Medien, mit denen ihr die Erkundungsergebnisse festhalten werdet.

Es wäre schade, wenn ihr bei eurer Erkundung keine Möglichkeit hättet, die Beobachtungen und Gesprächsergebnisse festzuhalten. Denkt an Notizblöcke, eventuell auch daran, einen Fotoapparat mitzunehmen.

5. Überlegt, wie das Erkundungsergebnis präsentiert werden soll.

Wenn nur ein Teil eurer Klasse die Erkundung aktiv durchführt, solltet ihr eine wirkungsvolle Präsentation für die Ergebnisse überlegen. Ihr könnt euch wieder die Arbeit aufteilen und eine Teampräsentation vorbereiten.

C Worauf solltet ihr besonders achten?

Wichtig ist, dass ihr höflich seid, euch angemessen vorstellt, die getroffenen Vereinbarungen einhaltet und genau sagt, was ihr wollt.

Methodenkarte 6

Thema: Wir erkunden das virtuelle Rathaus

Erkundung online

A Virtuelles Rathaus – was ist das?

Es gibt das wirkliche Rathaus in deiner Stadt und es gibt zusätzlich das virtuelle Rathaus. Virtuell heißt „nicht wirklich". Ein virtuelles Rathaus ist eigentlich kein Haus. Es existiert nur in der Welt des Computers. In den virtuellen Rathäusern werden jedem, der daran interessiert ist, über das Internet zahlreiche Angebote der Stadtverwaltung zur Verfügung gestellt. Wenn ihr keine Möglichkeit habt, an einer realen Erkundung eures Rathauses teilzunehmen, könnt ihr es auch online im virtuellen Rathaus tun. Das ist bei diesem Thema ganz einfach.

B Wie macht man das?

Haltet euch bei der Vorgehensweise an die folgenden drei Schritte.

1. Überlegt, welche Informationen ihr sammeln wollt.

Ihr sollt nach Informationen über eure Stadt oder euer Dorf suchen. Ihr sollt sie durcharbeiten und dann in einem kleinen Vortrag vor der Klasse vorstellen. Das kann auch gut in Partnerarbeit oder in einer Gruppe gemacht werden.

2. Arbeitet gezielt mit dem Internetauftritt eurer Gemeinde.

Ihr gebt einfach den Namen eurer Heimatgemeinde in die Adresszeile ein, z. B. www.koeln.de. Es erscheint die Homepage des gewählten Ortes. Nun klickt ihr die Links Rathaus, Stadtrat, Stadtverwaltung, Bürgermeister an. Nach und nach könnt ihr zu den Themen auf einem Stichwortzettel Informationen einsammeln.

3. Stellt Material für eine Präsentation zusammen.

Schreibt zu den Punkten, die ihr herausfinden sollt, Informationen heraus, die ihr später in eurer Präsentation verwenden werdet. Schaubilder, Fotos etc. könnt ihr als Dokument kopieren und später mithilfe einer Folie oder einem Computerprogramm (z. B. PowerPoint) in eurer Präsentation einsetzen.

C Worauf solltet ihr besonders achten?

Bei der Informationssuche im Internet kann es leicht passieren, dass man sich ablenken lässt. Konzentriert euch daher auf euren Auftrag. Druckt nur solche Materialien aus, die ihr wirklich für euren Vortrag verwenden könnt.

Das sollt ihr herausfinden:

- Einwohnerzahl eurer Gemeinde (und weitere interessante Zahlen)
- Der Bürgermeister, die Bürgermeisterin (Name, Partei, seit wann im Amt, weitere Infos …)
- Der Gemeinderat bzw. Stadtrat (Zahl der Mitglieder, Zusammensetzung nach Parteien)
- Wichtige Ämter im Rathaus (Was erledigt man wo?)
- Einrichtungen und Aktivitäten für Kinder und Jugendliche (Gibt es ein Kinderbüro, einen Kinderbeauftragten? Werden Freizeitaktivitäten angeboten?)
- Weitere interessante Informationen aus dem Internet über eure Stadt

3 Park oder Kino? Was soll mit dem Grundstück der Stadt geschehen?

Ein Planspiel

In den Schulen der kleinen Stadt Schönstadt finden zurzeit heftige Diskussionen statt. Dabei geht es nicht um die Schule oder um Ärger mit den Lehrern. Es sind die Zustände in der Innenstadt von Schönstadt, welche die Kinder und Jugendlichen in zwei gegnerische Lager spalten. Welches Ereignis in einer Stadt kann zu solch heftigem Streit unter Jugendlichen führen?

Der Grund liegt in der Schönstädter Fußgängerzone. Hier gibt es noch ein großes unbebautes Grundstück, das sich im Besitz der Stadt befindet. Ursprünglich stand hier einmal das städtische Arbeitsamt, das aber vor vielen Jahren abgerissen werden musste und in einen größeren Bau an anderer Stelle umzog. Die Stadt ließ dann auf dem freien Grundstück eine Grünanlage einrichten mit Blumenbeeten, einer Wiese und einem Spielplatz für Kinder. Der besondere Clou: Vor drei Jahren hat die Stadt die Einrichtung einer Skateranlage innerhalb dieser Fläche genehmigt, die von einer Sportartikelfirma finanziell gesponsert wurde. Diese Anlage mit Plattform, Coping-Ramp, Fun-Ramp und Fly-Ramp erfreut sich nun bei den 10- bis 16-Jährigen großer Beliebtheit. Die Kinder und Jugendlichen können hier ihrem Hobby nachgehen, ohne jemanden zu stören. So hat sich der kleine Park am Rande der Fußgängerzone zum beliebtesten Freizeittreff der Schönstädter Kids entwickelt. Und damit soll jetzt Schluss sein.

Das Kinounternehmen **Kinomax** hat der Stadt das Angebot gemacht, das Grundstück zu kaufen, um dort ein modernes Großkino zu bauen. Zwar existiert in Schönstadt eine Kinoanlage mit mehreren Sälen, sie liegt aber außerhalb des Stadtzentrums. Die Firma Kinomax plant die Einrichtung von sechs supermodernen Kinosälen und einer Tiefgarage für 300 Autos unterhalb der Anlage. Und genau dieser Plan ist der Grund für den Streit unter den Schönstädter Jugendlichen.

Eine Gruppe, die sich **Skaterkids** nennt, ist empört. Sie will erreichen, dass ihr Park und ihre Skateranlage auf jeden Fall erhalten bleiben. Diese Jugendlichen fordern von der Stadt, dass sie das Grundstück unter keinen Umständen verkauft.

Demgegenüber steht aber eine Gruppe von Jugendlichen, die sich **Filmfreaks** nennt. Diese Gruppe wäre froh, wenn Schönstadt eine zentral gelegene Kinoanlage bekäme. Ihre Sprecher haben den Bürgermeister und die Stadt in einem Zeitungsartikel dazu aufgefordert, das Grundstück für einen guten Preis zu verkaufen.

Beide Jugendgruppen haben Verbündete unter den Erwachsenen. Die Gruppe der Skaterkids wird von zahlreichen Eltern unterstützt, die sich in der Bürgerinitiative **Rettet unseren Park** zusammengeschlossen haben. Sie wollen kein Großkino mit riesiger Tiefgarage. Sie wollen auch nicht auf die letzte grüne Lunge in der Innenstadt von Schönstadt verzichten.
Die jugendlichen Filmfreaks werden kräftig von der Firma Kinomax unterstützt. Kinomax wirbt mit dem Argument, dass ein modernes Kinozentrum heutzutage zum Bild eines attraktiven Stadtzentrums gehört.

Der **Stadtrat von Schönstadt** muss entscheiden. Soll der Park entfernt und das Grundstück verkauft werden oder nicht?
Einerseits bringt der Verkauf eine willkommene Summe Geld in die ziemlich leere Stadtkasse von Schönstadt. Andererseits nehmen Bürgermeister und Ratsmitglieder die Sorgen der Kinder, Jugendlichen und Eltern ernst, die für den Erhalt des Parks kämpfen. Was ist zu tun? Auf diese Frage sollt ihr in einem Planspiel eine Lösung finden.

Streit in Schönstadt

So oder so?

Blick auf Innenstadt, Park und Fußgängerzone; der rot umrandete Bereich müsste für Kino und Tiefgarage geopfert werden.

Das sind eure Rollen im Planspiel

Für die Durchführung müsst ihr euch auf fünf Gruppen aufteilen.

Stadtrat von Schönstadt

Ihr müsst zusammentragen, welche Gründe für den Erhalt des Parks sprechen und welche für den Bau des Großkinos. In einer Versammlung mit allen Gruppen werdet ihr am Anfang eure Überlegungen vortragen, dann die verschiedenen Gruppen anhören und am Ende eine Entscheidung treffen. Ihr müsst mit allen Beteiligten höflich umgehen, weil ihr ja wiedergewählt werden wollt. Im Stadtrat müssen nicht alle einer Meinung sein, sondern ihr könnt nach der Mehrheit entscheiden.

Pro Kino

Geschäftsleitung der Firma Kinomax

Ihr wollt die Kinoanlage unbedingt bauen. Für euch kommt nur ein Standort im Zentrum infrage. Ihr bietet der Stadt für das Grundstück einen Preis von drei Millionen Euro. Ihr würdet die Stadt auch an den Einnahmen aus dem Parkhaus beteiligen. Versucht, die anderen Jugendlichen und die Eltern von den Vorzügen eines modernen Kinos zu überzeugen.

Jugendgruppe Filmfreaks

Ihr müsst möglichst viele gute Begründungen für den Bau eines modernen Großkinos zusammentragen. Ihr müsst versuchen, die gegnerischen Jugendlichen davon zu überzeugen, dass auch sie Vorteile von einem Kinoneubau haben. Die Einwände der Eltern und des Stadtrates gegen ein Kino müsst ihr mit guten Argumenten entkräften.

Kontra Kino

Bürgerinitiative „Rettet unseren Park“

Ihr seid Eltern von kleinen und großen Kindern, die auf keinen Fall auf Park und Freizeittreff in der Innenstadt verzichten wollen. Ihr seid der Meinung, dass es beim geplanten Kino wieder einmal nur um das Geld und gegen die Umwelt geht. Ihr müsst die Versammlung davon überzeugen, dass die letzte grüne Lunge im Zentrum der Stadt für alle Bewohner unbedingt erhalten werden muss.

Jugendgruppe Skaterkids

Ihr müsst mit vielen guten Begründungen verhindern, dass euer Park und eure Skateranlage zerstört wird. Ihr seid zwar keine Kinogegner, meint aber, dass ein neues Kino nicht an der Stelle des Parks gebaut werden darf. Erklärt den übrigen Teilnehmern auch, warum ein Park umweltfreundlicher ist als ein Kino mit Tiefgarage.

So verläuft das Planspiel

Gruppe: ______________________

Unser Ziel:

____

____

Unsere Argumente:

1 ______________________

____

2 ______________________

____

3 ______________________

____

Erste Phase: **Vorbereitung der gemeinsamen Versammlung**

1. Bildet in der Klasse die fünf beteiligten Gruppen.
2. Schreibt in jeder Gruppe auf, wie eurer Meinung nach die Lösung in diesem Streit aussehen soll.
3. Sucht nach möglichst vielen Argumenten, mit denen ihr in der Versammlung den Stadtrat und die übrigen Teilnehmer überzeugen wollt, und notiert sie.
4. Nehmt mit anderen Gruppen per Brief Kontakt auf, mit denen ihr euch vielleicht verbünden könnt oder denen ihr einen Vorschlag zu machen habt.
5. Einigt euch auf euer Vorgehen in der Versammlung und überlegt, wer welche Argumente vortragen wird.

Zweite Phase: **Durchführung der Versammlung**

1. Die Diskussionsleiterin bzw. der Diskussionsleiter eröffnet die Sitzung und begrüßt die Teilnehmer.
2. Der Stadtrat informiert die Versammlung über den Stand der Überlegungen.
3. Alle weiteren Gruppen tragen der Reihe nach ihre Ansichten vor.
4. Die Versammlung diskutiert.
5. Der Stadtrat zieht sich zur Beratung zurück.
6. Der Stadtrat teilt der Versammlung den Beschluss des Rates mit und begründet die Entscheidung.

Brief

Mitteilung an

Gruppe: ______________________

von: ______________________

Vorschlag:

____

____

Termin für ein Gespräch:

____

Demokratie in der Gemeinde

1. Warum gibt es manchmal Ärger in den Gemeinden? Nenne einen Grund.
2. Welche Möglichkeiten der politischen Mitwirkung werden im Text genannt? Nenne mindestens drei Möglichkeiten.
3. Warum ist die eigene Heimatgemeinde so wichtig für jeden einzelnen Einwohner? Formuliere mindestens vier Gründe.
4. Die Zeichnung zeigt die Demokratie als eine Baustelle, an der ständig gearbeitet werden muss. Versuche, diese Darstellung mit deinen Worten zu erklären.

Die Bedeutung der Gemeinde für die Einwohner

Jeder von euch wohnt in einer Gemeinde. Das kann ein Dorf mit wenigen Einwohnern oder auch eine große Stadt sein.
Die eigene Heimatgemeinde ist sehr wichtig für die Menschen, die darin wohnen. Hier hält man sich die meiste Zeit seines Lebens auf, hier benutzt man die örtlichen Einrichtungen, zu denen Sportstätten, Bibliotheken, Musikschulen, Schwimmbäder gehören, hier regelt man wichtige Angelegenheiten.
Oft sind die Menschen stolz auf die eigene Heimatgemeinde. Aber nicht immer sind sie mit allem einverstanden, was in ihrer Gemeinde geschieht. Manchmal ärgern sie sich, wenn die Müllabfuhr teurer wird oder wenn die städtischen Schulbusse höhere Preise verlangen.
Für alle Bewohner einer Gemeinde ist es wichtig, dass die Müllabfuhr pünktlich kommt, dass Stadtbusse fahren, dass sauberes Trinkwasser aus den Hähnen fließt, dass die Parkanlagen gepflegt werden und vieles andere mehr. Alle diese Aufgaben müssen von der Gemeinde organisiert werden und das kostet natürlich Geld. Weil das Geld fast nie ausreicht, sehen sich die Gemeinden manchmal gezwungen, Eintrittspreise und Gebühren für die gemeindlichen Einrichtungen zu erhöhen.
Oft schließen sich mehrere Gemeinden zu Verbandsgemeinden zusammen. Sie können so die wichtigen Aufgaben besser bewältigen und dabei Geld sparen.

Wahlen in der Gemeinde

Im Grundgesetz für die Bundesrepublik Deutschland steht, dass die Gemeinden alle Angelegenheiten, die das Zusammenleben in der örtlichen Gemeinschaft betreffen, selbst regeln dürfen.
Dieses Recht wird von den gewählten Volksvertretungen wahrgenommen. Sie werden als Gemeinde- oder Stadträte bezeichnet und in regelmäßigen Abständen von der wahlberechtigten Bevölkerung in der Gemeinde gewählt.
In einigen Bundesländern können Jugendliche ab 16 Jahren an den Wahlen teilnehmen (zum Beispiel in Nordrhein-Westfalen), in anderen erst ab 18.
Alle Einwohner einer Gemeinde, die aus einem der 27 Mitgliedsländer der Europäischen Union kommen, haben ebenfalls das Recht zu wählen und gewählt zu werden.
Neben den Wahlen zur örtlichen Volksvertretung finden auch Bürgermeisterwahlen und Wahlen zu Ausländerbeiräten statt. In den Verbandsgemeinden werden die Kreistage gewählt.

Mitwirkung in der Gemeindepolitik

Die Gemeinde ist ein Ort, in dem Demokratie praktiziert wird. Die Menschen können vor Ort aktiv werden und sich in die örtliche Politik einmischen. Sie können wählen und gewählt werden. Sie können sich jederzeit mit Anträgen an den Gemeinderat wenden. In sogenannten *Bürgerbegehren* können sie fordern, dass der Rat eine bestimmte Entscheidung trifft.
Lehnt der Rat einen solchen Antrag ab, kann es zu einem *Bürgerentscheid* kommen. Dann stimmen die Bürger in der Gemeinde direkt darüber ab, ob zum Beispiel eine neue Sporthalle gebaut werden soll oder nicht. Kinder und Jugendliche sind in vielen Gemeinden über Kinder- und Jugendparlamente an der demokratischen Mitwirkung beteiligt.

Demokratie in der Gemeinde

Station 1 Kinderrechte in der Gemeindepolitik

S M U H

Von den folgenden Aussagen sind drei richtig und drei falsch. Es kommt darauf an, dass du nur die richtigen Sätze in dein Heft schreibst.

Kinder haben das Recht,

1. sich in K-Teams des deutschen Kinderhilfswerks für ihre Interessen einzusetzen.
2. an den Wahlen zum Gemeinderat teilzunehmen.
3. mitzubestimmen, wer Bürgermeister wird.
4. gewähltes Mitglied in einem KiJuPa zu werden.
5. sich mit Ideen und Beschwerden an die Gemeindeverwaltung zu wenden.
6. ab 13 im Gemeinderat mitzuarbeiten.

Station 3 Demokratie in der Gemeinde

S M U H

Füge drei Aussagen passende Begründungen hinzu.

Beispiel: In der Gemeinde wird Demokratie praktiziert, weil …

Antwort: die Menschen vor Ort aktiv werden und sich in die Politik einmischen können.

1. Die eigene Heimatgemeinde ist wichtig für die dort lebenden Menschen, weil ???
2. Manchmal ärgern sich die Bewohner einer Gemeinde, weil ???
3. Oft schließen sich mehrere Gemeinden zu Verbandsgemeinden zusammen, weil ???

Station 2 Politik in der Gemeinde

S M U H

In Dermold, einer Kleinstadt in Deutschland, bittet der alte Bürgermeister seinen einzigen Sohn mit Namen Alfons an sein Krankenbett. „Mein Sohn", sagt er, „ich war 20 Jahre Bürgermeister dieser Stadt. Du sollst mein Nachfolger werden. Ich übergebe dir hiermit das Amt."
Alfons freut sich. Nun ist er der Bürgermeister. Ab heute darf er alles bestimmen, was in dieser Stadt geschieht.
Schon bald nach seinem Amtsantritt beruft Alfons den Stadtrat zur ersten Sitzung ein. Er besteht aus wohlhabenden Bürgerinnen und Bürgern, die Alfons für dieses Amt ausgewählt hat. Mit dem folgenden Beschluss eröffnet er die Sitzung: „Schon morgen werden wir alle Bürger in unserer Stadt dazu aufrufen, einen Teil ihres Einkommens als freiwillige Spende im Rathaus abzuliefern. Städte verfügen ja bisher leider über keinerlei eigene Einnahmen."

1. Erklärt, worin die vier dicken Fehler bestehen.
2. Warum kann Gemeindepolitik heute so nicht funktionieren?

5 Vom richtigen Umgang mit Geld

Wir planen wirtschaftliches Handeln

1. Allein nachdenken

Welche Bedeutung hat Geld in deinem Leben? Eine große oder eher eine geringe?

2. Zu zweit beraten

Welche Wünsche können sich Kinder mit Geld erfüllen, welche nicht?

3. In der Klasse sammeln

Manche sagen, Geld macht nicht glücklich. Was meint ihr?

Im Verlauf dieses Kapitels könnt ihr …

- überlegen, was man wirklich zum Leben braucht und was nicht,
- erklären, wie das Geld erfunden wurde und welche Bedeutung es heute hat,
- einen Taschengeldplan erstellen,
- Tipps formulieren, wie man mit Geld vernünftig wirtschaftet.
- Außerdem könnt ihr für Familie Steinke eine Übersicht über ihr monatliches Einkommen erstellen.

Detektivaufgabe für das ganze Kapitel:

Findet heraus, warum in Schweden reiche Menschen bärenstark sein mussten.

1 Kann man mit Geld alles kaufen?

Wir ermitteln unterschiedliche Bedürfnisse

In diesem und den folgenden Kapiteln lernt ihr viele neue Fachwörter kennen, die für euch auch in späteren Jahren wichtig sein werden. Wir empfehlen euch daher, ein Lexikon anzulegen, in dem ihr diese Begriffe in eigenen Worten erklärt. Ihr könnt dazu Karteikarten verwenden oder auch ein extra Heft nehmen. In den nächsten Schuljahren könnt ihr das Lexikon nach und nach erweitern.

Für viele der Lexikonbegriffe werdet ihr Erklärungen in den Texten finden. Andere könnt ihr im Glossar am Ende des Buches nachschlagen. Bemüht euch auch darum, Fachbegriffe mit euren eigenen Worten verständlich zu erklären.

Im folgenden Text geht es um Wünsche. Wünsche, die man sich gerne erfüllen möchte, nennt man auch Bedürfnisse. Einige Bedürfnisse muss jeder stillen, um sich körperlich wohlzufühlen, zum Beispiel essen und trinken. Andere sind von Mensch zu Mensch verschieden.

Einmal angenommen ...

Schon seit vielen Wochen freut ihr euch auf euren Schulausflug. Er soll in eine große Stadt führen.
Nächsten Freitag soll es endlich losgehen. Der Wetterbericht hat strahlend schönes Sommerwetter angekündigt. Am Vormittag wollt ihr das neue Mitmach-Museum besuchen, die Führung wird ungefähr bis ein Uhr mittags dauern. Bis der Bus zurückfährt, habt ihr dann noch drei Stunden freie Zeit vor euch.
Einige Eltern haben sich gerne bereiterklärt, euch zu begleiten und die Aufsichtspflicht zu übernehmen. So könnt ihr euch in verschiedene Gruppen aufteilen, die ganz unterschiedliche Dinge unternehmen. Was wollt ihr mit eurer freien Zeit anfangen? Mit Freunden etwas spielen oder euch einfach nur ausruhen und quatschen, Süßigkeiten kaufen oder lieber einen Film anschauen? In dieser Schulstunde sollt ihr nun über eure Wünsche reden und einen Programmvorschlag für die drei freien Stunden entwickeln.
Die Fotos auf der nächsten Seite stellen Aktivitäten dar, mit denen unterschiedliche Bedürfnisse erfüllt werden können.

1. Wie kann der Programmvorschlag für die freie Zeit von drei Stunden aussehen? Schaut euch dazu die Fotos auf der rechten Seite an und stellt ein Programm zusammen.
2. Ordnet die einzelnen Programmpunkte verschiedenen Bedürfnissen zu.
3. Stellt euer Programm der Klasse vor und erklärt, welche Bedürfnisse ihr mit den einzelnen Programmpunkten jeweils erfüllt.

1

2

3

4

5

6

7

8

9

Bedürfnisse

1. Es gibt verschiedene Arten von Bedürfnissen. Erklärt mithilfe des Schaubildes die Unterschiede.
2. Wovon hängen Bedürfnisse ab?
3. Erklärt an einem Beispiel, warum es manchmal schwierig sein kann, soziale Bedürfnisse zu stillen.

Begriffe für euer Fachwörterverzeichnis

Welche Arten von Bedürfnissen gibt es?

Menschen haben unterschiedliche Bedürfnisse. Einige Bedürfnisse müssen wir befriedigen, um überhaupt leben zu können. So braucht jeder Mensch Essen und Trinken, Kleidung und ein Dach über dem Kopf. Man spricht dann von Grundbedürfnissen. Daneben gibt es Dinge, die wir zwar nicht zum Überleben brauchen, die aber unser Leben sehr viel angenehmer und leichter machen: zum Beispiel Autos, Schmuck, Fernseher, Parfüm, Reisen. Diese Art von Bedürfnissen nennt man Konsum- oder Luxusbedürfnisse.
Sicherlich verspürt ihr auch manchmal das Bedürfnis, Musik zu hören oder einen Film im Kino anzuschauen. In diesen Fällen befriedigt ihr kulturelle Bedürfnisse. Das sind Bedürfnisse nach Unterhaltung und Bildung.
Nicht alle Bedürfnisse lassen sich mit Geld stillen. Wenn man ein Bedürfnis nach Zuwendung oder Freundschaft hat, so kann man nicht einfach in das nächste Kaufhaus gehen. Gerade deswegen kann es manchmal schwierig sein, solche Bedürfnisse zu befriedigen. Diese Art von Bedürfnissen nennt man soziale Bedürfnisse.

Was beeinflusst Bedürfnisse?

Manche Bedürfnisse sind von Mensch zu Mensch verschieden. Sie werden beeinflusst

- vom Lebensalter: Ein 13-jähriges Mädchen möchte am Wochenende in einen Freizeitpark, während seine Eltern vielleicht lieber eine Radtour unternehmen.
- von den geografischen Verhältnissen: Ein Jugendlicher in Afrika hat sicherlich zum Teil andere Bedürfnisse als ein deutscher Jugendlicher.
- von der Kultur und Religion: Bewohner einer Südseeinsel kleiden und ernähren sich anders als zum Beispiel Menschen in Ägypten.
- von äußeren Einflüssen: Was die Familie, Verwandte und Freunde denken, ist den meisten Menschen sehr wichtig. Sie orientieren sich in ihren Wünschen und Bedürfnissen an ihnen: Was sie haben, möchte man auch selbst gerne besitzen.
- von der Werbung: Sie hat zum Ziel, Bedürfnisse gezielt zu beeinflussen und Wünsche nach ganz bestimmten Produkten zu wecken.

Aus Bedürfnissen wird Bedarf

Bedürfnisse wollen gestillt werden. Wer das Bedürfnis nach Essen hat, verspürt den Drang, zum Kühlschrank zu gehen. Unternehmen stillen Bedürfnisse, indem sie dazu passende Produkte herstellen. Oft ist es auch umgekehrt: Erst stellen die Unternehmen ein Produkt her und dann wecken sie das Bedürfnis, es zu stillen. Zum Beispiel gab es vor einigen Jahren noch kein Bedürfnis nach Fotohandys. Als die ersten auf den Markt kamen, wollten plötzlich viele eins haben. So wurde künstlich ein Bedürfnis erzeugt, aus dem dann Bedarf entstand. Bedarf bedeutet, dass man bereit ist, zur Befriedigung eines Bedürfnisses Geld auszugeben.

Wir entscheiden, was wir wirklich zum Leben brauchen

S M U H

Gepäckstücke	nehme ich mit	für welche Bedürfnisse?
1. Zahnbürste		
2. Duschgel		
3. Bikini/Badehose		
4. MP3-Player		
5. Schlafsack		
6. Kopfkissen		
7. Feuerzeug		
8. Trinkwasser		
9. Schuhe		
10. Lebensmittel		
11. Taschenlampe		
12. Bücher		
13. Haarbürste		
14. Sonnenschutzmittel		
15. Schreibzeug		
16. Fotoapparat		
17. Windjacke		
18. Jeans		
19. Unterwäsche		
20. Seekarte		
21. Taschenmesser		
22. Gaskocher		
23. Handtücher		
24. Play-Station		
25. Handy		
26. Spielkarten		
27. Schreibblock		
28. Wecker		
29. Foto meiner Familie		
30. Haargel		
31. Zahnpasta		
32. Radio		
33. Uhr		
34. Föhn		
35. Poster des Lieblingsstars		
36. Strümpfe		
37. T-Shirts		
38. Pullover		
39. Coca-Cola		
40. Heftpflaster		

Grundbedürfnisse

Konsum- und Luxusbedürfnisse

Kulturelle Bedürfnisse

Soziale Bedürfnisse

Stellt euch vor, ihr nehmt an einer 14-tägigen Schiffsreise teil. Das Segelschiff wird euch mit der Mannschaft zur Verfügung gestellt. Alles, was ihr zum Leben braucht, müsst ihr mitnehmen. Allerdings ist der Platz an Bord sehr begrenzt. Deswegen könnt ihr insgesamt nur 20 Gepäckstücke mitnehmen. Worauf könnt ihr verzichten, was braucht ihr wirklich zum Leben?

1. Entscheidet euch in Einzelarbeit für die 20 Gegenstände, die ihr für wichtig haltet.
2. Tauscht euch dann mit einem Partner aus und einigt euch auf eine gemeinsame Liste.
3. Ordnet eure ausgewählten Gepäckstücke den vier Bedürfnisarten zu und stellt eure Liste in der Klasse vor.
4. Welche Bedürfnisse verlieren in Notsituationen ihre Bedeutung? Redet darüber in der Klasse.

Wirtschaftsgüter befriedigen viele Bedürfnisse

Was sind Güter?

Um unsere Bedürfnisse nach Essen und Trinken, nach Kleidung und einem Dach über dem Kopf zu befriedigen, brauchen wir Güter. Wir verstehen darunter die Mittel, die erforderlich sind, um Bedürfnisse zu befriedigen.

Freie Güter sind umsonst

An einem Strand, wie er auf dem Foto zu sehen ist, habt ihr vielleicht das Bedürfnis, eine Sandburg zu bauen. Die Mittel dazu sind Sand und Wasser. Kein Problem: Beides steht euch im Überfluss zur Verfügung und kostet nichts. Daher sind Sand und Wasser am Strand freie Güter.

Sand, Luft und Wasser kosten am Strand nichts und sind freie Güter. Strandkörbe kosten Geld und sind Wirtschaftsgüter.

Wie kann man Wirtschaftsgüter einteilen?

Die meisten Güter, die wir zum Leben brauchen, kosten allerdings Geld. Güter, die Geld kosten, werden als Wirtschaftsgüter bezeichnet. Wenn man sich zum Beispiel eine Portion Pommes frites kauft, erwirbt man ein Wirtschaftsgut, weil man dafür bezahlen muss. Um die knusprig frittierten Kartoffelstäbchen herzustellen, muss man arbeiten. Das trifft für alle Wirtschaftsgüter zu, egal, ob es sich um Nahrungsmittel, Füller oder Fahrräder handelt. Insgesamt bilden die Wirtschaftsgüter eine riesige Gruppe sehr verschiedener Dinge. Daher hat man sie eingeteilt, um sie besser unterscheiden zu können.

Sachgüter

Was braucht man zum Beispiel zur Herstellung von Pommes frites? Natürlich zunächst einmal Kartoffeln. Kartoffeln sind ein Rohstoff. Weil sie Geld kosten, sind sie ein Wirtschaftsgut. Rohstoffe werden meist verarbeitet, um sie zu einem nützlichen Gut zu machen. Bei der Herstellung von Pommes frites in Fabriken werden die Kartoffeln mithilfe von vielen Maschinen gesäubert, getrocknet und in riesigen Friteusen in Pflanzenfett frittiert. Danach werden sie verpackt, in Kühlhäusern gelagert und zu den Käufern transportiert. Zur Herstellung von Pommes frites braucht man viele Sachen, alle zusammen werden als Sachgüter bezeichnet.

Dienstleistungen

Wir benötigen auch noch Güter zum Leben, die keine Sachen sind. Zum Beispiel braucht man einen Fahrer, der die verpackten Pommes frites zu den Verkaufsstellen transportiert. Fahrerinnen und Fahrer werden für ihre Arbeit bezahlt. Daher stellt auch ihre Arbeit ein Wirtschaftsgut dar. Alle Güter, die daraus bestehen, dass Menschen anderen Menschen einen Dienst erweisen, werden Dienstleistungen genannt. Dazu gehört die Leistung von Köchen und Kellnern, die Pommes frites in Restaurants zubereiten und auch die Leistungen von Frisören, Ärzten, Lehrern, Bankangestellten und vielen anderen, die in Dienstleistungsberufen tätig sind.

Güter		
Freie Güter	Wirtschaftsgüter	
…	• Müsli …	
	Sachgüter	Dienstleistungen
	• Müsli …	…

Julia benutzt die unterschiedlichsten Güter

A Zum Frühstück isst Julia wie jeden Morgen **Müsli**.

B Danach packt sie ein **Frühstücksbrot** und die für den Tag benötigten **Schulbücher** in ihre Tasche.

C Als sie aus dem Haus tritt, atmet sie tief die **frische, kühle Luft** ein, jetzt erst wird sie richtig wach.

D Der **Busfahrer** im **Schulbus** bringt sie und andere Kinder sicher zur Schule.

E Im Kunstunterricht stellt sie mithilfe eines **Keramikofens** ihre selbstglasierte **Blumenvase** fertig.

F Um vier Uhr holt sie ihre Mutter ab, die als **Bankkauffrau** in einer großen Bank arbeitet.

G Anschließend geht sie zusammen mit ihrer Mutter zum **Frisör** und lässt sich die Haare schneiden.

H Zu Hause angekommen, benutzen Mutter und Tochter eine **elektrische Küchenmaschine**, um Saft aus den **Früchten** zu pressen.

I Nach dem Abendessen schalten sie und ihre Mutter noch für eine Stunde den **Fernseher** ein.

1. Einmal angenommen, ihr habt Appetit auf Pommes frites, die ihr als Tiefkühlware im Backofen zubereiten könnt. Erklärt an Beispielen aus dem Text auf S. 90, welche Güterarten benötigt werden, bis ihr dieses Bedürfnis befriedigen könnt.

2. Welche Güterarten nutzt Julia den Tag über? Übertragt dazu die Übersicht oben auf dieser Seite in euer Heft und fügt die Namen aller im Text fettgedruckten Güter in die richtigen Felder ein. In einigen Fällen müssen diese in mehrere Felder eingetragen werden.

3. Sammelt weitere Güter, mit denen ihr eure Tabelle ergänzen könnt.

2 Welche Rolle spielt das Geld?

Wir führen eine Befragung durch

Warum haben die Menschen das Geld erfunden?

Ein Leben ohne Geld können wir uns heute kaum mehr vorstellen. Doch das war nicht immer so. Vielleicht habt ihr euch schon einmal gefragt, wie das Geld entstanden ist. Antworten darauf findet ihr in dem folgenden Text.

Auf der Südseeinsel Yap bezahlte man bis vor etwa 100 Jahren mit besonders wertvollen Steinen. Um ein Kanu zu kaufen, brauchte man einen Stein von 3 bis 4 Metern Durchmesser.

Vor vielen Tausenden von Jahren gab es weder Kinos noch Eisenbahnen oder Eisdielen. Die Menschen lebten etwa die ersten 30000 Jahre ihrer Geschichte als Jäger und Sammler in kleinen Gruppen für sich und ernährten sich von dem, was sie selbst gejagt oder an Pflanzen gepflückt hatten. Um 8000 vor Christi Geburt begannen die Menschen, sesshaft zu werden und ein bäuerliches Leben mit Landwirtschaft und Viehzucht zu führen. Im Laufe der nächsten Jahrtausende wurden aus kleinen Ansiedlungen Dörfer, aus Dörfern kleine Städte und schließlich größere Städte und Stadtstaaten. Diese Entwicklung war nur möglich durch Arbeitsteilung. Die Bauern konnten so viele Lebensmittel herstellen, dass es auch für die Städter reichte. Nicht jeder musste sich selbst versorgen. Die Menschen hatten stattdessen Zeit, neue Fähigkeiten zu erlernen. Töpfer, Weber, Schmiede, Schreiner oder Bootsbauer spezialisierten sich auf ihre Künste.

Ware gegen Ware

Es gab noch immer kein Geld. Man traf sich regelmäßig auf dem Marktplatz des Dorfes, um verschiedene Gegenstände zu tauschen. Eine Ziege wurde gegen Werkzeug, ein Fisch gegen Brot, gewebtes Tuch gegen einen Sack Weizen getauscht. Der Tausch „Ware gegen Ware" war in früheren Zeiten nicht ganz einfach. Oft musste um mehrere Ecken herum getauscht werden, bis jeder das hatte, was er brauchte.

Naturalgeld wird Zahlungsmittel

Den Menschen wurde allmählich klar, dass es einfacher war, sich auf einen bestimmten Gegenstand als Zahlungsmittel zu einigen, gegen den immer getauscht wurde. Damit war das Geld erfunden, obwohl es noch keine Ähnlichkeit mit unserem heutigen Geld hatte und auch noch nicht so hieß. Das Geld wurde nicht von einer bestimmten Person erfunden. Es war eine Entwicklung über etwa 4000 Jahre hinweg. Überall dort, wo die Menschen auf Tausch angewiesen waren, entstand zu unterschiedlichen Zeiten Geld. In den verschiedenen Teilen der Erde nutzten die Menschen ganz unterschiedliche Dinge als Geld, wie z. B. Salz oder Tee. Meist waren es

seltene und damit kostbare Produkte aus der Natur. Daher nennt man diese frühe Form des Geldes auch „Naturalgeld“. Damals wie heute war das Allerwichtigste bei Geld, dass sich die Menschen alle einig waren, es als Tauschgegenstand anzunehmen. Geld ist, was gilt – egal, woraus es besteht.

Die Erfindung der Münzen

Ein Volk, das berühmt war für seine Handelskunst, waren die Sumerer mit ihrer alten Hauptstadt Babylon. Etwa 3000 v. Chr. erfanden sie auch ein Schrift- und Rechensystem, das ihnen bei ihren zahlreichen Tauschaktionen sehr hilfreich war. Als Tauschgegenstand wählten sie Metalle wie Gold und Silber. Metallstücke hatten gegenüber dem Naturalgeld viele Vorteile: Es wurde nicht schlecht und war leicht zu transportieren. Damit war es als Zahlungsmittel geeignet. Der Wert des Metallgeldes hing von der Metallsorte und vom Gewicht ab. Zum Bezahlen auf den Märkten wurde deshalb das Metallgeld gewogen. Dieses Abwiegen war umständlich. Deswegen erfand jemand eines Tages eine einfache Art des Bezahlens. Dieser Jemand war Gyges, der König von Lydien, der um 650 vor Christus schließlich die Münzen erfunden hat. Gyges machte Geld zur Sache des Staates, das sogenannte Münzrecht lag beim König. Er versprach, dass jede Münze ein bestimmtes Gewicht haben sollte. Die Menschen vertrauten ihrem König und nahmen deshalb auch von Fremden Münzen bedenkenlos als Zahlungsmittel an, ohne sie nachzuwiegen. Geld ist eben, was gilt.

Das Papiergeld

Mit Münzen umzugehen und zu bezahlen, ist auf Dauer gar nicht so leicht – im wahrsten Sinne des Wortes! Wer teure Dinge kaufen möchte, müsste Geld säckeweise herumtragen. Der italienische Weltentdecker Marco Polo kam im Jahre 1295 aus China zurück und berichtete begeistert von zahlreichen Erfindungen, die er bei den Chinesen gesehen hatte. Eine besonders merkwürdige Erfindung war dabei Geld aus Papier! Schweden war das erste Land in Europa, das (1661) Papiergeld druckte – vielleicht, weil Schweden mit dem „Platmynt“ die größten und schwersten Münzen der Welt hatte. Die schwedische 10-Taler-Münze wog beinahe 20 kg! Da liegen die Vorteile von Papiergeld auf der Hand. Die anderen europäischen Länder folgten nach und nach dem schwedischen Beispiel. Es war angenehm, für den Kauf, z. B. eines teuren Pferdes, nicht mit einem schweren Sack voller Münzen, sondern einer Hand voll Papier zu bezahlen.

(Aus: Birgit Neiser, Max macht Mäuse, moses Verlag, Kempten 2000, S. 9 ff.)

1. Bereitet euch darauf vor, in einem kurzen Vortrag die Geschichte des Geldes zu erläutern. Übertragt dazu folgende Begriffe in euer Heft und formuliert einen kurzen erklärenden Text: Jäger und Sammler – Arbeitsteilung – Tauschwirtschaft – Naturalgeld – Münzgeld – Papiergeld. **Tipp:** Partnerarbeit.
2. Bildet in der Klasse eine Vortragskette: Eine Schülerin/ein Schüler beginnt mit dem ersten Begriff und erläutert diesen in eigenen Worten. Anschließend bittet er/sie irgendjemand aus der Klasse, mit dem nächsten Begriff fortzufahren. Die Kette setzt sich so lange fort, bis der letzte Begriff erklärt ist.
3. Erkläre, warum das Geld erfunden wurde. Nenne dabei mindestens drei Gründe.

Eine Befragung durchführen und auswerten

Thema: Geld

A Warum werden Befragungen durchgeführt?

Mit einer Befragung könnt ihr herausfinden, was andere Menschen über ein Thema denken. In diesem Fall geht es darum, in Erfahrung zu bringen, wie Kinder mit ihrem Taschengeld umgehen. Ihr könnt so eigene Einstellungen mit denen anderer vergleichen. Grundlage für eine Befragung ist ein ausgearbeiteter Fragebogen.

B Wie macht man das?

1. Vorbereitung

- Zunächst muss man sich darüber im Klaren sein, was man wissen möchte. Auf der nächsten Seite findet ihr einen Vorschlag für einen Fragebogen. Natürlich könnt ihr auch eigene Fragen formulieren oder den Bogen mit weiteren Fragen ergänzen.
- Überlegt euch dann, wen ihr befragen wollt. Ihr könnt Schülerinnen und Schüler aus anderen Klassen in eurer Schule befragen oder auch Freunde. Wenn ihr die Umfrage an eurer Schule durchführen wollt, müsst ihr eure Schulleitung um Erlaubnis bitten.
- Denkt daran, dass eine Befragung normalerweise anonym, also ohne die Nennung des Namens, durchgeführt wird. Allerdings sollte der Fragebogen einige Angaben zur Person enthalten, die für die Auswertung von Bedeutung sein könnten. Dazu gehören das Alter und Geschlecht der Befragten.

2. Durchführung

Es gibt unterschiedliche Varianten der Durchführung: Ihr könnt euch zum Beispiel in Kleingruppen aufteilen, die dann Schülerinnen und Schüler aufsuchen und befragen. Das hat den Vorteil, dass ihr auf mögliche Fragen zum Bogen direkt antworten könnt. Ihr könnt auch die Fragebogen verteilen und am nächsten Tag einsammeln. Damit spart ihr Zeit.

3. Auswertung

Für die Auswertung ist es hilfreich, die Klasse in Gruppen aufzuteilen. Zum Beispiel können einzelne Gruppen die Auswertung von jeweils einer Frage übernehmen. Zerschneidet dazu die Bögen so, dass jede Frage für sich allein ausgewertet werden kann. Bei der Auswertung ist eine Strichliste sinnvoll. Wenn alle Zahlen vorliegen, könnt ihr zum Beispiel in einem Plakat zusammenfassen, was ihr herausgefunden habt. Redet anschließend in der Klasse über die einzelnen Ergebnisse. Überraschen sie euch oder entsprechen sie euren Erwartungen?

C Worauf solltet ihr noch achten?

Für den Erfolg der Befragung ist es wichtig, dass die Befragten gerne daran teilnehmen und bereit sind, den Fragebogen ehrlich auszufüllen. Tretet also freundlich auf und setzt sie nicht unter Zeitdruck. Stellt euch kurz vor und erklärt, warum eure Klasse eine Befragung durchführt. Informiert die Befragten auch gleich zu Beginn, dass die Befragung anonym, also ohne Nennung des Namens durchgeführt wird.

Vorschlag für die Gestaltung eines Fragebogens

Persönliche Angaben

Mädchen ☐ Junge ☐ Alter _______

1. Wie viel Geld steht dir im Monat zur Verfügung?

☐ weniger als 20 € ☐ 20 bis 25 €
☐ 25 bis 30 € ☐ mehr als 30 €

2. Wofür gibst du dein Taschengeld hauptsächlich aus? (höchstens 3 Nennungen)

☐ Kleidung ☐ Fast Food
☐ CDs, DVDs ☐ Geschenke
☐ Computer ☐ Kosmetika
☐ Zeitschriften, Comics ☐ Süßigkeiten
☐ Hobbys ☐ Sonstiges

3. Sparst du einen Teil deines Geldes?

☐ regelmäßig ☐ selten ☐ nie

4. Ist es dir schon passiert, dass du beim Einkaufen mehr Geld ausgegeben hast, als du wolltest?

☐ häufig ☐ manchmal ☐ selten

5. Wie kommst du mit deinem Geld aus?

a) Ich komme im Allgemeinen gut aus und habe am Monatsende noch Geld übrig. ☐
b) Ich komme gerade so aus, ich habe am Monatsende kein Geld übrig. ☐
c) Ich habe schon vor Monatsende kein Geld mehr. ☐

Geld

1. Erkläre, was Geld ist.
2. Welche Vorteile des Euro gegenüber den ehemaligen Währungen in Europa werden im Text genannt?
3. Warum bezeichnet man Buchgeld als „unsichtbares" Geld?

Begriffe für euer Fachwörterverzeichnis

- Euro
- Bargeld
- Buchgeld

Was ist eigentlich Geld?

Wenn ihr in eure Geldbörse schaut, scheint die Antwort ganz einfach: Geld – das sind die Münzen und vielleicht auch Scheine, die sich darin befinden. Wie aber ist es möglich, dass kleine Papierscheine zehn, zwanzig oder gar hundert Euro wert sein können? Geldscheine an sich sind natürlich fast gar nichts wert. Sie stehen nur als Zeichen für einen Wert. Die Menschen haben sich darauf verständigt, dass ein Schein über zehn Euro eben diesem Wert entspricht. Statt Süßigkeiten mit einem Filzstift oder einem Buch zu bezahlen, benutzt man Geld dazu. Damit ist Geld ein Tauschmittel, das den Kauf und den Verkauf von Waren auf unkomplizierte Art ermöglicht. Wichtig ist auch, dass Geld stets nur in begrenzter Menge vorhanden ist. Sonst verliert es seinen Wert. Darüber wacht bei uns die Europäische Zentralbank. Nur die Europäische Zentralbank und Regierungen haben das Recht, Geld zu drucken.

Der Euro – die gemeinsame europäische Währung

Das Geld, das in einem bestimmten Land oder in mehreren Ländern von allen benutzt wird, nennt man Währung. Seit dem 1. Januar 2002 haben die Menschen in Europa eine gemeinsame Währung – den Euro. Damit kann man in vielen europäischen Ländern bezahlen. Ein wichtiger Vorteil der europäischen Währung ist, dass man nun an den Grenzen nicht mehr wie früher sein Geld in eine andere Währung umtauschen muss. Auch die Unternehmen können heute in Europa viel einfacher Geschäfte machen. In einem Euro-Land sieht man auch sofort, was die angebotenen Waren kosten. Früher musste man erst umrechnen, bevor man den Wert vergleichen konnte.

Bargeld – Buchgeld

Wenn du dir ein neues Schulheft kaufst, bezahlst du an der Kasse wahrscheinlich direkt mit Münzen oder Scheinen. Diese Art der Bezahlung nennt man Barzahlung. Neben dem Bargeld gibt es aber auch unsichtbares Geld, das man nicht anfassen kann. Es entsteht, wenn du Geld auf ein Sparbuch oder ein Konto einbezahlst. Weil die Bank den Betrag in ihren Büchern verbucht, also notiert, heißt dieses Geld Buchgeld. Wenn du es wieder von deinem Sparbuch abhebst, wird es wieder zu Bargeld. Heute werden größere Beträge nur noch selten in bar bezahlt. Es wäre viel zu umständlich, so viele Geldscheine zu transportieren. Zum Beispiel bekommen deine Eltern ihr Gehalt vom Arbeitgeber auf ihr Konto überwiesen. Bargeldlos bezahlen sie auch Miete, Strom und größere Anschaffungen.

Das Geldquiz

Mit dem Quiz auf dieser Seite könnt ihr testen, ob ihr euch wichtige Informationen aus dieser Untereinheit über das Geld und seine Geschichte richtig gemerkt habt. Das Quiz ist gelöst, wenn sich aus den aneinandergefügten Nummerierungsbuchstaben eine Bezeichnung für etwas ergibt, was viele Menschen gerne in der Tasche haben.

So könnt ihr vorgehen:

1. Löst das Quiz alleine oder zu zweit.
2. Meldet euch, sobald ihr das Lösungswort gefunden habt.
3. Notiert die richtigen Antworten als kurze Merksätze in eurem Heft.

Beispielkarte:

In welchem Land wurde das Papiergeld erfunden?
A in Griechenland
B in Ägypten
C in Italien
D in China

Lösung D, Merksatz:
Das Papiergeld wurde in China erfunden.

1. Warum wurde das Geld erfunden?
A weil man sich viele Wünsche erfüllen wollte
B weil die Menschen ein einfaches Tauschmittel benötigten
C weil viele Menschen reich geworden waren
D weil Eltern den Kindern etwas Wertvolles vererben wollten

2. Wer hat das Recht, Geld drucken zu dürfen?
A nur die Regierungen und die Europäische Zentralbank
B die Banken und Sparkassen
C das Finanzministerium in Berlin
D der Deutsche Bundestag

3. Wann – schätzt man – wurde das erste Geld erfunden?
R vor etwa 4 000 Jahren
S vor etwa 40 000 Jahren
T im ersten Jahr nach Christi Geburt
U 1295, als der Weltentdecker Marco Polo wieder nach Hause kam

4. Welche Art von Geld bezeichnet man auch als „unsichtbares Geld"?
E Geld in einem Sparschwein
F Münzen in der Geldbörse
G Buchgeld
H verlorenes Geld

5. Was versteht man unter Bargeld?
E alle als Zahlungsmittel gültigen Münzen und Geldscheine
F alles Geld, das es in einem Land gibt
G Geld, was man beim Einkaufen dabei hat
H die Summe aller Löhne und Gehälter

6. Warum ist Geldhandel einfacher als Tauschhandel?
I Man muss weniger ausgeben.
J Man verdient damit mehr.
K Man kann so mehr einkaufen.
L Man kann den Warenwert besser vergleichen.

7. Welches der folgenden Güter hat – in Geld ausgedrückt – eindeutig den höchsten Wert?
B ein Kilogramm Salz
C ein Kilogramm Mehl
D ein Kilogramm Schokolade
E ein Kilogramm Zucker

Das Lösungswort lautet:

? ? ? ? ? ? ?

Woher bekommen Familien ihr Geld?

Familie Steinke sitzt am Samstagabend gemütlich beim Abendessen. Alle genießen es, endlich einmal Zeit füreinander zu haben. Beide Eltern sind berufstätig. Herr Steinke ist bei einer großen Versicherung angestellt, Frau Steinke arbeitet halbtags als Erzieherin in einem Kindergarten. Nachdem sie schon eine Weile über ihre Erlebnisse der vergangenen Woche geredet haben, schaltet sich Tim in das Gespräch ein.

Tim: Du Papa, was verdient ihr beiden eigentlich?
Vater: Wie kommst du denn darauf? Willst du etwa eine Taschengelderhöhung?
Tim: Nein, das ist nicht der Grund. Es interessiert mich eben.
Vater: Also, ich bekomme im Monat 3300 Euro und Mama verdient 1100 Euro.
Tim: So viel? Dann sind wir ja richtig reich!
Vater: Das sieht nur auf den ersten Blick so aus. Wir sind weder reich noch arm, sondern wir liegen im Durchschnitt. Das ist unser Bruttogehalt.
Felicia: Was ist denn Bruttogehalt?
Mutter: Das Bruttogehalt ist unser Gesamtverdienst, das bekommen wir nicht ausbezahlt. Davon gehen noch eine Menge Abzüge weg.
Tim: Was denn?
Vater: Wir müssen zum Beispiel Steuern an den Staat bezahlen. Das sind Abgaben, die der Staat braucht, um seine Aufgaben zu erledigen. So braucht er zum Beispiel Geld, um Schulen zu unterhalten, Lehrer zu bezahlen oder um Straßen zu bauen.
Felicia: Und wie viel ist das?
Vater: Das habe ich jetzt nicht im Kopf. Lass mich mal nachschauen …
Wenig später kommt der Vater mit den Lohnabrechnungen zurück.
Vater: Also Mama und ich bezahlen zusammen 592 Euro Steuern, dazu kommt noch die Kirchensteuer von 32 Euro. Die Kirchensteuer erhält aber nicht der Staat, sondern das Geld wird gleich an die Kirchen weitergeleitet, die damit ihre Ausgaben bezahlen.
Felicia: Na ja, trotz der Steuern haben wir doch noch sehr viel Geld übrig …
Mutter: Halt, das war noch nicht alles. Wir zahlen auch jeden Monat Geld in die Krankenversicherung ein. Von unserem Krankenkassenbeitrag zahlen die Kassen dann Arztrechnungen, Medikamente oder eine Behandlung im Krankenhaus. Wie hoch ist unser Krankenkassenbeitrag, Johannes?
Vater: Pro Monat beträgt er 347 Euro.
Mutter: Wir sind auch versichert, wenn wir im Alter einmal so krank werden, dass wir nicht mehr für uns selbst sorgen können. Diese Versicherung heißt Pflegeversicherung.
Vater: Dafür zahlen wir 37 Euro.
Mutter: Ach, das hätte ich fast vergessen. Damit wir später im Alter einmal genug Geld zum Leben haben, zahlen wir jeden Monat 437 Euro in die Rentenversicherung. Wenn wir dann nicht mehr arbeiten können, bekommen wir trotzdem jeden Monat Geld, das ist die Rente.
Felicia: Oma bekommt ja auch eine Rente, das hat sie mir einmal erzählt.
Mutter: Ganz genau. Johannes, haben wir jetzt alle Abzüge?
Vater: Es fehlt noch die Arbeitslosenversicherung. Die beträgt insgesamt 92 Euro. Damit sind wir versichert, wenn einer von uns beiden vielleicht einmal

arbeitslos wird. In einem solchen Fall bekommen wir wenigstens einen Teil unseres früheren Gehaltes überwiesen.
Mutter: Alle diese Versicherungen heißen zusammen Sozialversicherungen. Dieses Geld sehen wir gar nicht auf dem Konto, sondern es wird gleich von unserem Bruttolohn an die Kassen überwiesen. Die Arbeitgeber, also unsere Betriebe, zahlen dann noch einmal in gleicher Höhe Sozialversicherungsabgaben für uns. Das ist gesetzlich so geregelt.
Felicia: So kompliziert habe ich mir das mit dem Geld nicht vorgestellt.
Tim: Und was haben wir dann im Monat für uns noch übrig?
Vater: Das ist unser Nettolohn. Aber das könnt ihr euch doch ganz leicht selbst ausrechnen. Zu unserem Nettogehalt bekommen wir übrigens vom Staat noch das Kindergeld – für jeden von euch ~~184 Euro~~ im Monat.

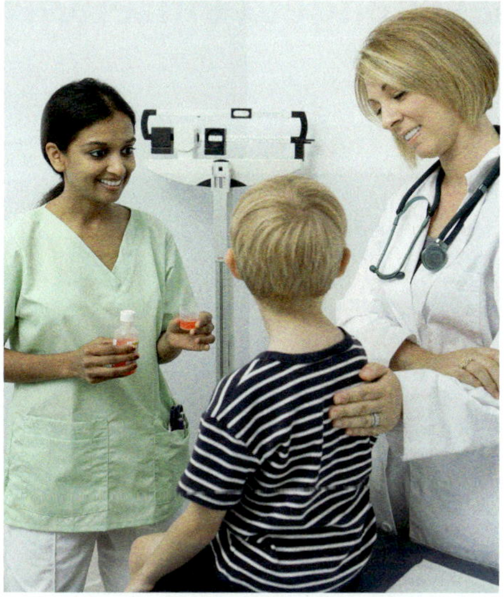

Die meisten Menschen in Deutschland bekommen ihr Geld, indem sie arbeiten. Mit dem Einkommen versorgen sie auch Mitglieder der Familie, die nicht berufstätig sind, zum Beispiel Kinder. Alte Menschen haben auch ein eigenes Einkommen, das nennt man Rente. Menschen, die keine Arbeit haben oder nicht arbeiten können, bekommen vom Staat Geld zum Leben.

1. Erklärt, was man unter einem Brutto- und Nettogehalt versteht.
2. Wie hoch ist das Nettogehalt von Frau und Herrn Steinke? Schreibt dazu Bruttogehalt, Steuern und die einzelnen Sozialversicherungsbeiträge übersichtlich untereinander und errechnet den Nettobetrag.
3. Lest den Text unter dem Foto und betrachtet das Schaubild: Zu welcher Gruppe gehören Frau und Herr Steinke, zu welcher die beiden Kinder und die Oma?
4. Viele Menschen in Deutschland schimpfen über die ihrer Meinung nach zu hohen Abgaben. Was würde passieren, wenn niemand mehr Abgaben zahlen müsste? Erläutert mindestens drei Folgen.

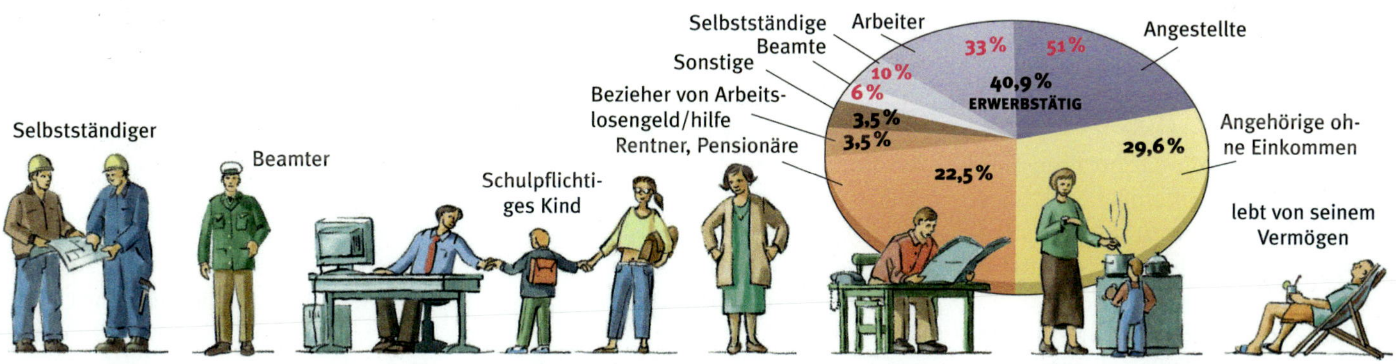

3 Wie kann Andi sein Taschengeld einteilen?

Wir erstellen einen Plan

Andi in Geldnöten

Andi und Robin spielen Fußball im Verein ihrer Gemeinde. Nach dem Unterricht laufen sie gemeinsam zur Bushaltestelle und unterhalten sich:

Robin: Nina hat gefragt, ob wir Lust haben, heute nach dem Training noch ein Eis zu essen?
Andi: Mist, das würde ich wirklich gerne, aber ich habe in diesem Monat kein Geld mehr. Ich habe sogar schon von meiner Mutter einen Vorschuss für nächsten Monat bekommen.
Robin: Ach, komm doch mit – bald ist doch der Erste, dann hast du doch wieder Geld.
Andi: Ich weiß wirklich nicht, wie ich das bezahlen soll. Ich könnte vielleicht noch meinen Bruder anpumpen, meine Mutter leiht mir mit Sicherheit nichts mehr.
Robin: Sei kein Spielverderber. Alle sind dabei, auch unser Trainer kommt mit.
Andi: Ich muss mir das noch überlegen. Da kommt mir eine Idee: Ich rufe einfach meine Oma an und jammere ein wenig. Wahrscheinlich schenkt sie mir dann das Geld für's Eisessen.
Robin: Zur Not leihe ich dir das Geld und du gibst es mir zurück, sobald du wieder Geld hast. Das mache ich wirklich gern – ich habe so viel gespart in letzter Zeit.
Andi: Wie machst du das nur? Ich komme in letzter Zeit nie mit meinem Geld aus! Ständig bin ich pleite. Und sparen kann ich rein gar nichts.
Robin *lacht:* Du kaufst auch viel unnützen Kram. Ich lass mich nicht so leicht verführen.
Da mischt sich Hatice ein, die in der gleichen Mannschaft spielt.
Hatice: Wenn du dir jetzt noch weiteres Geld leihst, kommst du doch nächsten Monat wieder nicht mit deinem Geld aus. Du musst das Ganze doch zurückzahlen. Also ich schreibe mir immer auf, was ich ausgebe, und mache mir dann einen Plan.
Robin: Also ich spar auch immer etwas für überraschende Ausgaben, wie zum Beispiel heute.
Andi: Das hilft mir jetzt im Moment nicht viel. Ich muss jetzt entscheiden, was ich mache. Soll ich mir das Geld leihen, meine Oma anbetteln oder auf das Eisessen verzichten – auch wenn's schwerfällt?

Andi und Robin sind seit der Grundschule eng befreundet ...

1. Wie würdet ihr euch an Andis Stelle verhalten? Begründet eure Entscheidung.

Wir erstellen einen Taschengeldplan

Andi bekommt von seinen Eltern 22 Euro Taschengeld im Monat, von seiner Oma außerdem 8 Euro monatlich. Er hat sich die Ratschläge von Hatice zu Herzen genommen und schreibt nun alle seine Einnahmen und Ausgaben auf. Doch schnell merkt er, dass es mit Aufschreiben allein nicht getan ist. Im März muss er seine Mutter schon wieder um einen Vorschuss bitten. Könnt ihr ihm bei der Planung helfen?

Einnahmen und Ausgaben im März

Einnahmen

Taschengeld	22€
Zuschuss von Oma	8€
zusammen	30€

Ausgaben

Kino	5€
Süßigkeiten	6,70€
Schwimmbad (2 Karten)	4€
Geschenk	5€
Sammelmarken	8€
Hamburger	4,80€
zusammen	33,50€

Taschengeldplan April

Einnahmen

Taschengeld	22€
Zuschuss von Oma	8€
zusammen	30€

Ausgaben

Rückzahlung Vorschuss	3,50€
Kino	???€
Süßigkeiten	???€
Schwimmbad	???€
Geschenk	???€
Sammelmarken	???€
Hamburger	???€
zusammen	30,00€

2. Schaut euch genau an, wofür Andi sein Geld im März ausgegeben hat. Formuliert dann einen Vorschlag, wie viel Geld er für die einzelnen Dinge höchstens ausgeben sollte. Ihr könnt auch einen oder zwei Punkte ganz streichen.
Tipp: Überlegt zunächst allein und einigt euch dann zu zweit.

3. Stellt eure Pläne in der Klasse vor. Welcher gefällt euch am besten?

4. Was unternehmt ihr, wenn ihr mit eurem Geld im Minus seid? Redet darüber in der Klasse.

Mit Geld wirtschaften

1. Klug wirtschaftet man, wenn …
   Beschreibt drei Merkmale vernünftigen wirtschaftlichen Handelns.
2. Erklärt, warum die Preise für ökologisch erzeugte Produkte etwas höher sind als für andere Waren.
3. Warum sollte man schon als Kind lernen, mit seinem Geld zu wirtschaften? Sucht nach Gründen.

Begriffe für euer Fachwörterverzeichnis

- *Wirtschaften*
- *nachhaltiges Wirtschaften*

Warum müssen wir wirtschaften?

Vielleicht kennt ihr die Geschichte vom Schlaraffenland: Dort ist alles, was die Menschen zum Leben brauchen, im Überfluss vorhanden. Man braucht sich nur zu bedienen. Wenn wir durch einen Supermarkt oder ein Kaufhaus schlendern, könnte man ebenfalls auf die Idee kommen, dass wir im Schlaraffenland leben. Die Regale quellen über, alle Waren sind in Hülle und Fülle vorhanden. Es gibt aber einen Unterschied zum Schlaraffenland: Wir müssen die Waren bezahlen. Und Geld steht uns nicht unbegrenzt zur Verfügung. Deshalb müssen wir mit unserem Geld haushalten. Wenn man wirtschaftet, versucht man also, mit den zur Verfügung stehenden Mitteln gut auszukommen. Sinnvoll ist es, unser Geld so einzuteilen, dass wir zunächst das kaufen, was uns am wichtigsten ist.

Drei Möglichkeiten, vernünftig zu wirtschaften

Natürlich möchte jeder für sein Geld eine möglichst hohe Gegenleistung bekommen. Dies ist der Fall, wenn wir versuchen, eine bestimmte Ware so billig wie möglich zu kaufen. Wenn ihr also zum Beispiel einen neuen Fahrradhelm kaufen wollt, ist es sinnvoll, vor dem Einkaufen die Preise zu vergleichen, um herauszufinden, wo euer Wunschmodell am *billigsten* angeboten wird.
Die zweite Möglichkeit besteht darin, beim Einkaufen auf eine möglichst gute Qualität der Ware zu achten. Wenn ihr also feststellt, dass mehrere Fahrradhelme zum gleichen Preis angeboten werden, ist es sinnvoll, das Modell mit der *besten Qualität* zu wählen.
Zum klugen Wirtschaften gehört auch, dass man Waren kauft, die umweltbewusst hergestellt werden. Das bedeutet, dass bei der Produktion von Waren Boden, Wasser und Luft so gut wie möglich geschont werden und der Natur nur so viel entnommen wird, wie auch wieder nachwächst. Das nennt man *nachhaltiges Wirtschaften*. In der Landwirtschaft heißt das zum Beispiel, dass Bauern auf giftige Spritzmittel verzichten und ihre Tiere artgerecht halten. Weil die Landwirte jedoch mehr Zeit aufwenden müssen, um den Boden zu bearbeiten und gleichzeitig weniger Ertrag auf ihren Feldern erzielen, sind die Preise für umweltgerecht erzeugte Lebensmittel meist etwas höher als für andere Waren.

Trainingsplatz

S M U H

Wir bewerten Vorschläge zum Umgang mit Geld

Geldprobleme hat fast jeder einmal. In solchen Situationen sind gute Tipps zum richtigen Umgang mit Geld gefragt. TEAM hat sich bei Schülerinnen und Schülern einer sechsten Klasse umgehört. Lest euch die Vorschläge zunächst durch und bewertet sie dann.

Tipp: Partnerarbeit. Besprecht eure Ergebnisse in der Klasse. Welcher Vorschlag ist euer Favorit? Begründet eure Auswahl.

	empfehlenswert	nicht empfehlenswert
1. Wenn ich etwas Größeres kaufen möchte, dann spare ich eben einige Zeit darauf. Schulden mache ich deswegen nicht.		
2. Ich spare fast mein ganzes Taschengeld. Inzwischen habe ich schon richtig viel Geld auf meinem Sparbuch angesammelt. Wenn meine Freunde ins Kino oder zum Eisessen gehen, bleibe ich eben zu Hause. Das macht mir nichts aus.		
3. Ich leihe mir häufig Geld bei meinen Großeltern. Wenn ich Glück habe, vergessen sie es. Dann brauche ich meine Schulden nicht zurückzahlen.		
4. Wenn ich mit meinem Taschengeld mal wieder nicht auskomme, jammere ich eben meiner Mutter so lange etwas vor, bis sie sich erweichen lässt und einen Geldschein zückt.		
5. Ich wünsche mir zu Weihnachten und zum Geburtstag immer Geld. Damit kann ich mir öfter mal etwas Besonderes kaufen.		
6. Ich schreibe mir immer in einem Heft ganz genau auf, was ich an Geld bekomme und was ich ausgebe. So habe ich immer einen guten Überblick über mein Geld.		
7. Am Anfang eines Monats gebe ich immer viel Geld aus. Da kann es schon passieren, dass ich in der zweiten Monatshälfte kein Geld mehr habe. Dann warte ich eben mit meinen Einkäufen bis zum Ersten des folgenden Monats.		
8. Ich habe mir ausgerechnet, wie viel ich ungefähr in der Woche ausgeben kann. Wenn ich in einer Woche einmal mehr ausgebe, versuche ich, es in der nächsten Woche einzusparen.		

Eine Jeans für 100 Euro?

Wir entwickeln Lösungsvorschläge für einen Streit um Geld

Bepackt mit vielen Einkaufstüten kommt Claras Mutter von einem Ausflug in die Stadt zurück.

Mutter: Hallo Clara, ich habe ein wirklich tolles Schnäppchen gemacht. Schau mal, ich habe im Zero-Shop eine Jeans für dich gekauft. Die war auf 25 Euro reduziert.
Clara: Aber Mami, du weißt doch, dass ich solche Jeans nicht mag. Die ziehe ich nicht an. Wie stehe ich denn damit vor meinen Freundinnen da! Schau sie dir doch mal an: Die gefällt doch keinem, da lachen doch alle. Nein, die kannst du gleich zurückbringen.
Mutter: Jetzt bin ich wirklich enttäuscht. Da laufe ich mir die Hacken ab, um eine schöne Jeans für dich zu finden … und nun so etwas. Du bist wirklich undankbar. Was willst du denn eigentlich?
Clara: Das weißt du ganz genau, ich will unbedingt eine Original Miss-B-Jeans. Die hat in unserer Klasse fast jedes Mädchen. Bitte, bitte, Mami, du weißt doch, wie wichtig mir das ist.
Mutter: Kommt gar nicht infrage, die kostet doch mindestens 100 Euro. Das leiste ich mir selbst nicht mal. Du hast keine Ahnung, wie hart wir unser Geld verdienen müssen. So viel Geld gebe ich auf keinen Fall für eine ganz gewöhnliche Jeans aus.
Clara: Und diese blöde Jeans hier ziehe ich auf keinen Fall an, ich mache mich vor meinen Freundinnen doch nicht lächerlich.
Mutter: Dann kann ich dir nicht helfen, lass dir etwas einfallen.

1. Wie könnte der Streit zwischen Clara und ihrer Mutter beigelegt werden? Entwickle zunächst allein einen Lösungsvorschlag.
2. Bildet Gruppen und präsentiert eure Vorschläge in der Gruppe. Entscheidet euch für die Lösung, die euch am besten gefällt. Ihr könnt auch über die Vorschläge abstimmen.
3. Stellt eure Vorschläge der Klasse in Form eines Rollenspiels zwischen Clara und ihrer Mutter vor.

Vom richtigen Umgang mit Geld

Station 1 Kann man mit Geld alles kaufen?

S M U H

Vielleicht habt ihr schon einmal von Robinson Crusoe gehört, der in einem Roman von Daniel Defoe die Hauptrolle spielt. Er landete als Schiffbrüchiger auf einer einsamen Insel. Zunächst war er glücklich, mit dem Leben davongekommen zu sein – doch er hatte nichts retten können, außer seiner Kleidung, die er auf dem Leib trug. Erst nach 28 Jahren auf der Insel wurde er gerettet.

Beschreibt in einem kurzen Text, welche Bedürfnisse er in dieser Situation hatte. Wofür musste Robinson zunächst sorgen? Welche Bedürfnisse konnte er auf der Insel wahrscheinlich stillen, welche nicht?

Station 2 Welche Rolle spielt das Geld?

S M U H

In dem Buchstabensalat verstecken sich fünf Begriffe, die verschiedene Arten von Geld bezeichnen. Verfasst daraus einen zusammenhängenden Text, in dem ihr diese Begriffe erklärt.

A	P	L	E	M	N	C	P
S	L	U	G	U	R	L	A
T	A	M	P	E	U	N	P
B	S	V	B	N	H	O	I
U	T	Y	A	Z	S	G	E
C	R	K	S	E	T	H	R
H	K	Z	C	N	U	W	G
G	G	C	H	F	A	L	E
E	E	V	O	J	U	P	L
L	E	P	X	V	I	R	D
D	D	A	D	T	S	M	C
I	G	E	U	R	O	Y	Z
B	A	R	G	E	L	D	F
S	N	D	L	R	E	R	T

Station 3 Wie kann man sinnvoll wirtschaften?

S M U H

Wahrscheinlich wird es dir nicht schwerfallen, den folgenden Text zu vervollständigen:

Natürlich möchte jeder beim Einkaufen für sein Geld eine möglichst hohe G… bekommen. Sicherlich ist euch auch schon aufgefallen, dass die Preise von Geschäft zu Geschäft v… sind. Sinnvoll ist es daher, die Preise zu v… . Auch sollte man immer auf eine möglichst hohe Q… der Ware achten. Wirtschaftlich klug handelt man auch, wenn man n… produzierte Waren kauft.

6 Kinder und Jugendliche als Verbraucher

Wir treffen gut überlegte Kaufentscheidungen

1. Allein nachdenken

Angenommen, dein altes Fahrrad geht kaputt und du möchtest ein neues haben. Was musst du überlegen, bevor dein Wunsch Wirklichkeit wird?

2. Zu zweit beraten

Angenommen, der Kauf des Fahrrads steht an. Was sollte man prüfen, bevor man sich zum Kauf entscheidet?

3. In der Klasse sammeln

Worauf sollte man stets beim Einkaufen achten?

Im Verlauf dieses Kapitels könnt ihr ...

- eure Rechte als Käufer erklären,
- beschreiben, wie der Preis für eine Ware zustande kommt,
- in einem Marktspiel untersuchen, warum sich Preise ändern,
- Familie Wieland beim Einkauf von Lebensmitteln beraten,
- erklären, worauf man beim Einkaufen achten sollte.

Außerdem könnt ihr

- euch ein Urteil darüber bilden, wie wichtig die Marke beim Einkaufen sein sollte,
- bei einer Supermarktrallye kluge Tipps zum Einkaufen formulieren.

Detektivaufgabe für das ganze Kapitel:

Lars muss mit Frau Pingel ein schwieriges Gespräch führen. Findet heraus, warum.

1 Darf ich einkaufen, was ich will?

Wir informieren uns über unsere Rechte als Käufer

Nanu? Zweimal die gleiche Einkaufsgeschichte auf einer Seite? Nicht ganz. Wer findet als Erster den wichtigen Unterschied heraus?

1. Wodurch unterscheiden sich die beiden Geschichten?
2. Darf Nelly die Flagge behalten? Lest dazu den zweiten und dritten Abschnitt auf der nächsten Seite, trefft für beide Fälle eine Entscheidung und begründet sie.
3. Die Rechte von Kindern und Jugendlichen beim Einkaufen sind gesetzlich genau geregelt. Sucht nach Gründen, warum das so ist. Findet ihr das eher gut oder eher überflüssig?

1. Muss Nelly die Flagge zurückgeben?

Ganz aufgeregt ist Nelly: Heute darf sie ein Handball-Länderspiel besuchen. Ihr 18-jähriger Bruder Tim begleitet sie. Seit sie selbst Handball spielt, ist sie ein glühender Fan dieser Sportart. In der Pause schaut sie fasziniert die Auslagen des Fan-Shops an. Besonders hat es ihr eine Flagge in den Deutschlandfarben angetan. 12,99 € soll sie kosten. „Timmy, kannst du mir nicht Geld leihen? Drüben im Fan-Shop gibt es eine ganz tolle Flagge. Ich gebe dir das Geld zu Hause wieder zurück. Denn Oma hat mir neulich zu meinem sechsten Geburtstag Geld geschenkt, das habe ich gespart, bitte, bitte …". Freudestrahlend rennt sie zu dem Shop, um sich die ersehnte Flagge zu kaufen.
Zu Hause berichtet sie begeistert von dem Spiel. „Woher hast du denn die Deutschlandfahne?", will ihr Vater wissen. „Die habe ich mir im Fan-Shop gekauft", meint Nelly. „Das darf doch nicht wahr sein! Die Fan-Artikel sind doch völlig überteuert. Ich verlange, dass ihr die Flagge sofort zurückbringt", schimpft ihr Vater. „Nein, das mache ich nicht. Schließlich kann ich mir von meinem Geld kaufen, was ich will", behauptet Nelly trotzig.

2. Muss Nelly die Flagge zurückgeben?

Ganz aufgeregt ist Nelly: Heute darf sie ein Handball-Länderspiel besuchen. Ihr 18-jähriger Bruder Tim begleitet sie. Seit sie selbst Handball spielt, ist sie ein glühender Fan dieser Sportart. In der Pause schaut sie fasziniert die Auslagen des Fan-Shops an. Besonders hat es ihr eine Flagge in den Deutschlandfarben angetan. 12,99 € soll sie kosten. „Timmy, kannst du mir nicht Geld leihen? Drüben im Fan-Shop gibt es eine ganz tolle Flagge. Ich gebe dir das Geld zu Hause wieder zurück. Denn Oma hat mir neulich zu meinem zwölften Geburtstag Geld geschenkt, das habe ich gespart, bitte, bitte …". Freudestrahlend rennt sie zu dem Shop, um sich die ersehnte Flagge zu kaufen.
Zu Hause berichtet sie begeistert von dem Spiel. „Woher hast du denn die Deutschlandfahne?", will ihr Vater wissen. „Die habe ich mir im Fan-Shop gekauft", meint Nelly. „Das darf doch nicht wahr sein! Die Fan-Artikel sind doch völlig überteuert. Ich verlange, dass ihr die Flagge sofort zurückbringt", schimpft ihr Vater. „Nein, das mache ich nicht. Schließlich kann ich mir von meinem Geld kaufen, was ich will", behauptet Nelly trotzig.

Kaufvertrag

1. Beschreibt an einem selbst gewählten Beispiel, wie ein Kaufvertrag zustande kommt.
2. Welche Rechte habt ihr beim Einkaufen zum jetzigen Zeitpunkt? Was dürft ihr nicht?
3. Warum brauchen Kinder wohl die Zustimmung ihrer Eltern, wenn sie zum Beispiel ein Meerschweinchen kaufen? Sie könnten es gut vom Taschengeld finanzieren.

- *Kaufvertrag*
- *beschränkt geschäftsfähig*

Was ist ein Kaufvertrag?

Jedes Mal, wenn ihr etwas kauft, schließt ihr einen Vertrag ab – selbst wenn es sich nur um ein Eis handelt. Ein Kaufvertrag ist eine feste Vereinbarung zwischen dem Verkäufer und demjenigen, der etwas kauft. Einmal angenommen, ihr betretet einen Buchladen und fragt nach einem Titel. Die Verkäuferin zeigt euch das Buch und ihr bestätigt, „ja, das nehme ich". In diesem Moment habt ihr einen mündlichen Kaufvertrag geschlossen. Der Verkäufer ist dann verpflichtet, euch das Buch zu übergeben, und ihr verpflichtet euch, den Kaufpreis zu zahlen. Nach der Bezahlung gehört das Buch euch. Die meisten Kaufverträge werden auf diese Weise geschlossen.

Ab wann dürft ihr allein einkaufen?

Das hängt ganz von eurem Alter ab. Kinder bis zum 7. Geburtstag sind noch nicht geschäftsfähig. Das bedeutet, dass Kinder bis zu diesem Alter keine Kaufverträge schließen, also auch nicht allein einkaufen dürfen. Wenn sich also die sechsjährige Nelly am Kiosk Süßigkeiten kauft, dann ist der Kaufvertrag ungültig. Das bedeutet, dass ihre Mutter die Süßigkeiten zurückgeben kann und den Kaufpreis erstattet bekommt.

Was bedeutet „beschränkt geschäftsfähig"?

Ab dem 7. Geburtstag bis zum 18. Geburtstag sind Kinder und Jugendliche „beschränkt geschäftsfähig". Das bedeutet, dass ihr mit eurem Taschengeld oder geschenktem Geld grundsätzlich kaufen dürft, was ihr wollt. Einige Einschränkungen gibt es allerdings:

- Unter 16 Jahren dürft ihr keinen Alkohol, unter 18 Jahren keine Zigaretten kaufen;
- für größere Käufe braucht ihr die Zustimmung der Eltern;
- wenn ihr ein Haustier kaufen wollt, braucht ihr bis zum Alter von 14 Jahren die Erlaubnis der Eltern;
- ihr dürft keine Videospiele oder Filme kaufen, die für euer Alter nicht zugelassen sind.

All diese Einschränkungen haben den Zweck, Kinder und Jugendliche zu schützen. In einigen Fällen können Kinder auch sicherlich nicht genau abschätzen, welche Folgen ein Kauf hat, zum Beispiel wenn sie ein Kaninchen kaufen, das dann jahrelang gepflegt werden muss. Deshalb benötigen sie bis zum 14. Geburtstag die Erlaubnis der Eltern, wenn sie ein Tier kaufen wollen.

Wann sind Kaufverträge ungültig?

Ein Schüler aus der Parallelklasse verkauft euch ein gebrauchtes Computerspiel und versichert euch, dass es problemlos auf eurem Computer zu installieren ist – obwohl er genau weiß, dass das Spiel kein zweites Mal installiert werden kann. Sicherlich merkt ihr rasch, dass er euch übers Ohr gehauen und bewusst falsche Informationen gegeben hat. In einem solchen Fall ist der Kaufvertrag ungültig und ihr könnt euer Geld zurückverlangen. Verträge sind auch ungültig, wenn ein Händler mit dem Verkauf gegen ein Gesetz verstößt, etwa indem er Drogen oder Alkohol an unter 16-Jährige verkauft.

Kann Lars sein Elektroauto umtauschen?

Manchmal kann es passieren, dass man sich einen lang gehegten Wunsch erfüllt – doch die Freude an der Neuerwerbung hält nicht lange an. Lest in der folgenden Geschichte, wie es Lars erging. Wie hättet ihr in dieser Situation reagiert?

A Der Fall: Achsenbruch

Lars ist ganz aufgeregt. Endlich hat er die 95 Euro gespart. Und die Eltern sind einverstanden. Monatelang hatte er einen Teil seines Taschengeldes beiseitegelegt. So lange hatte er noch nie warten müssen, ehe er sich einen Wunsch erfüllen konnte. „Mutti, ich bin satt“, schwindelt er beim Mittagessen. „Ich gehe jetzt zum Spieleparadies. Du weißt schon weswegen.“ Natürlich kennt seine Mutter den Grund für seine Eile und hat nichts dagegen.
Im Sauseschritt legt er den knappen Kilometer bis zu dem Geschäft zurück. Ein sanfter Schauer läuft über seinen Rücken, als er das ersehnte Elektroauto mit Fernsteuerung sieht. „Möchtest du das Auto kaufen?“, wird er auch schon von Frau Pingel, der jungen Verkäuferin gefragt. „Ja, bitte mit Batterien“, lächelt er sie freudestrahlend an.
Zu Hause angekommen, reißt Lars auf der Straße vor der Pforte voller Aufregung die Verpackung auf, entnimmt das rote Gefährt und wagt einen ersten Test. „Der geht ab wie eine Rakete!“, jubelt Lars seiner Mutter zu, die aus dem Küchenfenster zuschaut und sich mit ihrem Sohn freut.
Doch sein Herz beginnt zu klopfen, als er sehen muss, wie der schöne neue Wagen nur noch kleine Kreise fährt, ohne gelenkt zu werden. Hastig legt er das Steuermodul beiseite, nimmt den Wagen auf und sieht es sofort – Achsenbruch, vorne links.
„Im Eimer. So ein Mist, 95 Euro“, stammelt er tief enttäuscht.

(Nach: Michael Rehmet/Detlef Lange: Habe ich Recht? Rechtskunde für Kinder, Wagner Verlag, Gelnhausen 2005, S. 45 f.)

Lars kann das Auto in das Spielwarengeschäft zurückbringen und darauf bestehen, dass er ein neues bekommt. Schließlich ist er ja nicht schuld an dem Achsenbruch. Die Ursache ist wahrscheinlich ein Materialfehler.

Gekauft ist gekauft. Lars hätte sich das Auto schon im Geschäft genauer ansehen müssen und auch ausprobieren sollen, ob es funktioniert. Jetzt ist es zu spät. Vielleicht kann er es reparieren lassen. Dann muss er allerdings die Reparatur bezahlen.

1. Wer hat Recht? Lest dazu den Text auf der nächsten Seite, trefft eine Entscheidung und begründet sie.

B Die Information: Welche Rechte habe ich als Käufer?

Es gibt Tage, da geht alles schief. Nichts passt, und das, was man endlich erstanden hat, entpuppt sich als Gurke. Die Hose ist zu eng. Der Pulli hat ein Loch.
Bevor man jetzt an die Decke geht, sollte man sich klarmachen, dass man auch als Verbraucher Rechte und Ansprüche hat. Schließlich wurde der Pullover ja nicht mit Monopolyscheinen bezahlt, sondern mit richtigen knisternden Euroscheinen. Dafür darf man dann auch korrekte Ware ohne Fehler erwarten. Also nichts wie hin ins Geschäft und umgetauscht. Ob man allerdings sein Geld zurückbekommt, einen einwandfreien Ersatz oder einen Gutschein, das ist von Geschäft zu Geschäft verschieden. Grundsätzlich gilt, dass Ware mit offenkundigen Mängeln und Fehlern zurückgenommen werden muss, wenn diese schon vor Geschäftsabschluss aufgetreten sind und dem Käufer nicht mitgeteilt wurden. Diese Regel betrifft auch offensichtliche Materialfehler, die erst nach dem Kauf sichtbar werden. Das ist zum Beispiel der Fall, wenn die Nähte einer Jeans so schlecht genäht sind, dass sie gleich nach der ersten Wäsche aufplatzen. Das gilt auch für Ausverkaufsware, die mit dem Hinweis „Umtausch ausgeschlossen“ auf dem Kassenzettel verkauft wird. Auch bei dieser verbilligten Ware kann der Käufer davon ausgehen, dass er einwandfreie Produkte erhält. Wichtig ist allerdings auch, dass die Rückgabe so schnell wie möglich erfolgt. Reklamationen im Restaurant über versalzenes oder verdorbenes Essen müssen natürlich sofort erfolgen und nicht, wenn der Teller schon geleert ist. In den meisten Restaurants wird das bemäkelte Essen nicht berechnet oder aber ohne Aufpreis ein einwandfreies Gericht gebracht.

(Nach: Christiane Oppermann, Nachgefragt: Wirtschaft, Basiswissen zum Mitreden, Loewe Verlag, Bindlach 2006, S. 38f.)

2. Welche Rechte habt ihr, wenn eine Ware gleich nach dem Kauf kaputtgeht?

3. Wie ihr diese Rechte wahrnehmt, könnt ihr in einem Rollenspiel nachspielen: Lars hat sich nun entschieden, mit Frau Pingel wegen des kaputten Autos zu sprechen. Spielt nach, wie das Gespräch mit Frau Pingel verlaufen könnte. Achtet dabei besonders auf eine angemessene Begrüßung, freundliches Auftreten und eine überzeugende Begründung eures Anliegens.

Trainingsplatz

Wir entscheiden, wer was kaufen darf

Im Folgenden findet ihr sechs Fälle, in denen ihr eine Entscheidung treffen und diese begründen sollt. Stellt eure Ergebnisse anschließend der Klasse vor.

3 x erlaubt – 3 x verboten	**Erlaubt, weil …**	**Verboten, weil …**
1. Maren (12 Jahre) ist ganz stolz auf ihre neueste Anschaffung: einen quietschgrünen Sitzsack, den sie im Ausverkauf sehr günstig kaufen konnte. Finanziert hat sie den Kauf von ihrem Taschengeld und dem Geld, das sie zu ihrem Geburtstag bekommen hat. Ihre Eltern finden den Sitzsack geschmacklos und vertreten die Ansicht, dass er ihr hübsches Zimmer verschandelt. Durfte sie den Sitzsack auch ohne die Erlaubnis der Eltern kaufen?		
2. Der 26-jährige Kosta schickt seinen kleinen Bruder Mikis (12 Jahre) zum Kiosk mit dem Auftrag, für ihn und seine zwei Freunde drei Bier zu kaufen.		
3. Die 11-jährige Caroline hat sich von ihrem Taschengeld ein Buch ihrer Lieblingsautorin gekauft. Doch nach den ersten 30 Seiten findet sie es langweilig und will es in den Laden zurückbringen und umtauschen. „Die Verkäuferin merkt doch gar nicht, dass ich schon darin gelesen habe“, meint sie.		
4. Die 12-jährige Teresa hat sich im Supermarkt ihre Lieblingsjoghurts gekauft. Zu Hause stellt sie verärgert fest, dass das Haltbarkeitsdatum schon seit zwei Tagen abgelaufen ist. Kann sie die Joghurts zurückbringen?		
5. Der 15-jährige Mark hat von seinen Eltern 400 Euro für den Kauf eines neuen Mountainbikes bekommen. Zusammen mit seinem Freund sucht er in einem Fachgeschäft ein geeignetes Rad für 370 Euro aus. Darf er das Fahrrad allein kaufen?		
6. Die 10-jährige Julie liebt Tiere über alles. Sie kann sich gar nicht satt sehen an den kleinen Kätzchen ihrer besten Freundin. Diese ist bereit, ihr ein Kätzchen für einen Euro zu verkaufen, wenn sie verspricht, es gut zu versorgen.		

2 Wie werden Preise gemacht?

Wir finden in einem Spiel heraus, warum sich Preise ändern

Wie wird der Preis für Waren bestimmt?

„Wow, ist der Schuh teuer! Wieso verlangen die Geschäfte so viel Geld dafür?", staunt Jana, als sie ein Paar Sportschuhe im Schaufenster eines Sportgeschäfts betrachtet. Wie kommen die Händler auf genau diesen Preis? Diese Frage könnt ihr mithilfe des folgenden Textes und des Schaubilds beantworten.

Die Hersteller haben hohe Kosten

Sportschuhe werden meist in Asien hergestellt. Bei der Herstellung von Schuhen fallen für die Besitzer der Fabriken viele Kosten an: Sie müssen das Rohmaterial für die Schuhe kaufen, die Löhne für die Beschäftigten bezahlen, Maschinen bereitstellen und instand halten, die Räume kaufen oder mieten, für Strom, Wasser und Heizung aufkommen. All diese Kosten nennt man Selbstkosten. Wenn ein Hersteller seine Schuhe verkauft, schlägt er auf die Selbstkosten nochmals eine Summe auf, die ihm als Gewinn bleibt. Die fertigen Schuhe werden dann in riesigen Schiffen nach Europa transportiert. Auch die Transportunternehmen bekommen für ihre Arbeit Geld.

Sportfirmen entwickeln die Modelle und werben dafür

Die Markenfirmen kaufen die Schuhe bei den Herstellern in Asien ein. Die Preise sind sehr niedrig, weil die Arbeiter in den Fabriken sehr wenig verdienen. Auch die Markenfirmen haben Selbstkosten: zum Beispiel für die Verpackung, für Werbung und für die Entwicklung von neuen modischen Schuhmodellen. Natürlich müssen auch sie ihr Personal bezahlen. Auf ihre Selbstkosten schlagen sie ebenfalls einen Gewinn auf und verkaufen die Schuhe weiter.

Die Händler verkaufen die Ware an den Kunden

Die Händler kaufen die Schuhe zum Einkaufspreis von den Markenfirmen. Auf diesen Preis schlagen sie ihre Selbstkosten auf: die Ladenmiete, die Kosten für die Einrichtung, Personalkosten, Kosten für Energie, Steuern usw. Hinzu kommt ihr Gewinn und die Mehrwertsteuer, die sie an den Staat bezahlen müssen. Alles zusammengerechnet ergibt das den Verkaufspreis, den die Kunden im Laden bezahlen.

1. Erklärt mithilfe des Schaubildes, wie der Preis für ein Paar Sportschuhe zustande kommt.
2. Warum können Hersteller, Markenfirmen und Einzelhändler die Schuhe nicht zum Selbstkostenpreis verkaufen?

Warum ändern sich Preise?

Das Marktspiel

Vielleicht gehen eure Eltern auch manchmal auf dem Wochenmarkt einkaufen. Das ist ein Ort, auf dem Bauern und Händler aus der Umgebung ihre Produkte anbieten. Stellt euch vor, in eurer Gemeinde findet jeden Freitag ein solcher Markt statt. Ihr seid Bäuerinnen und Bauern, die dort selbst angebaute Erdbeeren verkaufen. Ihr wollt möglichst viele Waren verkaufen und dabei auch noch gut verdienen. Bildet in der Klasse mehrere Gruppen. Jede Gruppe hat nun die Aufgabe, die Preise für ihre Waren zu berechnen.

Spielablauf

1. Schritt: Lest euch zunächst die Informationen zu den Selbstkosten auf der nächsten Seite durch und errechnet eure eigenen Kosten.

2. Schritt: Überlegt nun, zu welchem Preis ihr eure Erdbeeren anbieten wollt. Schreibt den Preis auf ein großes Blatt Papier, stellt diesen in der Klasse vor und erklärt, wie er zustande gekommen ist.

3. Schritt: Vergleicht eure Preise. Welche Gruppe wird wohl als erste ihre Erdbeeren verkauft haben?

4. Schritt: Die Situation verändert sich. Nun kommen die Ereigniskarten ins Spiel. Lest euch zunächst die erste Ereigniskarte durch. Jede Gruppe bekommt nun einige Minuten Zeit, um ein neues Preisschild anzufertigen. Präsentiert anschließend eure neuen Preise. Was stellt ihr fest? Verfahrt mit der zweiten Ereigniskarte ebenso.

5. Schritt: Wertet nun eure Ergebnisse in der Klasse aus. Könnt ihr einen Zusammenhang zwischen der Menge der angebotenen Erdbeeren, der Zahl der Käufer und den Preisen entdecken?

Wie hoch sind eure Selbstkosten, um ein Kilo Erdbeeren zu produzieren?

Um ein Kilo Erdbeeren zu erzeugen, braucht ihr zunächst Setzlinge. Diese kosten 20 Cent. Für die Miete (Pacht) des Erdbeerfeldes, für Dünger und für Bewässerung müsst ihr pro Kilo Erdbeeren mit etwa 30 Cent rechnen. Um das Feld zu bewirtschaften, braucht ihr einen Traktor und Geräte, um die Kisten zum Marktstand zu transportieren, einen Kleintransporter. Dafür könnt ihr ca. 30 Cent pro Kilo veranschlagen. Da die Ernte innerhalb weniger Wochen reif wird, braucht ihr zusätzlich Erntehelfer, denen ihr Lohn zahlen müsst. Das kostet euch etwa 70 Cent. Als Miete für den Marktstand berechnet euch die Stadt 30 Cent. Manchmal verderben Erdbeeren auf dem Transport oder sie können am Markttag nicht verkauft werden, weil es zum Beispiel den ganzen Tag regnet. Dafür müsst ihr ca. 20 Cent einkalkulieren.
Das sind die Kosten, die bei der Produktion eines Kilos Erdbeeren entstehen. Damit habt ihr aber noch nichts verdient. Euer Verdienst wird der Gewinn sein. An den Kosten lässt sich nur schwer etwas ändern. Anders ist es bei der Gewinnerwartung. Hier könnt ihr selbst festlegen, ob es zum Beispiel euer Ziel ist, 20 Cent an einem Kilo Erdbeeren zu erwirtschaften oder sogar einen Euro oder mehr.

Wie verändern sich die Preise auf dem Markt?

Ereigniskarte 1

Heute Nacht hat es ein heftiges Gewitter gegeben. Der Hagel und Sturm hat die Ernte beschädigt, sodass nur noch halb so viele Erdbeeren geerntet werden konnten. Den anderen Bauern in der Umgebung ging es ganz ähnlich. Auch sie können sehr viel weniger Erdbeeren auf dem Markt anbieten. Doch die Kunden stehen Schlange, denn die Erdbeeren auf dem Markt schmecken ihnen viel besser als die aus dem Supermarkt.

Zu welchem Preis bietet ihr die Erdbeeren an?

Ereigniskarte 2

Es ist eine halbe Stunde vor Marktschluss und ihr habt noch viele Körbchen Erdbeeren übrig. Wenn ihr sie heute nicht verkauft, verderben sie und ihr verdient gar nichts daran. Auf dem Markt tummeln sich nur noch wenige Kunden.

Zu welchem Preis bietet ihr die Erdbeeren an?

Preisbildung

1. Erklärt, wie sich die Preise verändern,
a) wenn das Angebot größer wird,
b) wenn das Angebot kleiner wird,
c) wenn die Nachfrage größer wird,
d) wenn die Nachfrage kleiner wird.

Der Markt – Treffpunkt von Verkäufern und Käufern

In vielen Gemeinden findet an einem bestimmten Tag in der Woche ein Wochenmarkt statt. Dort treffen Händler, die ihr Obst oder Gemüse verkaufen wollen, auf Menschen, die etwas kaufen wollen. Einen solchen Treffpunkt von Verkäufern und Käufern bezeichnet man als Markt. Auf dem Wochenmarkt, auf dem Flohmarkt oder im Kaufhaus stehen sie sich persönlich gegenüber. Man spricht jedoch auch von Märkten, wenn es keinen tatsächlich existierenden Treffpunkt gibt, zum Beispiel beim Automarkt. Dort stehen sich Käufer und Verkäufer von Autos gegenüber. Sie können dabei an ganz unterschiedlichen Orten zusammenfinden: zum Beispiel im Autohaus, im Internet oder über eine Verkaufsanzeige in der Tageszeitung.

Angebot + Nachfrage = Preis

Auf jedem Markt gibt es viele Händler, die ihre Produkte zum Verkauf anbieten. Alle Waren, die dort verkauft werden sollen, bezeichnet man zusammenfassend als Angebot. Alle Kunden eines Marktes, die Waren kaufen wollen, bilden die Nachfrage. Angebot und Nachfrage wirken sich auf die Höhe der Preise von Waren aus.
Wenn ihr zum Beispiel im Supermarkt einkauft, könnt ihr feststellen, dass Obst und Gemüse nicht immer dasselbe kosten. Im September sind zum Beispiel Trauben ganz billig, während sie im Februar sehr viel kosten. Das liegt daran, dass im Herbst die Ernte auf Hochtouren läuft, also das Angebot an Trauben sehr groß ist. Die Händler müssen große Mengen von Trauben verkaufen. Sie versuchen dies, indem sie den Preis senken, um damit mehr Käufer anzulocken. Im Februar dagegen ist das Angebot sehr gering, weil die Trauben aus dem Ausland eingeflogen werden müssen. Das bedeutet, dass die Händler auch höhere Einkaufspreise für Trauben bezahlen müssen. Das geringe Angebot und die höheren Selbstkosten lassen die Preise der Trauben steigen.
Ähnlich wirken sich Veränderungen in der Nachfrage auf die Preise aus. Wenn zum Beispiel eine bestimmte Kleidermarke bei Jugendlichen gerade in Mode kommt, möchten viele die begehrte Marke kaufen. Die Nachfrage ist also sehr groß. Für die Händler ist dies eine sehr günstige Situation, denn sie können hohe Preise verlangen und die Käufer sind trotzdem bereit, diese zu bezahlen. Kommt dieselbe Marke außer Mode, werden weniger Jugendliche solche Kleidungsstücke kaufen wollen. Die Nachfrage sinkt also. Wenn die Händler jetzt noch dieselben Preise verlangen, werden sie immer weniger verkaufen. Sie senken also die Preise und versuchen, mit Sonderangeboten doch noch Käufer zu finden.
Allerdings dürfen sie die Preise nicht so weit reduzieren, dass sie unter ihrem Einkaufspreis liegen.

Wir kalkulieren für ein Kaufhaus Preise

Einmal angenommen, ihr arbeitet in der Geschäftsleitung eines großen Kaufhauses. Heute findet eure wöchentliche Besprechung statt, auf der Preise in den einzelnen Abteilungen neu kalkuliert werden sollen. Die Geschäftsleitung ist dafür verantwortlich, dass möglichst viele Waren verkauft werden und das Kaufhaus gute Gewinne erzielt.
Auf dieser Seite findet ihr einige Situationen, in denen ihr entscheiden müsst, ob die Preise gesenkt oder angehoben werden sollen. Trefft für jede Situation eine Entscheidung. Stellt diese anschließend in der Klasse vor. Diese Aufgabe eignet sich auch gut für Partnerarbeit.

Süßwarenabteilung

Auf der ganzen Welt wird Schokolade immer beliebter, die Kakaobauern können die Nachfrage nach den Rohstoffen von Schokolade kaum mehr befriedigen und die Preise dafür haben sich im letzten Jahr verdoppelt. Euer Lieferant kündigt an, dass die Ware in den nächsten Monaten knapp werden könnte. Sollen die Preise gleich bleiben, angehoben oder gesenkt werden?

Sportabteilung

Der letzte milde Winter hatte zur Folge, dass sich die Käufer nicht für neue Skiausrüstungen interessierten. Ski und Skistiefel liegen wie Blei in den Regalen. Andererseits wird in den nächsten Wochen schon die neue Bade- und Joggingmode geliefert. Dafür wird dringend Platz benötigt. Sollen die Preise gleich bleiben, angehoben oder gesenkt werden?

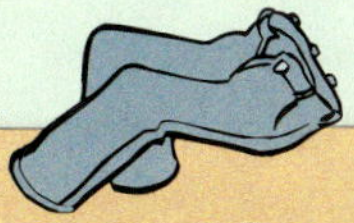

Kleiderabteilung

Besonders angesagt bei Teenagern sind zurzeit Jeans der Marke Mister X. Letzten Monat war das Kaufhaus der einzige Ort, an dem die Jugendlichen solche Jeans kaufen konnten. Nun bieten weitere Läden diese Jeans an, zum Teil sogar billiger. Sollen die Preise gleich bleiben, angehoben oder gesenkt werden?

Bett- und Tischwäsche

Gestern wurden neue Tischdecken aus der Provence nachgeliefert. Nachdem das Fachgeschäft pleitegegangen ist, ist das Kaufhaus der einzige Anbieter in der Stadt, der Tischdecken dieses Herstellers verkauft. Sollen die Preise gleich bleiben, angehoben oder gesenkt werden?

3 Wie kauft man klug ein?

Wir formulieren Einkaufstipps

Soll Familie Wieland künftig Bio-Lebensmittel kaufen?

Familie Wieland sitzt zusammen und unterhält sich über die Erlebnisse des Tages:

Katharina: Wir haben heute in der Schule einen Film angeschaut. Dort wurde gezeigt, wie Legehennen gehalten werden. Das ist ja wirklich widerlich, wie man die armen Tiere quält. Ich konnte gar nicht mehr zuschauen. Mir ist der Appetit auf Eier wirklich gründlich vergangen.
Mutter: Na ja, Fleisch isst du seit einiger Zeit auch nicht mehr wegen der armen Tiere – da wird dein Speisezettel langsam wirklich eintönig …
Katharina: Du verstehst mich nicht. Ich will gar nicht ganz auf Eier und Fleisch verzichten. Aber ich finde, wir sollten nur noch Bio-Lebensmittel kaufen – da wüsste ich wenigstens, dass die Tiere nicht leiden müssen und das Gemüse ohne Giftstoffe angebaut wird. Überhaupt sind in Bio-Produkten viel weniger Schadstoffe und wir schonen die Umwelt.
Lennart: Weißt du, was das ganze Zeug kostet? Also, mir ist völlig egal, woher unser Essen kommt. Hauptsache, ich bekomme weiterhin Steaks und Eier. Das esse ich nämlich im Gegensatz zu dir unheimlich gern. Gemüse und Salat mag ich ja eh nicht besonders, da könnt ihr meinetwegen auf Bio umsteigen.
Vater: Ich finde, wir sollten eher auf die Qualität unserer Lebensmittel achten. Unsere Nahrung soll frisch sein und aus unserer Gegend stammen. Angegammelte Tomaten schmecken nicht – egal ob sie aus normalem Anbau oder Bio-Anbau sind. Fleisch können wir bei unserem Metzger kaufen – da wissen wir, dass das Fleisch aus der Gegend kommt. Das ist zwar etwas teurer als im Supermarkt, dann essen wir das eben etwas seltener.
Mutter: Viele Supermärkte bieten doch jetzt Bio-Produkte an und die sind nicht mal so teuer. Wir könnten doch dort ab und zu einige Bio-Produkte kaufen. Aber ganz auf Bio umstellen, das wird für eine vierköpfige Familie zu teuer.
Katharina: Das bringt doch nichts. Ich wäre gerne bereit, auf etwas zu verzichten, zum Beispiel bei Kleidung, wenn wir dafür nur noch Bio-Produkte kaufen.

1. Welche Standpunkte vertreten die einzelnen Familienmitglieder in diesem Gespräch? Notiert sie.
2. Welche Ansichten haltet ihr für besonders vernünftig, welche weniger? Tauscht euch darüber aus.

Klug einkaufen

1. Wie kann man klug einkaufen? Sammelt, was dazugehört.
2. Jan ist mit seinem neuen Fußball nicht zufrieden, er liegt einfach nicht gut auf dem Fuß. Weil er wenig Zeit hatte, hat er im Sportgeschäft einfach den ersten Ball gekauft, den er im Regal fand. Er dachte, alle Fußbälle seien gleich gut. Wie kann er in Zukunft solche schlechten Käufe vermeiden? Formuliert mindestens einen Ratschlag.

Ein kluger Verbraucher überlegt sich vor dem Kauf ganz genau, was er will und wie viel er dafür ausgeben kann. Wenn ihr etwas kaufen wollt, könnt ihr euch dabei an Kriterien orientieren. Kriterien sind Wertmaßstäbe, die man bei Entscheidungen, zum Beispiel beim Einkaufen, beachten sollte.

Preiskriterien

Das bedeutet, dass man vor dem Kaufen die Preise von mehreren Herstellern vergleicht. Das ist nicht immer ganz einfach, weil die abgepackten Mengen unterschiedlich sind. So wiegt eine Tafel Schokolade mal 100 g, mal 80 g. Deswegen muss im Supermarkt auf den Preisschildern in den Regalen auch der Preis für 100 g oder 1 kg abgedruckt werden. Viel Geld sparen kann man auch, wenn man auf Sonderangebote achtet oder Großpackungen kauft.

Qualitätskriterien

Bei Lebensmitteln bedeutet das, dass man schaut, ob die Ware frisch ist. Bei Kleidung achtet man eher darauf, ob sie aus einem guten Stoff gemacht ist, ob die Nähte ordentlich sind, ob sie gut waschbar ist und vieles mehr. Manchmal kann es billiger sein, ein etwas teureres T-Shirt zu kaufen, wenn es dafür länger haltbar ist und beim Waschen seine Farbe behält.

Qualitätsbewusst kauft man auch, wenn man darauf achtet, wie die Ware hergestellt wurde. Billigwaren werden oft in armen Ländern hergestellt. Dort bekommen die Beschäftigten für ihre Arbeit oft nur einen Hungerlohn, von dem sie kaum leben können. Damit die Verbraucher auf einen Blick erkennen können, welche besonderen Eigenschaften ein Produkt hat, hat man Gütesiegel geschaffen, eine Art Abzeichen. Waren mit dem Fairtrade-Siegel garantieren zum Beispiel, dass Bauern oder Arbeiter in armen Ländern faire Löhne bekommen. Bei Teppichen mit dem Rugmark-Siegel kann man sicher sein, dass sie nicht durch Kinderarbeit hergestellt wurden.

Kriterien zum nachhaltigen Einkaufen

Wenn man Waren mit dem Bio-Siegel kauft, sind diese besonders umweltschonend hergestellt worden. Damit Lebensmittel das staatliche Bio-Siegel tragen dürfen, müssen sie unter strengen Bedingungen hergestellt werden: So sind nur ganz bestimmte Dünger und Futtermittel erlaubt. Bei der Tierhaltung wird Wert auf artgerechte Haltung gelegt, die Tiere haben wesentlich mehr Platz.

Umweltbewusst verhält man sich auch, wenn man Produkte aus der näheren Umgebung kauft. Wenn zum Beispiel Obst viele Hundert Kilometer transportiert wird, wird die Luft verschmutzt und außerdem viel Energie benötigt. Produkte aus der Region sind natürlich nicht das ganze Jahr über zu haben. Erdbeeren sind in Deutschland zum Beispiel erst im Juni und Juli reif. Ein kluger Verbraucher kauft sie erst zu diesem Zeitpunkt, weil sie dann viel besser schmecken und billiger sind als zu anderen Zeiten.

FAIRTRADE

Bio nach EG-Öko-Verordnung

Muss es immer die Marke sein?

Den folgenden Text hat ein bekannter Fernsehjournalist verfasst. Er hat sich bemüht, so zu schreiben, wie wir manchmal reden.

Ein T-Shirt ist ja an sich ein sehr preiswerter Artikel. Ein Baumwollhemd, bedruckt oder nicht, mit kurzen Ärmeln, ist schnell gemacht. […] Und wenn dann ein Hersteller sagt, ich lass die Shirts nicht in Deutschland nähen, sondern im viel, viel billigeren China oder in anderen Ländern Asiens, dann kriegst du die Shirts oft fast „nachgeschmissen" in Billigläden wie Aldi, Lidl oder Takko. So, was macht nun die Textilindustrie, damit sie mit dem Billigartikel T-Shirt doch noch richtig Kohle macht? Die Preise erhöhen lohnt sich nicht. Bei der großen Konkurrenz von Aldi bis H&M kriegt man seine teureren Hemden nicht mehr los. Darum haben große Firmen mit bekannten Namen Folgendes beschlossen: Wir nehmen die T-Shirts und nähen oder kleben unseren Markennamen oder unser Markenzeichen als Wiedererkennungsmerkmal („Logo") auf die Brust – von Nike über Adidas, Puma bis Lacoste (Krokodil als Logo) oder wie sie alle heißen. Dann sagen wir dem jungen Verbraucher und hämmern ihm das durch Werbung, von Zeitungsanzeigen bis zu Fernsehwerbung, ein: Nur wenn du unser Hemd mit diesem Markennamen kaufst, dann hast du ein Original, dann bist du was Besseres, dann unterscheidest du dich von den anderen, die diese billigen Hemden von Aldi etc. ohne Namen tragen. Dann kannst du stolz sein, weil du ein Nike-Shirt (oder eins mit anderen Namen) trägst. Und das muss es dir auch wert sein, etwas mehr dafür im Geschäft zu zahlen. Die Markenfirmen haben mit ihrer Werbung so lange keine Ruhe gegeben, bis sich bei vielen, gerade Jugendlichen, diese Botschaft tatsächlich im Kopf festgesetzt hat. […] Die Leute von Nike bis Lacoste lachen sich ins Fäustchen: Sie kaufen das gleiche Hemd zur gleichen Qualität und zum gleichen Preis wie Aldi und Co. in China oder sonst wo (also billig) und verkaufen es zu viel höheren Preisen als die sogenannten Discounter.

(Nach: Frank Lehmann, Warum kosten Marken-Shirts mehr als No-Name-Artikel?, in: Sigrid Born, Nicole Würth (Hg.), Geld spielt (k)eine Rolle, Fischer Verlag, Frankfurt 2007, S. 151 ff.)

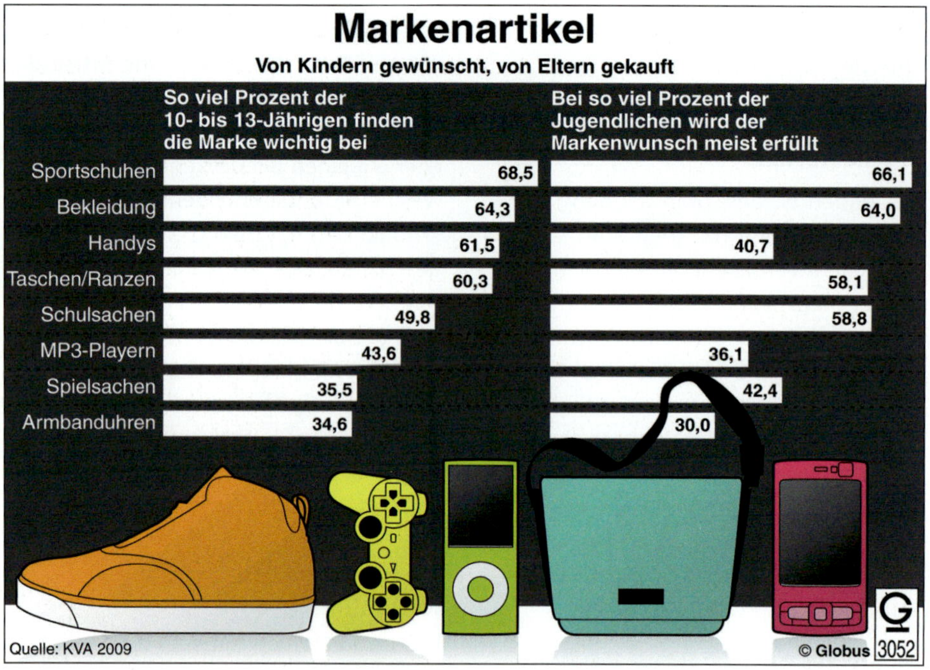

1. Erklärt, wodurch sich Marken-Shirts von No-Name-Produkten unterscheiden.
2. Viele Eltern klagen darüber, dass ihre Kinder nur noch Markenartikel kaufen wollen. Betrachtet das Schaubild und überprüft, ob diese Aussage im Text stimmt.
3. „Ich trage nur Markenjeans, weil das alle machen." Was meinst du?

Wie wählerisch dürfen Verbraucher sein?

Stellt euch vor, ihr sitzt vor einem reichlich gefüllten Teller mit leckerem Hähnchen … und pickt euch sorgsam nur die Teile heraus, die euch besonders gut schmecken. Und was passiert mit dem Rest des Hähnchens? Das erfahrt ihr aus dem folgenden Text.

Der Hühnerzüchter Francis Mvomba aus einem Dorf rund fünfzig Kilometer von Douala entfernt, ist verzweifelt. Er steht seit Stunden auf dem Markt der größten Stadt Kameruns mit seinen Helfern inmitten der rund um ihn aufgebauten Käfige mit seinem gackernden, kreischenden Federvieh. Er wird sein Geflügel einfach nicht los. Dabei ist er seit Tagen Stück für Stück mit dem Preis bereits nach unten gegangen und macht jetzt schweren Verlust. […]

„Wir müssen aufgeben!", klagt Mvomba resigniert und fängt an, seine Käfige auf den klapprigen Lieferwagen zu laden. Wieder hat er an diesem Tag nichts verdient. Wie soll er seine Familie ernähren, die Kredite zurückzahlen?

„Die machen uns kaputt!", klagt Mvomba und mit ihm viele Hühnerzüchter aus Kamerun. Mit „die" meint er europäische Unternehmen, die Hähnchenteile und Hühnerschenkel nach Afrika ausführen. Auf Kameruns Märkten tauchen sie seit einiger Zeit auf für weniger als einen Euro das Kilo.

Markt in Kamerun

Diese Firmen führen billige Hühnerteile in arme Länder aus, das „wertvolle" weiße Fleisch, vor allem Filets vom Huhn, wandert in die Kühlregale der Supermärkte in den reichen Industrieländern.

Hühnerköpfe, Schenkel und Innereien und anderes, bei den reicheren Konsumenten nicht gewünschtes „Restfleisch" geht tiefgefroren nach Afrika. Für die traditionellen kleineren Betriebe in Kamerun eine Katastrophe.

(Nach: Gerd Schneider, Globalisierung, Arena Verlag, Würzburg 2008, S. 79 ff.)

Es ist mein gutes Recht, zu essen, was mir schmeckt. Die Menschen in Afrika können doch froh sein, dass sie so billig Hähnchenteile bekommen. Sonst könnten sie sich vielleicht gar kein Fleisch leisten. Die Bauern in Kamerun müssen dann eben andere Lebensmittel produzieren, die sie gut verkaufen können.

Ich finde es nicht in Ordnung, dass Hähnchenteile, die wir nicht mögen, nach Afrika ausgeführt werden. Wenn deswegen Hühnerzüchter in Kamerun ihre Familien nicht mehr ernähren können, müssen wir weniger Hähnchen in Europa essen und dafür alle Teile, nicht nur Hähnchenfilets.

1. Erklärt, welche Folgen die Essgewohnheiten in reichen Ländern für Francis Mvomba haben.
2. Betrachtet den Text in den Sprechblasen: Welcher Ansicht stimmt ihr eher zu? Redet darüber in der Klasse.

Einkaufsfalle Supermarkt: Wir formulieren kluge Tipps

Wahrscheinlich ist es euch auch schon einmal so gegangen: Eure Mutter hat euch zum Einkaufen in den Supermarkt geschickt – vielleicht, um Milch zu holen. Und ihr habt euch von dem verlockenden Angebot an Süßigkeiten verführen lassen und Schokolade gekauft, obwohl ihr das eigentlich nicht vorhattet.
So wie euch ergeht es jeden Tag sehr vielen Menschen. Jedes zweite Produkt, das im Einkaufswagen landet, wird ungeplant gekauft. Kein Wunder, denn die Unternehmen gestalten mit vielen Tricks die Supermärkte so, dass sich Kunden dazu verleiten lassen, mehr zu kaufen, als sie brauchen. Denn sie wollen natürlich möglichst viel Geld verdienen. Das ist ihr gutes Recht.

Hier könnt ihr zeigen, dass ihr schlau wie Füchse seid und euch im Supermarkt nicht austricksen lasst.

So könnt ihr vorgehen:

1. Formuliere allein zu jeder Supermarktfalle einen Einkaufstipp.
2. Stellt euch gegenseitig eure Ergebnisse vor und einigt euch in der Gruppe auf einen Tipp, den ihr auf einem Plakat darstellt. Wie ihr dabei vorgehen könnt, erfahrt ihr auf der Methodenkarte, S. 124.
3. Präsentiert eure Plakate in der Klasse. Welche gefallen euch besonders gut? Begründet eure Entscheidung.
4. Die Plakate könnt ihr in der Schule aufhängen, damit alle Schülerinnen und Schüler eure Arbeitsergebnisse kennenlernen und nutzen können.

1. Supermarktfalle: Einkaufswagen

Die Einkaufswagen in Supermärkten sind nicht zufällig viel zu groß für die meisten Kunden. Ein einzelner Salat wirkt darin ganz verloren. Die Kunden sollen dazu verführt werden, noch einige Dinge hineinzulegen, damit es nicht so leer im Wagen aussieht.

Unsere Tipps als Einkaufsfüchse:

...

2. Supermarktfalle: Weite Wege für Alltagsdinge

Forscher haben herausgefunden, dass die meisten Menschen mehr einkaufen, wenn es im Supermarkt linksherum geht. Warum das so ist, weiß noch niemand. Aber deswegen läuft man in fast allen Supermärkten linksherum. Die Waren sind so angeordnet, dass die Dinge, die man fast immer braucht, zum Beispiel Milch, in der hinteren Ecke des Supermarktes zu finden sind. Auf dem Weg dorthin sieht man viele andere Waren und lässt sich gerne verleiten, mehr zu kaufen als man braucht.

Unsere Tipps als Einkaufsfüchse:

...

3. Supermarktfalle: Teure Waren stehen immer in Augenhöhe

Die Regale sind in den Märkten immer gleich aufgebaut: Die teuren Produkte findet man in Augenhöhe von Erwachsenen oder kurz darüber. Der Trick dabei: Wer im Vorbeilaufen nach einer Ware greift, erwischt immer die teure. Ganz unten in den Regalen findet man die billigen Produkte. Sie sind von der Qualität her meist nicht schlechter, doch die Supermärkte verdienen nicht so viel daran.

Unsere Tipps als Einkaufsfüchse:

...

4. Supermarktfalle: Angebliche Sonderangebote

Früher oder später trifft jeder Kunde auf kunstvoll aufgehäufte Berge von Limonadenflaschen, Schokotafeln oder Konserven. Sie werden abseits der Regale präsentiert. Wenn dann noch die Preisschilder gelb oder rot sind, denken die meisten Kunden automatisch, dass es sich hier um Sonderangebote handelt. Das ist jedoch nicht immer der Fall, oft sind die Produkte sogar eher teurer. Die Hersteller bezahlen häufig viel Geld dafür, dass ihre Produkte außerhalb der normalen Regale aufgestellt werden.

Unsere Tipps als Einkaufsfüchse:

...

5. Supermarktfalle: Verlockende Gerüche

In manchen Supermärkten duftet es zum Beispiel in der Backwarenabteilung verführerisch nach frischem Brot, auch wenn gerade gar nicht gebacken wird. Wer kann da widerstehen, besonders wenn man gerade hungrig ist? Und schon landen die Brötchen im Einkaufswagen. Die Supermarktbetreiber haben nämlich herausgefunden, dass Düfte Menschen zum Kaufen verleiten und setzen deswegen auch künstlich hergestellte Gerüche ein.

Unsere Tipps als Einkaufsfüchse:

...

6. Supermarktfalle: Süßigkeiten im Kassenbereich

Meist muss man einige Zeit warten, bis man mit dem Bezahlen dran ist. Gerade kleinere Kinder fangen dann häufig an zu quengeln. Die Supermarktchefs haben sich dafür einen besonders wirkungsvollen Trick ausgedacht: Direkt an der Kasse gibt es besonders viele Schokoriegel, Kaugummis, Getränkedosen oder Eis zu kaufen. Viele Eltern sind genervt und geben den Wünschen der Kinder nach – dabei sind die Riegel oft viel teurer als die Süßigkeiten in den Regalen.

Unsere Tipps als Einkaufsfüchse:

...

Methodenkarte 8

S M U H

Ein Plakat entwerfen

Thema: Einkaufstipps

A Was ist ein Plakat?

Plakate sind große bedruckte Papierbögen, die an öffentlichen Plätzen zu sehen sind. Sie begegnen uns überall in unserem Alltag auf Schritt und Tritt. Sie wollen in Sekundenschnelle die Aufmerksamkeit des Betrachters gewinnen und ihn dazu bringen, über etwas nachzudenken, etwas zu kaufen oder sich anders zu verhalten. Damit sie das erreichen, dürfen sie nur wenig Text enthalten. Ein Plakat besteht in der Regel nur aus

- einem guten Spruch,
- einem interessanten Bild,
- einer ansprechenden Gesamtgestaltung.

Das auf dieser Seite abgebildete Plakat enthält einen Einkaufstipp für die Kunden in einem Supermarkt. Es warnt davor, auf den Trick mit den zu großen Einkaufswagen hereinzufallen. Mit weiteren Tipps zum klugen Einkaufen könnt ihr selbst ein Plakat gestalten. Wählt als Grundlage dazu eines der Beispiele aus, das ihr auf den zurückliegenden Seiten kennengelernt habt, und versucht, ein Plakat zu gestalten, das sofort die Aufmerksamkeit der Betrachter gewinnt.

B Wie macht man das?

- Überlegt, welche Textaussage euer Plakat enthalten soll. Sie sollte kurz und einprägsam sein. Wählt dazu ein passendes Bildmotiv aus. Das kann eine von euch selbst angefertigte Zeichnung sein.
- Kombiniert euren Text und euer Bild so, dass ein optisch ansprechender Gesamteindruck entsteht.
- Skizziert mehrere Entwürfe. Übertragt dann den besten Entwurf auf ein großes Blatt Papier.

C Worauf man noch achten sollte

- Eure Schrift muss auch noch aus einigen Metern Entfernung gut lesbar sein.
- Man kann ein Plakat auch am Computer entwerfen.

Kompetenzstationen

Kinder und Jugendliche als Verbraucher

Station 1 Darf ich einkaufen, was ich will?

S M U H

Der elfjährige Henrik sieht im Schaufenster ein Angebot: CD-Player – superpreiswert 49,90 €. Er plündert sein Sparschwein und sein Sparkonto und überredet Opa, ihm 10 € für eine wichtige Angelegenheit zuzuschießen, kauft und bezahlt das Gerät und bringt es nach Hause. Die Eltern schlagen die Hände über dem Kopf zusammen. Nicht nur, weil sie den Preis für dieses alte Auslaufmodell für viel zu hoch halten. Henriks Versetzung ist gefährdet. Deshalb soll er sich nicht mit dem CD-Player ablenken können, sondern Schularbeiten machen. Henriks Eltern verlangen, dass er das Gerät zurückbringt und sich das Geld wieder auszahlen lässt. Zu Recht?

(Aus: Sigrun von Hasseln, Jugendrechtsberater, Nomos Verlag, 2002, S. 88)

Muss Henrik den CD-Player zurückgeben? Begründet eure Entscheidung.

Station 2 Wie werden Preise gemacht?

S M U H

Wenn das Angebot — steigen

steigt, — Wenn die Nachfrage

die Preise. — sinkt, — steigen

die Preise. — Wenn das Angebot

steigt, — die Preise.

Wenn die Nachfrage — sinken

sinken — die Preise. — sinkt,

Wortpuzzle: Bildet aus den einzelnen Bausteinen vier sinnvolle Sätze. Jedes Puzzle-Stück muss verwendet werden.

Station 3 Wie kauft man klug ein?

S M U H

Die beiden Logos habt ihr in dem Unterkapitel kennengelernt.

- Erklärt, was sie bedeuten und warum sie für kluges Einkaufen stehen.
- Beschreibt ein weiteres wichtiges Kriterium für kluges Einkaufen.

7 Umweltschutz als Zukunftsaufgabe

Wir üben umweltfreundliches Verhalten

1. Allein nachdenken

Wir müssen unsere Umwelt schützen, weil …
Suche nach möglichst vielen klugen Fortsetzungen für diesen Satz.

2. Zu zweit beraten

Tauscht euch aus und einigt euch auf mindestens drei Gründe, warum die Umwelt geschützt werden muss.

3. In der Klasse sammeln

Stellt eure Gründe der Klasse vor und sprecht darüber, was jeder Einzelne tun kann, um die Umwelt zu schützen.

Im Verlauf des Kapitels könnt ihr …

- die größte Herausforderung für den Umweltschutz beschreiben,
- begründen, warum man die Umwelt schützen muss,
- am Beispiel von Müll und Energie Maßnahmen zum Umweltschutz darstellen,
- euer eigenes Umweltverhalten beurteilen und beschreiben, wie man sich im Alltag umweltschonend verhält.
- Außerdem könnt ihr eine Umfrage unter euren Mitschülerinnen und Mitschülern durchführen.

Detektivaufgabe für das ganze Kapitel:

Was geschah mit den Silbermöwen?

1 Warum ist Umweltschutz überlebenswichtig?

Wir sammeln Informationen aus Schaubildern und Texten

Auf den nächsten Seiten findet ihr Informationen über Umweltbedrohungen und über Umweltschutz. Damit ihr die Texte besser versteht, lernt ihr in diesem Kapitel eine Methode kennen, mit der ihr schwierige Texte erfolgreich lesen könnt.

A Eine interessante Geschichte: Kora und die Korallen

Das ist Kora. Kora ist ein Polyp. Kora und ihre vielen Geschwister bilden gemeinsam eine Koralle. Die Koralle ist sozusagen ihr Haus, in dem sie wohnen. Mehrere dieser Korallenfamilien bilden dann ein Korallenriff. Kora lebt im Meer direkt vor der Küste von Samoa. Kora hat viele Freunde, mit denen sie den ganzen Tag verbringt.

Dazu gehören Krebse, Schnecken, Würmer und natürlich Fische. Koras bester Freund heißt Bodo. Bodo ist ein Büschelbarsch. Büschelbarsche werden oft auch Korallenwächter genannt, weil sie sich so gerne in der Nähe von Korallen aufhalten.
Bodo ist ein sehr alter Fisch und kann viele spannende Geschichten erzählen. Kora liebt es, ihm zuzuhören. Und sie hat eine Menge Fragen, denn sie ist sehr neugierig. Doch Bodo weiß immer eine Antwort. In letzter Zeit beschäftigt Kora etwas Besonderes und sie nimmt sich vor, Bodo heute danach zu fragen, wenn er bei ihr vorbeischaut. Ihr ist nämlich aufgefallen, dass es um sie herum immer mehr graue farblose Korallen gibt.
Das beunruhigt Kora sehr, denn sie liebt alles, was bunt ist und ist sehr stolz auf die leuchtenden Farben ihrer Koralle. Sie zerbricht sich den Kopf darüber, woran es bloß liegen könnte, dass die Korallen grau werden. Wahrscheinlich sind die grauen Korallen schon uralt und haben deshalb ihre Farbe verloren, überlegt sie. Endlich taucht Bodo auf und Kora teilt ihm sogleich ihre Vermutung mit, und fragt besorgt, ob ihre Koralle wohl auch bald ihre Farbe verlieren wird. Doch Bodo schüttelt traurig den Kopf. Und Kora erfährt, dass die farblosen Korallen krank geworden und gestorben sind und deshalb ihre leuchtenden Farben verloren haben.
„Doch was hat sie denn bloß krank gemacht?“, fragt Kora traurig. Und Bodo berichtet davon, wie empfindlich Korallen sind. „Sie vertragen nur wenig von der UV-Strahlung der Sonne. Das ist die Strahlung, von der die Menschen einen Sonnenbrand bekommen. Und viel Wärme vertragen sie auch nicht. Doch das Wasser in den Meeren wird immer wärmer: Das liegt an der globalen Erwärmung.
Von dieser globalen Erwärmung hat Kora noch nie gehört, also erklärt Bodo es ihr. „Die Menschen verbrauchen sehr viel Energie, z. B. für den Strom, den sie für das Licht oder zum Kochen benutzen. Durch den Energie-

verbrauch der Menschen wird das Gas CO_2 produziert.
Das CO_2 sorgt dafür, dass ein Teil der Sonnenstrahlung, die die Erde erwärmt, nicht wieder zurück in den Weltraum geht. Das hat dazu geführt, dass es auf der Erde immer wärmer wird. [...]

(Aus: Nadja Tietjen: Kora und die Korallen, in: Acht Grad Ost, Klimahaus Bremerhaven Nr. 1, 2010, S. 22f.)

1. Wie erklärt Bodo in dieser erfundenen Geschichte seiner Freundin Kora das Absterben der Korallen? Nenne zwei Ursachen.
2. Im Text taucht der Begriff „globale Erwärmung“ auf. Sammelt in der Klasse, was ihr bereits darüber wisst.

B Die Hintergrundinformationen

Alles, was um euch herum ist, was ihr seht, hört, riecht oder schmeckt – das alles gehört zu eurer Umwelt. Dazu zählen auch eure Familien und Freunde, Häuser, Autos und Straßen. Wenn wir aber heute von Umwelt sprechen, denken wir zuerst an Pflanzen und Tiere, an Erde, Wasser und Luft. Das alles ist die natürliche Umwelt, die wir – manchmal auch vor uns selbst – schützen müssen, damit auch in einigen Jahren noch Menschen auf der Erde leben können. [...] Die meisten Dinge in der Natur hängen miteinander zusammen. Man spricht deshalb auch vom „Kreislauf der Natur“. Wenn zum Beispiel das Gift, mit dem ein Bauer Schädlinge bekämpft, auf die Felder kommt, werden vielleicht Hasen davon krank. Wenn dieser kranke Hase dann von einem Jäger geschossen und später gegessen wird, können auch Menschen davon krank werden. Wenn das Gift im Erdreich versickert und ins Wasser kommt, können Fische und Tiere, die das Wasser trinken, Krankheiten bekommen. Und auch wenn in der Stadt zu viele Abgase aus Schornsteinen und Autos in die Luft gepustet werden, kann das viel Unheil anrichten: Die Menschen bekommen Atemprobleme, die Bäume sterben, wenn sie zu stark mit den Schadstoffen belastet werden.

(Aus: Gerd Schneider, Christiane Toyka-Seid: Lexikon Umwelt, Umweltschutz, www.hanisauland.de, Zugriff vom 19.01.2011)

Australien gilt im Allgemeinen als ein Kontinent, in dem große Trockenheit herrscht. Infolge extremer Regenfälle versank im Jahr 2011 ein Gebiet, so groß wie Deutschland und Frankreich zusammen, in den Fluten. Ursache: Die meisten Wissenschaftler sind der Überzeugung, dass die globale Erwärmung in einigen Regionen der Welt zu stärkeren Regenfällen und gefährlicheren Stürmen führen wird.

Die Mongolei war immer ein Grasland. Die Menschen dort lebten von der Viehzucht. Das geht nun immer weniger, denn in vielen Teilen der Welt bedrohen Dürreperioden die Lebensgrundlagen der Menschen. Dagegen protestieren Politiker in der Mongolei. Ursache: Auch hier kommen viele Wissenschaftler zu der Überzeugung, dass die globale Erwärmung schuld ist und in manchen Teilen der Erde zum Rückgang der Niederschläge und zu Dürren führen wird.

3. Erkläre den Begriff „Kreislauf der Natur“.

4. Auf welche Probleme wird in den Fotos hingewiesen?

5. Wann ist Umweltschutz überlebenswichtig? Sprecht darüber in der Klasse.

6. Erläutere, warum der Naturkreislauf der Korallen gestört ist?

Umweltschutz

1. Was versteht man unter „Nachhaltigkeit“. Erläutere den Begriff an einem Beispiel.
2. Welche Aufgabe hat der Einzelne, welche Aufgabe hat die Politik, um Nachhaltigkeit zu fördern?
3. Was würde es für eure Zukunft bedeuten, wenn die Menschen nicht lernen, nachhaltig zu handeln?

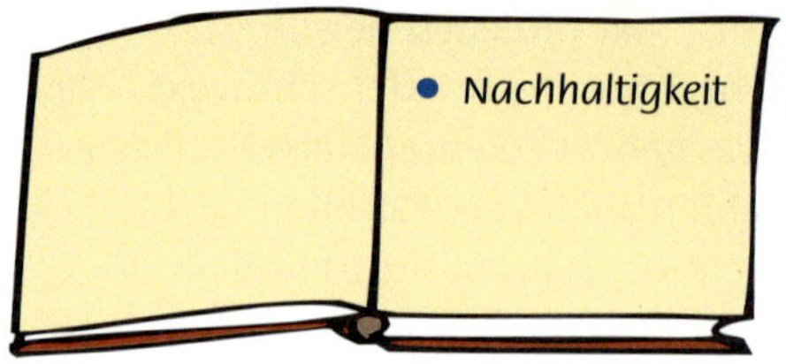

Warum sind nachhaltige Entwicklung und Umweltschutz überlebenswichtig?

Reine Luft, die wir zum Atmen brauchen. Sauberes Wasser, das wir trinken können, ohne krank zu werden. Fruchtbare Böden, auf denen unser Essen wächst: Das sind die natürlichen Lebensgrundlagen der Menschen. Ohne sie könnte der Mensch auf der Erde nicht überleben. Deshalb ist es wichtig, die Umwelt nachhaltig zu schützen. Das bedeutet:

1. Eine Generation darf nicht alle Rohstoffe wie Öl, Kohle oder Holz verbrauchen, sodass für die nachfolgende Generation nichts mehr übrig bleibt.
2. Eine Generation darf der nächsten Generation keine kaputte Umwelt vererben.

Stellt euch vor, ihr esst jeden Tag in der ersten Pause alles auf, was ihr in die Schule mitgebracht habt. Dann knurrt euch in der sechsten Stunde der Magen. Aber das mitgebrachte Essen ist leider bereits verbraucht.
So ungefähr gingen die Menschen mit der Umwelt um: Sie nahmen sich, was sie brauchten, und dachten weder an die Folgen ihrer Handlungen noch an die Zukunft. Sie handelten ohne Nachhaltigkeit.

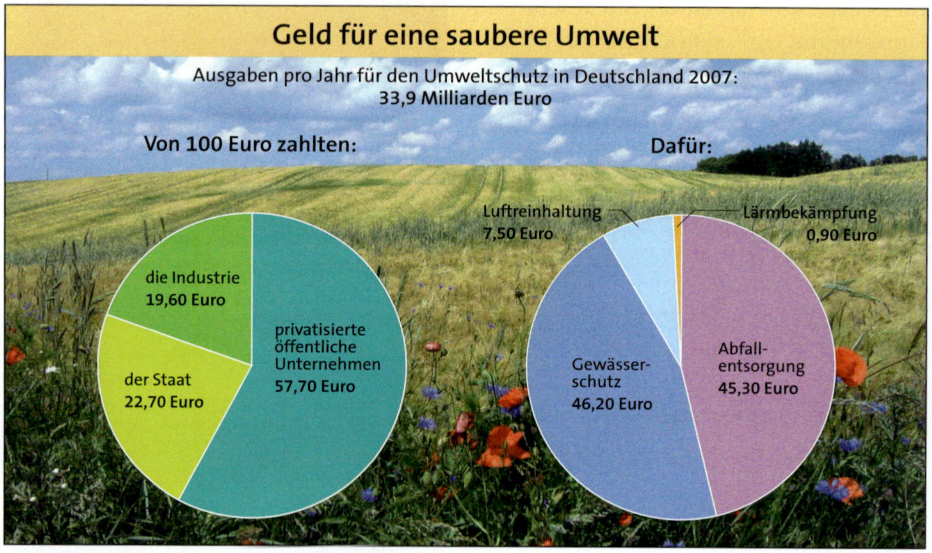

Quelle: Statistisches Bundesamt 2010

Der Begriff „Nachhaltigkeit“ stammt aus der Forstwirtschaft und bedeutet in diesem Zusammenhang, dass nicht mehr Bäume gefällt werden dürfen, als nachwachsen können. Heute versteht man unter dem Begriff Folgendes: Alle Bereiche der Umwelt müssen geschützt werden, damit auch zukünftige Generationen ein Leben im Einklang mit der Natur führen können. Nachhaltigkeit soll euer eigenes Leben schützen und auch das Leben eurer Kinder.

Warum ist Umweltschutz schwierig?

Leider ist der Schutz unserer Umwelt im Alltag nicht immer so einfach. Denn wir produzieren durch die Art, wie wir leben, eine Menge Müll, gefährliche Klimagase und Abwässer. Das alles ist mehr, als die Erde aushält.
Deshalb brauchen wir zum einen kluge Gesetze und Vereinbarungen zum Schutz der Atmosphäre, der Böden, des Trinkwassers, der Meere und der Natur. Deshalb brauchen wir zum anderen umweltbewusste Verhaltensweisen für unseren Alltag.
Um die Gesetze kümmert sich die Politik, um ein umweltfreundliches Verhalten muss sich jeder selbst kümmern.

Detektivmethode: Schwierige Texte lesen

Thema: Treibhauseffekt und Klimawandel

A Was ist das?

So wie den beiden in der Zeichnung ist es euch wahrscheinlich auch schon ergangen. In der Schule, im Deutschunterricht und in den Sachfächern, habt ihr es oft mit schwierigen Texten zu tun. „Schwierige Texte zu lesen, macht keinen Spaß“, behaupten Schülerinnen und Schüler oft, weil sie mit dem Ergebnis ihrer Arbeit nicht zufrieden sind. Dabei kann das Lesen eines schwierigen Textes eine spannende Angelegenheit sein. Man geht wie ein Detektiv vor, der einen Fall zu lösen hat. Der Text ist der Fall, der gelöst werden muss.

In dieser Einheit könnt ihr den Umgang mit der Lesemethode auf den folgenden Seiten üben:

Text A: Die Ursache – der Treibhauseffekt (S. 132),

Text B: Die Folge – der Klimawandel (S. 133),

Text C: Was passiert eigentlich mit unserem Müll? (S. 138),

Text D: Wie kann Energie umweltfreundlich bereitgestellt werden? (S. 143).

B Wie macht man das?

1. Der Detektiv klärt das Thema.

- Wandere mit deinen Augen über den Text. Achte dabei auf Zwischenüberschriften und Begriffe, die dir direkt ins Auge springen. Unterstreiche sie.
- Formuliere folgenden Satz zu Ende: „Der Text handelt von …“

Jetzt kennst du das Thema.

2. Der Detektiv macht sich den Text interessant.

- Überlege, was du über das Thema wissen willst, und stelle mindestens zwei Fragen, die dich interessieren.
- Lies den Text nun aufmerksam durch.
- Überlege, ob der Text deine Fragen beantwortet.

3. Der Detektiv verschafft sich einen Überblick.

- Die meisten Texte sind in Abschnitte untergliedert. Was in einem Abschnitt steht, gehört zusammen. Zähle, wie viele Abschnitte der Text hat, und nummeriere sie.
- Lies die Abschnitte des Textes der Reihe nach. Unterstreiche dabei in jedem Abschnitt höchstens fünf Schlüsselwörter. Das sind meist Nomen, die für die Bedeutung des Textes besonders wichtig sind.

4. Der Detektiv erkennt die Besonderheiten des Textes.

- Lies dazu den Text erneut Abschnitt für Abschnitt und unterstreiche, was über die Schlüsselwörter ausgesagt wird. Notiere Wichtiges in kurzen Sätzen.

5. Der Detektiv ist dem Unbekannten auf der Spur.

- Schlage im Lexikon die Bedeutung unbekannter Wörter nach oder frage jemanden um Rat.

Tipp: Erstelle Quizkarten zum Lernen wichtiger Informationen und Begriffe.

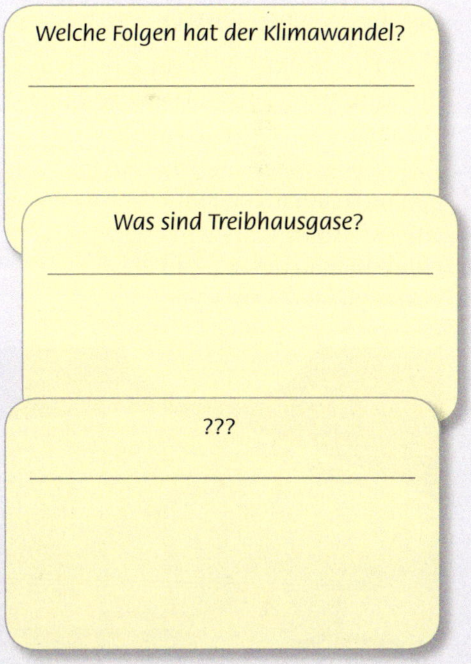

Treibhauseffekt und Klimawandel – die Hauptkrankheiten unserer Erde

Die beiden Texte auf dieser Doppelseite liefern euch wichtige Informationen zu diesem bedeutenden Thema. Für die Bearbeitung könnt ihr die Detektivmethode anwenden. Teilt dazu die Texte A und B in der Klasse auf.

Text A Die Ursache – der Treibhauseffekt

Klimawandel

Wenn du in deinem Zimmer das Fenster schließt und gleichzeitig die Heizung aufdrehst, dann wird es immer wärmer. Man kann sagen: Das Klima ändert sich in deinem Zimmer. Etwas Ähnliches passiert zurzeit auf der Erde. Auch sie wird immer wärmer. Diesen Vorgang nennen Wissenschaftler Klimawandel. Ursache hierfür ist der Treibhauseffekt.

Der gute Treibhauseffekt

Wenn du in ein Treibhaus gehst, wirst du feststellen, dass es dort auch ohne Heizung wärmer ist als draußen. Deshalb wachsen die Pflanzen in einem Treibhaus so gut.
Unsere Atmosphäre wirkt wie die Glasscheiben eines Treibhauses in einer Gärtnerei: Sie ist eine schützende Lufthülle um unseren Planeten und besteht aus verschiedenen Gasen, hauptsächlich aus Sauerstoff und Stickstoff. Aber auch andere Gase wie Methan und Kohlendioxid sind in geringen Mengen in ihr enthalten. Bei Tag dringt das Sonnenlicht wie durch eine Glasscheibe fast ungehindert durch die Atmosphäre und erwärmt die Erde. Nachts entweicht ein Teil der gespeicherten Sonnenwärme ins Weltall und es wird kühler. Ein anderer Teil der Wärme wird jedoch in der Atmosphäre gespeichert. Das ist der gute oder natürliche Treibhauseffekt. Er sorgt für eine Durchschnittstemperatur von +15 Grad Celsius auf der Erde. Ohne ihn, das haben Wissenschaftler errechnet, würden eisige Temperaturen von durchschnittlich –18 Grad Celsius auf der Erde herrschen. Deshalb ist der natürliche Treibhauseffekt für uns überlebenswichtig.

Der schlechte Treibhauseffekt

Wenn es in einem Treibhaus zu warm wird, wachsen die Pflanzen nicht mehr gut. Sie verwelken und vertrocknen Auch auf der Erde wird es zurzeit immer wärmer. Schuld daran ist die Art und Weise, wie wir leben. Menschen verbrauchen Energie, um zu heizen, um mit dem Auto von A nach B zu fahren, um all die Produkte des täglichen Lebens herzustellen. Diese Energie wird größtenteils gewonnen, indem man fossile Energieträger, also Kohle, Erdöl und Gas verbrennt oder verarbeitet. Dabei entstehen Tag für Tag Millionen Tonnen Kohlendioxid. Hinzu kommt Methan, das in der Landwirtschaft entsteht. Die beiden Gase verändern die Zusammensetzung unserer Atmosphäre. Das hat weitreichende Folgen: Je mehr Methan und Kohlendioxid in die Atmosphäre gelangen, desto weniger Wärme kann die Erde nachts ins Weltall abgeben. Der natürliche Treibhauseffekt gerät aus dem Gleichgewicht, es wird immer wärmer und das Leben auf der Erde wird immer schwieriger. Das ist der schlechte, menschengemachte Treibhauseffekt.

Den Treibhauseffekt kann man sich wie eine große Wolke vorstellen. Sie wirkt wie die Scheiben eines Glashauses. Diese Wolke besteht hauptsächlich aus den gefährlichen Treibhausgasen Kohlendioxid (CO_2) und Methan (CH_4).

1. Lies deinen Text und bearbeite ihn mit der Detektivmethode.
2. Vergleicht eure Leseergebnisse untereinander. Stellt sie anschließend in der Klasse vor.
3. Einigt euch gemeinsam auf die Informationen, die ihr euch unbedingt merken wollt.

Text B Die Folge – der Klimawandel

Ganz klar: Die Erde hat Fieber. In den vergangenen hundert Jahren ist die durchschnittliche Temperatur auf der Welt um 0,7° Celsius angestiegen. Das klingt nicht besonders dramatisch, aber es hat Folgen, die man bereits sehen kann. Und dazu muss man keine Wissenschaftlerin und kein Wissenschaftler sein!

In der Arktis schmelzen die Eismassen. Dadurch wird der Lebensraum vieler Tiere eingeschränkt und ihr Überleben ist bedroht.

Pole schmelzen

In den letzten 30 Jahren ist die Eisfläche der Arktis schon um fast eine Million Quadratkilometer kleiner geworden – das entspricht etwa der Fläche von Frankreich und Spanien. Ab 2040, so hat ein amerikanisches Forscherteam errechnet, wird man mit dem Schiff zum Nordpol fahren können, wenn alles so weitergeht wie bisher. Dort, wo bisher eine dicke Eisdecke liegt, könnte dann offenes Meer sein. […]
Wenn die Eisberge an den Polen schmelzen, fließt das Tauwasser ins Meer. Dadurch steigt der Wasserspiegel. Sehr flache Inseln wie die Malediven im Indischen Ozean oder die Nordsee-Insel Sylt könnten dann komplett versinken. Länder wie Bangladesch oder die Niederlande würden zu weiten Teilen überschwemmt. Schon im vergangenen Jahrhundert ist der Meeresspiegel um etwa 17 Zentimeter gestiegen, sagen Wissenschaftler.
Wenn das Polareis ganz schmilzt, hat das auch Folgen für viele Tiere. Der Lebensraum der Eisbären wäre bedroht und damit natürlich auch die Tiere selbst. Fische im Nordmeer müssten sich an wärmeres und weniger salziges Wasser anpassen. Denn der Salzgehalt der Meere würde sinken, weil die Eisberge aus Süßwasser bestehen und beim Schmelzen das Salzwasser verdünnen. […]

Gletscher schmelzen

Gletscher sind Wasserspeicher: Auf ihrer gefrorenen Oberfläche bleibt besonders viel Schnee liegen, der im Frühling und Sommer langsam abtaut und die Flüsse speist. Wo es keine Gletscher mehr gibt, versiegen diese Lebensadern. Wenn die Gletscher noch schneller als bisher schmelzen, kommt es zunächst zu Überschwemmungen. Denn die Wassermassen müssen ablaufen. Die bestehenden Flussbetten reichen dafür nicht aus. Also werden die Flüsse über die Ufer treten.
Auf lange Sicht müssen wir allerdings mit Wasserknappheit rechnen. Denn die Niederschläge des Winters werden nirgends mehr gespeichert. […]

Temperaturen steigen

Immer häufiger sind auch bei uns die Tage sehr heiß, nachts kühlt es nicht mehr wie früher ab. Hitzewellen treten immer wieder auf. Niederschläge werden seltener. Wenn es dann aber regnet, regnet es unmäßig. So kam es schon in den vergangenen Jahren in Europa mehrmals zu Hochwassern. Der Temperaturanstieg macht es immer schwieriger, wie gewohnt Landwirtschaft zu betreiben. Wo bisher genug Regen fiel, entstehen große Gebiete, die nicht mehr genutzt werden können, weil sie zu trocken sind. In Spanien zum Beispiel drohen regelmäßige Dürren. Wenn die Erderwärmung so schnell wie bisher weitergeht, werden weltweit bis zu 200 Millionen Menschen mehr als heute unter Hunger leiden müssen. […]

(Aus: www.hanisauland.de. Spezial „Klimaschutz", verfasst von Kristine Kretschmer und Annette Bäßler, Zugriff vom 19.01.2011)

2 Was können wir selbst für die Umwelt tun?

Wir suchen nach Wegen zur Lösung des Müllproblems an unserer Schule

Auf dem Weg in die Umwelt-AG

Teresa und Dominik warten auf dem Schulhof, bis die Umwelt-AG beginnt.
Es ist ein heißer Nachmittag …

1. „Das kehrt doch der Hausmeister weg, oder?" Was haltet ihr von Teresas Bemerkung?
2. Die beiden sind auf dem Weg zur Umwelt-AG. Stellt euch vor, ihr würdet mit ihnen gehen und ihr dürftet dort Themen vorschlagen, mit denen ihr euch befassen wollt. Schreibt die Themen auf und begründet, warum ihr sie für wichtig haltet. **Tipp:** Partnerarbeit.

Stimmen aus der Umwelt-AG

In der Umwelt-AG von Teresa und Dominik wird heftig diskutiert. Die Schülerinnen und Schüler sind sich uneins über den Schwerpunkt ihrer Arbeit. Eine Gruppe meint, dass der Umgang mit Müll das größte Umweltproblem an der Schule sei. Und weil der meiste Müll von den Schülerinnen und Schülern gemacht werde, sei es auch Aufgabe der Schüler, sich darum zu kümmern …

Teresa: Dieser Meinung bin ich überhaupt nicht. Die Putzfrauen machen den Dreck in den Klassen weg und der Hausmeister draußen. Beide werden schließlich genau dafür bezahlt. Müll ist deren Aufgabe, nicht meine.
Dominik: Ich finde, jeder ist für seinen Dreck selbst verantwortlich. Wer etwas dreckig macht, der soll es auch sauber machen.
Cenan: Ja, dann mach du die Klasse sauber, schön … und wie verdienen dann unsere Putzfrauen ihr Geld? Hast du auch daran gedacht?
Dominik: Nee, aber es geht doch auch darum, dass wir weniger Müll verursachen. Und wenn die Putzfrauen in den Klassen weniger zu tun haben, dann haben sie auch mehr Zeit, um öfter mal gründlich sauber zu machen.
Susanne: Es geht doch hier nicht nur um Putzfrauen und saubere Klassen …
Cenan: Für mich schon!
Susanne: Meinetwegen. Aber ich bin in der AG, weil es um Umweltschutz geht. Zum Beispiel um den Klimawandel.
Teresa: Was hat denn eine Plastikflasche, die in unseren Grünanlagen rumgammelt, mit dem Klimawandel zu tun?
Susanne: Eine ganze Menge, meine ich. Das ganze Plastikzeug wird doch aus Erdöl gemacht und verbraucht in der Herstellung, im Transport und so weiter jede Menge Energie, also jede Menge CO_2 … alles klar? So ist das nämlich.
Dominik: Und wenn sie ausgetrunken ist, geht's weiter. Entweder sie verdreckt unsere Schule oder sie landet im Restmüll.
Susanne: … oder sie landet im gelben Sack: Dann wird eine neue Flasche aus der alten Flasche, ohne Klimaerwärmung!
Cenan: Ich will auf jeden Fall in einer sauberen Schule lernen. So vermüllt, wie unser Schulhof oder auch die Klasse oft ist … igitt, das ist doch nur eklig.

1. Warum sollte die Umwelt-AG sich um das Thema Müll kümmern? Sammle die Gründe.
2. Welche Gründe leuchten euch ein, welche weniger. Sprecht zu zweit darüber.
3. Wie sieht die Situation an eurer Schule aus? Ist der Umgang mit Müll ein wichtiges Thema? Diskutiert darüber in der Klasse.

Wir führen eine Umfrage zum Müllverhalten durch

In der Umwelt-AG war man sich nach der Diskussion schnell einig, dass man sich stärker um das Thema Müll kümmern will. Dazu gehört auch, eine Befragung durchzuführen, um mehr über die Einstellungen der Schülerinnen und Schüler zu erfahren. Um eine Befragung an euer Schule durchzuführen, solltet ihr diesen Fragebogen kopieren. Worauf ihr bei einer Befragung achten müsst, steht auf der Methodenkarte 7, Seite 94.

Junge ☐ Mädchen ☐ Alter: ________

1. Stört dich der Müll an deiner Schule?

☐ ja

☐ gelegentlich

☐ nie

2. Ich trinke in der Pause aus …

☐ Dose

☐ Trinkpäckchen

☐ Einwegflasche

☐ Mehrwegflasche

☐ ________________

3. Was machst du mit dem Abfall vom Pausenfrühstück?

☐ kommt in die gelbe Tonne

☐ nehme ich mit nach Hause

☐ landet im Restmüll

☐ lass ich einfach fallen

4. Würdest du Dosen und Einwegflaschen nicht mehr benutzen, wenn es deine Getränke in Pfandflaschen gäbe?

☐ ja

☐ nur, wenn sie nicht zu teuer sind

☐ nein, ist mir zu umständlich

5. Achtest du bei deiner Pausenversorgung darauf, auf bestimmte Verpackungen zu verzichten?

☐ nein

☐ ja, ich verzichte auf ________________

6. Wie findest du es, eure Schule müllfrei zu machen?

☐ gut

☐ macht zu viel Arbeit

☐ hat keinen Zweck

7. Würdest du in einer Umwelt-AG mitarbeiten?

☐ ja

☐ nein

☐ vielleicht

8. Mit welchen Themen sollte sich eine Umwelt-AG beschäftigen?

☐ Umweltschutz an der Schule

☐ Schulgarten

☐ Tierschutz

☐ Klimaschutz

☐ Waldsterben

☐ ________________

Wie können wir das Müllproblem an unserer Schule lösen?

Innerhalb der Umwelt-AG fordert Dominik, endlich etwas zu verändern. Im Internet hat er sich informiert und ist begeistert von dem, was er den anderen in der nächsten AG-Sitzung vorstellen will.

Beispiel: Die Emilie-Heyermann-Realschule in Bonn

Sie gehört zu den Vorreitern, was den Umgang mit Müll angeht. Es ist ihr durch konsequente Müllvermeidung und Mülltrennung gelungen, den Müllberg um 1,4 Tonnen, das sind 1 400 kg im Jahr, zu verringern. Vielleicht kann sie ja Vorbild sein für eure eigene Schule.

Es helfen in der 7 a

Patricia – *Paul* – *Judith*

Gelbe Tonne

Plastikmüll, wie z. B.:

Dosen/Getränkedosen
Plastikflaschen
Verpackungen
gewachstes Papier
Alufolie
Glanzpapier
Lackfolien
Trinkpäckchen
Styropor
Folien
Plastiktüten

Blaue Tonne

nur Papiere und Pappe, wie z. B.:

beschriebene Blätter
alte Hefte
Pappschnellhefter
nicht verschmutzte
Papiertüten
Zeitungen
Werbeprospekte

Graue Tonne

Restmüll, wie z. B.:

gebrauchte Taschentücher
gebrauchtes Butterbrotpapier
Butterbrotabfälle
Obstreste
sonstige Essensreste
Kaugummi
Stifte
Stoffabfälle

Müllvermeidung, Mülltrennung, Müllanalyse: So lautete das Motto der Emilie-Heyermann-Realschule in Bonn. Verschiedene Ideen dazu wurden bereits in die Tat umgesetzt: Einrichtung von Trennungsmöglichkeiten (Papier, gelber Sack, Restmüll) in jedem Fach- und Klassenraum mit dazugehörigen Hinweisschildern auf das exakte Trennen.
In jeder Klasse wurde ein Ordnungsdienst eingerichtet, der die Entleerung der Mülleimer der eigenen Klasse in die entsprechenden Container auf dem Schulhof übernimmt. So lernen die Schülerinnen und Schüler, Verantwortung für ihren eigenen Abfall zu tragen. Gleichzeitig wird dadurch das Reinigungspersonal entlastet. Unser Reinigungsdienst hat so mehr Zeit, die getrennte Entsorgung des Mülls in den Fachräumen sorgfältig durchzuführen. [...]
Die Schülerinnen und Schüler der neuen Klassen 5 erhielten, genauso wie die Schülerinnen und Schüler der letzten drei Jahrgänge, stabile Mehrwegverpackungen für ihre Getränke und Butterbrote kostenlos, um die Masse der Flaschen, Tetrapaks und Butterbrotpapiere zu vermindern. [...]
Das Angebot des Kiosks wurde auf überflüssige Verpackungen überprüft. Brötchen und Brezeln werden ohne zusätzliche Verpackungen ausgegeben.

(Aus: http://ehs.schulen.bonn.de, Zugriff Januar 2008)

Weniger Müll produzieren ist der beste Umweltschutz. Deshalb sollten wir an unserer Schule so etwas auch machen.

Das, was in dieser Schule gemacht wird, ist mit einem riesigen Aufwand verbunden. Wenn Schülerinnen und Schüler das machen müssen, werden sie das Lernen vernachlässigen.

1. Lest das Programm der Emilie-Heyermann-Realschule durch und überlegt gemeinsam, ob ihr an eurer Schule etwas Ähnliches auf die Beine stellen könnt.
2. Diskutiert in der Klasse über die Vor- und Nachteile, die ein solches Projekt mit sich bringen würde.

Text C Was passiert eigentlich mit unserem Müll?

Hier solltest du nach dem Lesen erklären können, wie wir mit unserem Müll verfahren.
Tipp: Wende die Detektivmethode an.

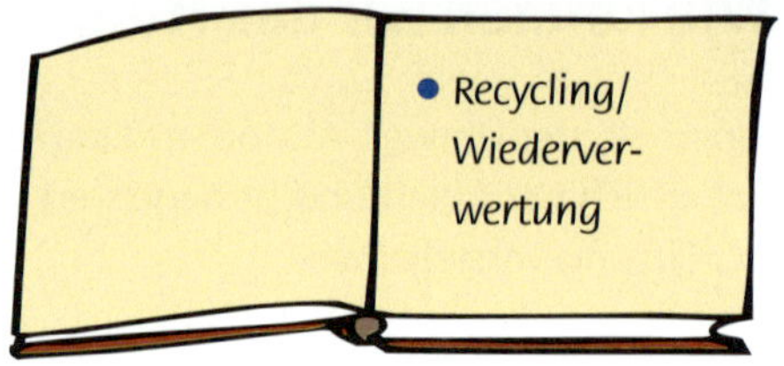

Müllverbrennung

Die Silbermöwen bemerkten es wohl als Erste. Winter für Winter waren die Küstenvögel weit ins Landesinnere bis zu den Mittelgebirgen geflogen, um sich die saftigsten Stücke aus den Müllhalden zu picken. Doch plötzlich war es aus mit ihrem Schlaraffenland. Vor zwei Jahren machten die meisten der etwa 200 Hausmülldeponien in Deutschland zu. Seitdem darf Abfall nicht mehr einfach auf der Halde landen, sondern muss wiederverwertet oder verbrannt werden. Der stets garantierte Nachschub an Fressbarem versiegte für die Möwen – ihr Bestand ist seitdem um 60 Prozent zurückgegangen. Ansonsten tut der Umwelt das Deponieverbot jedoch gut. Der Müll verunreinigt nun nicht mehr Böden und Grundwasser. Idealerweise landet jetzt nur, was sich nicht weiter trennen und verwerten lässt, in den 67 Verbrennungsanlagen. […]

(Aus: Martin Kotynek, Die Berge so nah, in: Süddeutsche Zeitung WISSEN Nr. 18 vom Oktober 2007, S. 80 ff.)

Verrottung

In mechanisch-biologischen Anlagen soll der gefährliche Müll fast genauso wie in einer Müllverbrennungsanlage entschärft werden. Dazu wird der Müll getrennt. Wiederverwertbare Materialien wie Metalle werden als Erstes entfernt. Plastik, Holz und Pappe werden zu Brennstoff für Kraftwerke. Der Rest wandert in spezielle Boxen. Dort gärt und verrottet er. Ein Großteil des im Müll enthaltenen Wassers verdunstet. Nach etwa drei Monaten ist von dem ursprünglichen Müllberg nicht mehr viel übrig geblieben.

Wiederverwertung

Der Grüne Punkt ist das Markenzeichen der *Duales System Deutschland GmbH*. Das ist ein Unternehmen, das seit 1990 dafür sorgt, dass alte Verpackungen, die du wegwirfst, wiederverwertet werden. Mit dem Grünen Punkt werden Verpackungen in Deutschland und anderen europäischen Staaten gekennzeichnet, die in der gelben Tonne/dem gelben Sack, in der Altpapiertonne oder im Altglascontainer gesammelt werden. Von da aus gehen sie dann auf die Reise ins Recycling (Wiederverwertung) und werden neues Papier, neue Joghurtbecher, neue Flaschen und vieles mehr. Natürlich kostet Recycling Geld. Dieses Geld bezahlen die Hersteller der Produkte und dürfen im Gegenzug dazu den Grünen Punkt auf ihre Produkte drucken. Das signalisiert dir: Achtung, Grüner Punkt! Also darf diese Verpackung nicht in den Restmüll, da sie wiederverwertet werden kann!

(Aus: www.najuversum.de © Duales System Deutschland GmbH, Zugriff Januar 2008)

Solche Bilder gehören heute der Vergangenheit an. In Deutschland ist es seit dem Jahr 2005 verboten, den Müll einfach auf Deponien wegzukippen.

Wir sortieren unseren Müll richtig

Es ist gar nicht so schwer, für die Umwelt etwas Gutes zu tun. Man muss lediglich im Alltag etwas aufpassen und richtig handeln. Auf dieser Seite kannst du üben, wie das geht.
Sortiere den Müll aus der großen Tonne in die kleinen Tonnen. Übertrage dazu die kleinen Tonnen in dein Heft und beschrifte sie mit den richtigen Begriffen.
Tipp: Arbeitet alleine und vergleicht dann eure Ergebnisse.

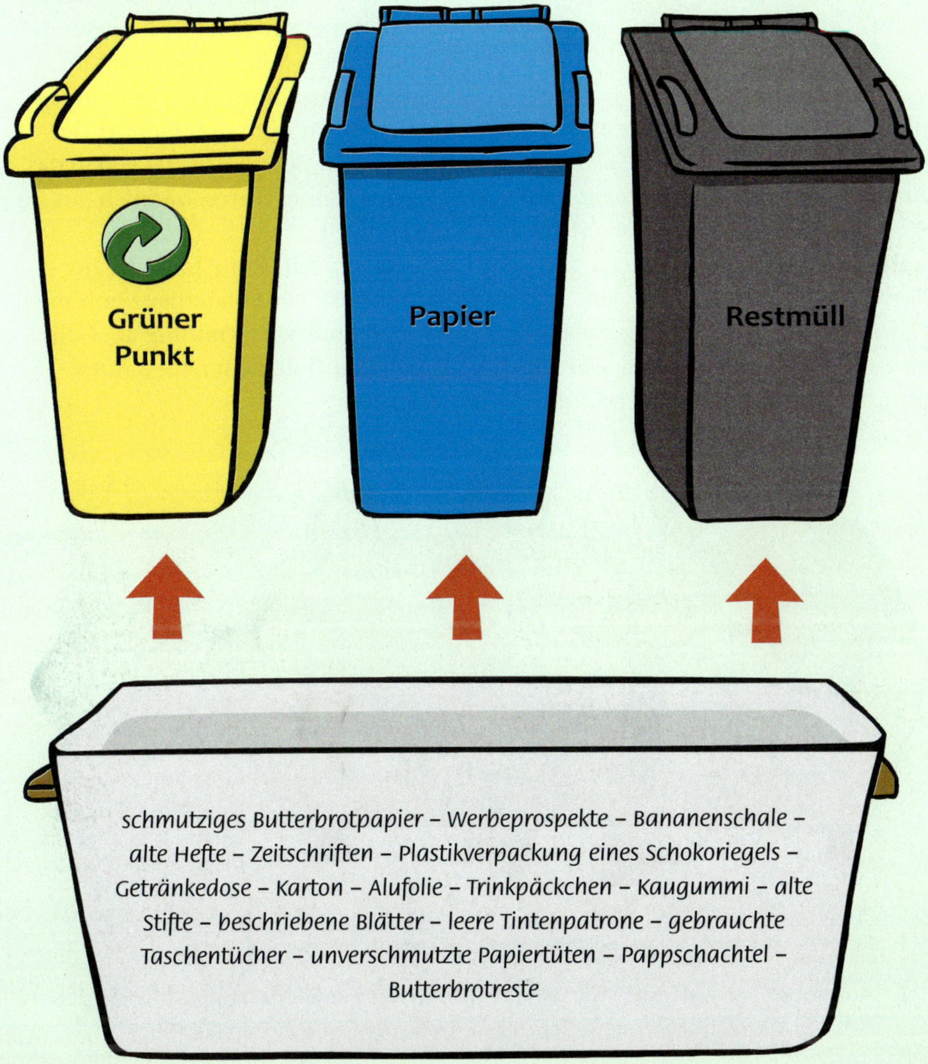

3 Energie und Umwelt

Wir lernen, umweltfreundlich mit Energie umzugehen

Wenn ihr diese Einheit bearbeitet habt, könnt ihr erklären, was man unter Energie versteht und wie man umweltfreundlich damit umgeht.

Auto oder Solaranlage: Wie soll das Geld in der Familie ausgegeben werden?

Carla Schaminski ist Geschäftsführerin der Mega-Motorenwerke. Sie ist stolz auf ihren Erfolg. Heute hat die Firmenleitung zugestimmt, die Fabrik zu modernisieren. Um die Energiekosten zu senken, soll auf den Fabrikdächern eine gigantische Solaranlage errichtet werden. „Klasse!", denkt Carla Schaminski, „das könnten wir zu Hause doch auch machen …"

Carla: Heute haben die Chefs zugestimmt. Die Solaranlage kommt nächstes Jahr. Damit bin ich eine große Sorge los.
Andi: Wieso Sorge, Mama? Die Firma läuft doch gut, oder nicht?
Carla: Doch schon, aber die Energiekosten laufen uns davon. Die Maschinen brauchen eine Unmenge von Strom und der wird immer teurer.
Arno: Ja, aber das ist doch nichts Neues. Oder glaubst du, zu Hause bei uns wäre es anders? Zwei Erwachsene, drei Kinder … jeder duscht mindestens einmal am Tag, Chris, wenn sie Training hat, sogar zweimal. Das kostet von Jahr zu Jahr mehr.
Chris: Aha, ich bin also wieder schuld. Und Andi mit seinem Gewächshaus, in dem den ganzen Tag das Licht brennt …
Andi: Das muss brennen, sonst wachsen die Pflanzen nicht richtig.
Arno: Langsam, langsam, von Schuld war keine Rede. Nur davon, dass wir immer mehr Geld für Strom ausgeben.
Carla: Und deshalb denke ich, sollten wir etwas tun. Warum schaffen wir uns nicht auch eine Solaranlage an für unser Haus?
Arno: Carla, du weißt doch am besten, was das kostet. Wenn das so einfach wäre, hättest du nicht jahrelang in der Firma darum kämpfen müssen.
Carla: Natürlich kostet eine Solaranlage Geld in der Anschaffung. Aber nach etwa 10 Jahren hat sie sich bezahlt gemacht und dann macht man mit dem Strom, den sie produziert, Gewinn.
Arno: Carla, das Geld ist verplant. Das weißt du. Wenn ich wieder arbeiten gehe, brauche ich ein neues Auto.
Andi: Aber ein Auto braucht Benzin und schädigt mit jedem Kilometer die Umwelt. Eine Solaranlage sorgt für warmes Wasser und Strom. Dann brauchen wir nur noch halb so viel Heizöl. Eine Solaranlage ist genau das Gegenteil eines Autos, nämlich gut für die Umwelt.
Chris: Umweltschutz hin oder her – Tatsache ist: Die Solaranlage holt mich nicht abends vom Training ab. Gell Papa, du mit deinem neuen Auto schon?

Familie Schaminski kennt ihr bereits aus dem Familienkapitel.

1. Erkläre, was eine Solaranlage mit Energie zu tun hat?
2. Auto oder Solaranlage? Wie soll das Geld in der Familie Schaminski ausgegeben werden? Sprecht darüber in der Klasse und sucht gemeinsam Lösungen.

Energie

1. Nenne verschiedene Energieformen.
2. „Nicht der Strom, sondern die Stromerzeugung belastet die Umwelt.“ Erkläre, wie diese Aussage zu verstehen ist.
3. Wie wird sich das Klima auf der Erde entwickeln, wenn der Umstieg auf regenerative Energien nicht erfolgt? Mit welchen Folgen müssen Menschen dann rechnen?

Energie

Alle sprechen von Energie. Schokoriegel sollen verbrauchte Energie zurückbringen, ein vitaler Mensch ist ein Energiebündel, Lehrer und Eltern nehmen sich immer wieder vor, energisch einzugreifen. Wissenschaftler beschäftigen sich mit Hochenergiephysik, Politiker diskutieren über Sonnen-, Wind- und Kernenergie.

Aber selbst diesen Fachleuten fällt es schwer, zu sagen, was Energie eigentlich ist.

Man kommt der Wahrheit sehr nahe, wenn man Energie als gespeicherte Arbeit oder die Fähigkeit, Arbeit zu leisten, bezeichnet. Energie ist also nötig, um etwas in Bewegung zu setzen, zu beschleunigen, zu heben, zu erwärmen oder zu beleuchten. Ohne energiereiche Nahrung ist kein Leben möglich, ohne Energiezufuhr fährt kein Auto und die Heizung bleibt kalt. […]

Es gibt verschiedene Energieformen: Ein fahrendes Auto hat Bewegungsenergie; in einem gedehnten Gummiband steckt Spannungsenergie; in Batterien ist elektrische Energie gespeichert; Sonnenstrahlen transportieren Lichtenergie, aus Heizöl gewinnt man Wärmeenergie […].

Energiemessung

Längen kann man in Metern oder Zentimetern messen, Zeiten in Sekunden oder Jahren. Auch für Energiemengen gibt es solche Maßeinheiten. Die bekannteste und am häufigsten benutzte ist die Kilowattstunde (kWh). Zum Beispiel wird der „Stromverbrauch“ jedes Haushalts in Kilowattstunden angegeben.

(Aus: Erich Übelacker, WAS IST WAS, Energie, Tessloff Verlag, Nürnberg 2010, S. 4f.)

Energie als Problem?

Energie kommt nicht aus dem Nichts. Sie muss bereitgestellt werden. Dazu verbrennen wir in Kraftwerken, Heizungen und Autos fossile Rohstoffe, zum Beispiel Kohle, Erdöl oder Erdgas, um Wärme oder Strom zu gewinnen. Strom ist für uns eine ganz wichtige Energieform. Er wird in Kraftwerken erzeugt und gelangt über Leitungssysteme in die Haushalte. Wenn wir ein Elektrogerät an der Steckdose anschließen, hat der fließende Strom bereits einen weiten Weg hinter sich. Nicht der Strom, sondern die Stromerzeugung in den Kraftwerken belastet die Umwelt. Durch die Verbrennung werden große Mengen an Treibhausgasen freigesetzt und verstärken den Klimawandel.

Mit Energie umweltfreundlich umgehen?

Wenn jeder von uns in seinem Alltag darauf achtet, bewusst und sparsam mit Energie umzugehen, indem er zum Beispiel elektrische Geräte richtig ausschaltet, wenn er sie nicht mehr braucht, oder mit dem Fahrrad statt mit dem Auto fährt, dann ist schon viel für unsere Umwelt gewonnen. Das allein reicht aber noch nicht. In Zukunft müssen die fossilen Rohstoffe durch sogenannte regenerative Energien ersetzt werden, zum Beispiel durch Sonnenenergie.

Was kann ich tun, um Energie zu sparen?

Tipps vom Energieberater

Energieberater sind Fachleute für das Energiesparen. Sie können Tipps geben, mit denen man einen Beitrag zum Umwelt- und Klimaschutz leisten kann.

Erhitze nur so viel Wasser, wie du auch benötigst. Wenn du dir einen Tee oder ein paar Nudeln kochst, achte darauf, dass du nur die Wassermenge erhitzt, die du auch wirklich brauchst.

Wasch dir die Hände mit kaltem Wasser.

Dusche lieber, statt zu baden. Das spart Wasser und dadurch auch Energie – natürlich nur, wenn du nicht sehr lange duschst.

Verwende Energiesparlampen. Durch den Austausch einer normalen Glühbirne gegen eine Energiesparlampe werden pro Jahr rund 65 Kilo weniger CO_2 erzeugt.

Benutze einen Wasserkocher statt der Herdplatte. Der verbraucht nämlich auch weniger Strom.

Benutze spezielle Duschköpfe! Schlage deinen Eltern vor, Wasser sparende Duschköpfe und Wasserhahnaufsätze einzubauen.

Zieh das Ladegerät aus der Steckdose, wenn du dein Handy oder ein anderes Gerät nicht gerade auflädst. Denn auch so verbraucht ein Ladegerät viel Strom.

Schalte elektrische Geräte richtig aus oder ziehe den Stecker, wenn du sie nicht benutzt – selbst im Stand-by-Betrieb verbrauchen sie eine Menge Strom.

Schalte das Licht aus, wenn du einen Raum verlässt.

Schalte den Backofen aus, sobald deine Pizza fertig ist. Ein Backofen ist nämlich ein richtiger Stromfresser.

(Texte aus: www.wdr.de, neuneinhalb. So kannst du das Klima schützen, Zugriff vom 23.1.2011)

1. Notiere fünf Tipps, die dir am wichtigsten sind.
2. Bildet Gruppen und legt gemeinsam eine Rangfolge eurer Tipps fest.
3. Stellt den Besuch beim Energieberater in einem Rollenspiel dar.
4. Tipp: In vielen Städten gibt es Energieberater, die man besuchen oder in die Schule einladen kann. Das Rollenspiel ist eine gute Vorbereitung für ein Gespräch mit dem Energieexperten.

Text D Wie kann Energie umweltfreundlich bereitgestellt werden?

Wenn du diese Seite bearbeitet hast, solltest du einen kurzen Vortrag über erneuerbare Energien halten können.
Tipp: Auch hier kannst du die Detektivmethode anwenden.

Was sind erneuerbare Energien?

Der größte Teil der Energie wird durch das Verbrennen von fossilem Brennstoff gewonnen. Wie wir wissen, ist dieser nur begrenzt vorhanden und das, was verbraucht wird, unwiederbringlich verloren. Ein weiterer Nachteil ist, dass bei der Nutzung von Kohle, Erdgas und Erdöl schädliche Treibhausgase entstehen. Deshalb wird weltweit nach sogenannten erneuerbaren oder regenerativen Energien und Rohstoffquellen gesucht. Wasser, Wind und Biomasse sind solche Energien. Auch das Sonnenlicht gehört dazu. Allen gemein ist, dass sie nicht aufgebraucht werden, sondern immer wieder neu zur Verfügung stehen, und dass bei der Energiegewinnung keine zusätzlichen Treibhausgase entstehen.

(Aus: Erich Übelacker: WAS IST WAS, Energie, Tessloff Verlag, Nürnberg 2010, S. 4)

So könnte die Solaranlage auf den Fabrikdächern der Mega-Motorenwerke aussehen.

Solarenergie

Das Sonnenlicht ist die größte erneuerbare Energiequelle. Es ist ungefährlich und abgasfrei und theoretisch könnte es den gesamten Weltenergiebedarf decken. Leider lässt sich das Sonnenlicht im großen Stil noch nicht so einfach nutzen. Daher gibt es nur wenige Solarkraftwerke. Im Kleinen ist das anders: Mit Sonnenenergie kann man über Sonnenkollektoren das Wasser erwärmen oder mit Fotovoltaikzellen das Sonnenlicht in Strom umwandeln. […]

Wasserkraft

Auch die Wasserkraft wird bereits intensiv genutzt. Große Flüsse werden mit gigantischen Dämmen gestaut, an denen Strom für Fabriken und für Millionen von Haushalten gewonnen wird. An einem Staudamm kann jahrzehntelang abgasfrei Strom erzeugt werden. Der Stausee liefert Trinkwasser und verhindert Überschwemmungen. Der Bau eines großen Staudamms ist allerdings teuer und der Stausee verschlingt natürliche Lebensräume, Ackerland und Dörfer. […]

Wind

Jahrhundertelang gab es Windmühlen. Heute wandeln Windkraftanlagen Wind in Strom. Die Windkraft ist nicht billig, hat aber einen großen Vorteil: Der Wind ist im Winter, wenn am meisten Strom verbraucht wird, am stärksten. Trotzdem ist er unzuverlässig und bleibt manchmal ganz aus.

(David Burnie: Die Erde, der bedrohte Planet. Mensch, Natur und Klimawandel, Arena Verlag, Würzburg 2009, S. 50)

Wir beraten unsere Schule im Energiesparen

In der Realschule am Stadtgarten soll noch vor den Sommerferien eine Projektwoche stattfinden. Die Schülerinnen und Schüler der Umwelt-AG haben geplant, als Energieberater für die anderen Klassen zur Verfügung zu stehen. Bei diesem wichtigen Vorhaben will natürlich niemand falsch beraten und sich blamieren. Deshalb kann mit diesem Trainingsplatz das „Kleine Zertifikat für Schulenergieberater" erworben werden.

Analysiert dazu den Fall.
Übertragt das Beratungsprotokoll in euer Heft und füllt es aus.

Der Fall: Ärger in der Klasse 6 b

Herr Hilbig ist verärgert. Irgendwie gelingt es ihm nicht, seine Klasse davon zu überzeugen, verantwortungsvoll mit Energie umzugehen. Deshalb bittet er die Umwelt-AG um Hilfe. Cenan aus der Umwelt-AG schaut sich daraufhin in der großen Pause den Klassenraum der 6 b einmal an. Auf dem nächsten AG-Treffen berichtet Cenan, was er beobachtet hat:

„Also, als ich in die Klasse kam, war die völlig überhitzt und obwohl es gar nicht gut roch, war nur ein Fenster gekippt. Wahrscheinlich stand das schon den ganzen Morgen offen. Außerdem brannte das Tafellicht und irgendein Witzbold hatte den Tageslichtprojektor angestellt.
Das war aber noch nicht alles, was ich beobachten konnte. Stellt euch vor, die haben immer noch ihr Klassenaquarium hinten in der Klasse stehen, obwohl doch jeder inzwischen weiß, dass vor zwei Wochen die Fische gestorben sind – also ohne Fische, aber mit voller Beleuchtung und natürlich war auch die Heizung für das Aquarium noch an. Außerdem vermute ich, dass mit dem Medienschrank auch nicht alles in Ordnung ist. Der war leider abgeschlossen, aber ich habe gesehen, dass die Stecker der Geräte noch in der Steckdose waren. Ich vermute, die waren noch auf Stand-by geschaltet."

Beratungsprotokoll für die Klasse 6 b	
Meine Beobachtung	Mein Ratschlag zum Energiesparen

Kleines Zertifikat für Energieberater

Der Schüler/die Schülerin

____

Vorname Name

ist berechtigt, alle Klassen der Realschule am Stadtgarten in Energiefragen zu beraten.

Kompetenzstationen

Umweltschutz als Zukunftsaufgabe

Station 1 Der Treibhauseffekt

S M U H

Treibhauseffekt

Schreibe für eure Schülerzeitung einen Bericht über den Treibhauseffekt. Er soll Antworten auf folgende Fragen geben:

(1) Was ist das, „Treibhauseffekt"?
(2) Wie kommt er zustande?
(3) Welche Auswirkungen hat er für Mensch und Umwelt?
(4) Wie kann das Problem gelöst werden?

Station 2 Umweltdetektive wissen, was sie tun

S M U H

Müll sortieren

Welcher Müll muss wohin? Schau dir das Foto an und sortiere den Müll.
Übertrage dazu folgendes Schaubild in dein Heft und ergänze es.

Müll	passende Entsorgung
Glasflasche	Glascontainer
…	Gelbe Tonne
…	Papiercontainer
…	Restmüll-Tonne
…	…

Station 3 Erneuerbare Energien

S M U H

Fünf Begriffe in fünf Lücken. Schreibe den Text ab und setze ein: Strom – fossilen Brennstoffe – Wasserkraft – Treibhauseffekt – Windkraft.

Die wichtigsten erneuerbaren Energien sind Solarenergie, _______ und _______. In Zukunft wird immer mehr _______ sauber erzeugt werden. Dafür gibt es zwei Gründe. Zum einen gehen die _______ also Kohle, Erdöl und Erdgas zuneige. Zum anderen zwingt der _______ die Menschen dazu, umzudenken und erneuerbare Energien zu entwickeln.

8 Kinder in aller Welt

Die Fotos zeigen ein deutsches Kind auf einem Fest zum Weltkindertag in Berlin, ein Mädchen mit einem Schulheft in Liberia (Afrika), einen Jungen, der auf

Wir machen uns stark für die Rechte von Kindern

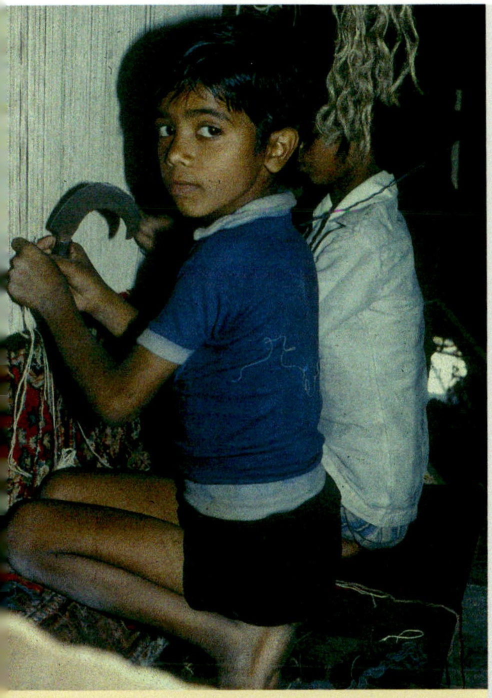

einer Müllkippe nach Essen und verwertbaren Gegenständen sucht (in der Dominikanischen Republik, Mittelamerika), ein kleines Mädchen bei Maurerarbeiten in einem asiatischen Land und einen Jungen bei der Teppichherstellung in Indien.

1. Allein nachdenken

Dir erscheint eine gute Fee und sagt: „Nenne mir deine drei größten Wünsche für die Kinder in aller Welt. Sie werden in Erfüllung gehen." Welche nennst du?

2. Zu zweit beraten

Vergleicht eure Notizen. Einigt euch auf gemeinsame Wünsche.

3. In der Klasse sammeln

Unsere wichtigsten Wünsche für alle Kinder in der Welt sind: …

Im Verlauf dieses Kapitels könnt ihr …

- unterschiedliche Lebenssituationen von Kindern miteinander vergleichen,
- über Vor- und Nachteile von Kinderarbeit diskutieren,
- von japanischen Schülern erfahren, wie ihr Alltag aussieht,
- Ideen für Projekte zur Stärkung von Kinderrechten entwickeln.
- Außerdem könnt ihr eine Internetpräsentation vorbereiten, um Kontakt mit Kindern anderswo auf der Welt zu knüpfen.

Detektivaufgabe für das ganze Kapitel:

Wer geht in die Kotogakko?

1 Wie leben Kinder in den Armutsländern dieser Erde?

Wir vergleichen unterschiedliche Lebenssituationen

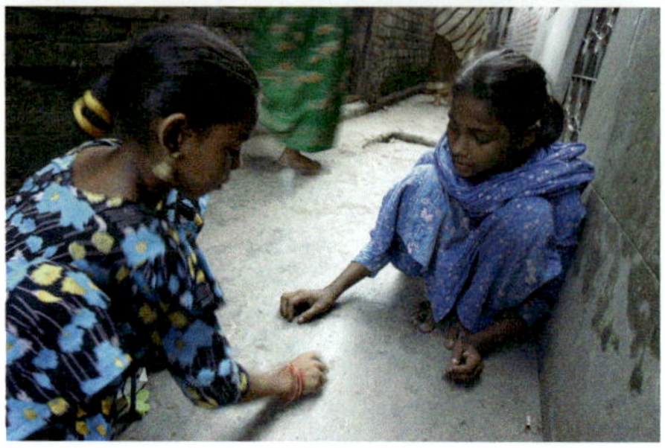

Unsere Untersuchungsergebnisse			
	Chala	Jaqueline	Rokeya
A Was erfahrt ihr über die			
• Größe der Familie?			
• Wohnverhältnisse?			
• Bedeutung der Arbeit für das Kind?			
• Bildung bzw. die Schule?			
• Ernährung?			
• Sorgen und Wünsche?			
B Was erfahrt ihr über das Land?			

Auf den folgenden Seiten werdet ihr drei Kinder aus verschiedenen Ländern näher kennenlernen, die hier auf den Fotos zu sehen sind. Ausgewählt wurden diese Kinder, weil sie berichtet haben, wie sie leben. (Nicht alle Kinder auf der Erde haben die Möglichkeit, das zu tun.)
Ihr könnt die Fälle der Reihe nach lesen. Ihr könnt aber auch in Gruppen arbeiten und euch die Bearbeitung aufteilen. Dabei hilft folgende Vorgehensweise.

- Bildet Dreiergruppen.
- Teilt die drei Fälle zur Bearbeitung auf.
- Bereitet dazu nach dem Muster oben ein Bearbeitungsblatt vor.
- Lest nun allein euren Fall.
- Füllt für eure Geschichte das Bearbeitungsblatt aus.
- Stellt in der Gruppe der Reihe nach die Kinder vor.
- Überlegt gemeinsam, wodurch sich das Leben dieser Kinder von Kindern hierzulande unterscheidet.
- Stellt die Ergebnisse eurer Arbeit in der Klasse vor.

Beispiel 1: Chala – ein Junge aus Äthiopien. Was hat er sich fest vorgenommen?

Jeden Morgen geht der neun Jahre alte Chala vor dem Frühstück zum Brunnen, um Wasser zu holen. Sein Vater Teshome Mebisso gehört zwar zu den reicheren Bauern im Dorf Sodo in Äthiopien. Aber fließendes Wasser ist auch in seiner Hütte ein unvorstellbarer Luxus. „Früher haben wir Wasser vom Fluss geholt", erzählt Chala. „Das war ein weiter Weg. Und das Wasser von dort ist nicht gesund. Wir waren oft krank." Seit der Brunnen auf einem Hügel ganz in der Nähe gebaut wurde, ist das viel besser geworden.

Wenn Chala mit dem Wasserkanister zurückkommt, bereitet seine Mutter – sie heißt Dinkenesch Gutera – das Frühstück für die Familie vor. Chala hat sechs Brüder und zwei Schwestern. Da muss die Mutter viel Injera backen. So heißt das Fladenbrot, das für die Menschen in dem ostafrikanischen Land das wichtigste Nahrungsmittel ist. [...]

Chalas Familie wohnt in einer Rundhütte aus Lehm und Holz. Das Dach besteht aus Stroh. Eine bunte Decke teilt die Ecke ab, in der das Bett der Eltern steht. Für die Kinder wird abends das Wohnzimmer zum Schlafzimmer. Dort wickeln sie sich in ihre Decken ein. Die Küche ist draußen vor der Tür. Denn so richtig kalt wird es nicht. Ein Auto, einen Fernseher oder eine Stereoanlage hat Chalas Familie nicht. Aber es geht ihnen besser als vielen anderen Menschen in Äthiopien.

Das Land ist eines der ärmsten der Erde. Im Stall hält die Familie nicht nur Schafe und Ziegen, wie es ärmere Bauern tun. Die Familie hat auch ein paar Rinder.

Besonders stolz ist Mutter Dinkenesch auf den großen Garten. Dort erntet sie Kochbananen, Tomaten, Kohl, Avocados und Papaya. So kann sie ihre Familie gut ernähren. Und natürlich baut Vater Teshome auf seinen Feldern Getreide an. Chala und seine Geschwister helfen bei der Arbeit – aber erst nach der Schule und den Hausaufgaben. Chala hat sich viel für seine Zukunft vorgenommen, auch wenn seine Schule nur aus einem Klassenzimmer besteht. Dort lernen alle Kinder des Dorfes: „Ich möchte einmal Arzt werden und anderen Menschen helfen", sagt er. Und schreibt eifrig in sein Schulheft.

(Aus: Eva Krafczyk, Chala – ein Junge in Äthiopien träumt vom Arztberuf, in: Trierischer Volksfreund vom 5.10.2007)

Hier sieht man den neunjährigen Chala mit seinen Eltern und mit einer seiner Schwestern.

Was man über Äthiopien wissen sollte

Äthiopien liegt in Afrika. Das Land hat 80 Millionen Einwohner und damit fast so viele wie Deutschland. Es ist aber dreimal so groß. In der Hauptstadt Addis Abeba gibt es geteerte Straßen, Restaurants und Geschäfte wie in anderen Hauptstädten auch. Trotzdem ist Äthiopien ein sehr armes Land. Es regnet wenig und es gibt oft Dürrekatastrophen und Hungersnöte. Jedes fünfte neugeborene Kind stirbt in seinem ersten Lebensjahr. Von zehn Menschen haben nur zwei Zugang zu sauberem Trinkwasser. Weniger als die Hälfte aller Kinder lernen lesen und schreiben. Blutige Kriege haben in jüngster Vergangenheit die Not der Menschen noch vergrößert. Jetzt gibt es ein gewähltes Parlament und eine Entwicklung hin zur Demokratie.

Beispiel 2: Jaqueline – ein Mädchen aus Ruanda. Warum wäre sie ohne Hilfe verzweifelt?

Jaqueline erzählt:
„Ich wohne in Ruanda. Das ist ein kleines, bergiges Land in Zentralafrika. Vor einigen Jahren gab es hier einen Bürgerkrieg, durch den ich meine Eltern verloren habe. Seitdem bin ich für meine vier jüngeren Geschwister verantwortlich und muss mich um sie kümmern. Ich bin jetzt Vater und Mutter für sie. Wir leben in einer kleinen Hütte aus Lehm und Holz, durch deren Ritzen nachts oft der kalte Wind bläst. Dann müssen wir uns gegenseitig wärmen. Wenn wir krank sind, können wir nicht zum Arzt gehen oder Medikamente kaufen, weil wir kein Geld dafür haben. Morgens stehe ich sehr früh auf, um für meine Geschwister das Frühstück zu kochen. Jeden Tag essen wir Maniok und Bohnen. Im Dorf gibt es zwar eine Wasserstelle. Aber auch dieses Wasser kostet Geld. Deswegen gehe ich täglich zum Fluss und hole das Wasser für uns und unser kleines Feld."
Das kleine Holzfahrrad ist das einzige Spielzeug, das Jaqueline und ihre Geschwister besitzen. Sie sind sehr stolz darauf und passen gut auf, dass es nicht kaputtgeht. Denn sie haben niemanden, der es reparieren kann. Viel Zeit, damit zu spielen, bleibt ihnen jedoch nicht. Sie müssen den kleinen Acker sorgfältig bestellen und pflegen, denn sie leben von dem Obst und Gemüse, das sie dort anbauen. „Wenn es nicht reicht, helfen uns die Nachbarn mit Kartoffeln aus", versichert Jaqueline. Ohne deren Hilfe wäre sie schon oft verzweifelt.

UNICEF heißt das Kinderhilfswerk der Vereinten Nationen. Es versucht, Kindern in aller Welt zu helfen, auch der Kinderfamilie von Jaqueline. Über die Hilfe und ihre Hoffnungen erzählt Jaqueline: „Mit der Hilfe von UNICEF haben sich viele sogenannte ‚Kinderhaushalte' ohne Eltern zusammengeschlossen, die gemeinsam ein Feld bewirtschaften. Durch diese gegenseitige Hilfe können wir genug Lebensmittel anbauen und vielleicht sogar noch etwas auf dem Markt verkaufen. So wird es uns eines Tages gelingen, ein besseres Leben zu führen."

Jaqueline mit ihren Geschwistern Speciose (11 Jahre), Josephine (13 Jahre), Cyriaque (1 Jahr) und Sebastian (6 Jahre)

UNICEF gewährt den Kinderhaushalten außerdem kleine Kredite, mit denen sie beispielsweise Hühnerküken kaufen können.

(Zusammengestellt nach: www.unicef.cobrayouth.de/kinderwelt/ruanda und unicef.de/kids; Stand: November 2007)

Was man über Ruanda wissen sollte

Ruanda ist eines der kleinsten Länder Afrikas. Die Hauptstadt Kigali ist die einzige große Stadt des Landes. Ansonsten ist das Leben in diesem dicht besiedelten Land dörflich geprägt. In Ruanda gibt es zwei große Bevölkerungsgruppen: Hutus und Tutsis. Zwischen diesen Gruppen kam es in der Vergangenheit zu einem grausamen Bürgerkrieg, dem über eine Million der 7 Millionen Einwohner zum Opfer fiel. 300000 Kinder sind seit Kriegsende auf sich allein gestellt, weil ihre Eltern umgebracht wurden. Viele sind auch an Malaria und an Aids gestorben. Die Wirtschaft Ruandas wurde im Krieg fast völlig zerstört. Ruanda ist jetzt eines der ärmsten Länder der Welt. Seit 2003 gibt es ein gewähltes Parlament mit mehreren Parteien und ein Bemühen um Frieden im Land.

Beispiel 3: Rokeya – ein Mädchen aus Bangladesch. Wann fangen ihre Augen zu leuchten an?

Sobald Rokeya ihren Hammer in die Hand nimmt, erlischt etwas in ihr. So, als schalte sie all ihre Gefühle ab. Als hocke sie gar nicht wirklich hier, auf diesem Steinhaufen im Westen von Bangladeschs Hauptstadt Dhaka. Mechanisch lässt Rokeya den Hammer auf einen Ziegelstein niedersausen. Tock! Tock! Immer wieder, bis nur noch spitze Brocken übrig sind, Baumaterial für neue Häuser. Dann der nächste Stein. Tock! Es ist brütend heiß, Staub kratzt in Augen, Nase, Hals. „Ich arbeite fast jeden Tag hier, acht, neun Stunden", sagt Rokeya. Am Abend wird sie Blasen an den Fingern haben, steife Beine, rote Augen, Durst. Ihr Boss wird ihr 20 oder 30 Taka in die Hand drücken, umgerechnet weniger als 50 Euro-Cent. Danach muss sie noch den ganzen weiten Weg nach Hause laufen. Dabei ist sie erst elf Jahre alt.

Harter Alltag

Rokeya wohnt mit Mutter, Bruder und Schwester in einem winzigen Zimmer; darin stehen ein Bett, ein paar Regale und ein Stuhl. Gekocht wird in einer Gemeinschaftsküche für vier Familien. Deshalb hilft Rokeya ihr, wann immer sie kann, im Haushalt. Zeit zum Spielen mit ihrer Freundin bleibt nur selten. Rokeyas Mutter Jhorna sieht so erschöpft aus, als habe sie seit Jahren nicht genug gegessen und geschlafen. „Ich musste früh heiraten und konnte nie zur Schule gehen", sagt sie und: „Die Kinder müssen mitarbeiten. Sonst schaffen wir es nicht."

An manchen Tagen zertrümmert Rokeya (vorn) neun Stunden lang Ziegelsteine aus Abbruchhäusern in kleine Stücke. Seit über zwei Jahren muss die Elfjährige so Geld verdienen.

Lernen für eine bessere Zukunft

Sobald Rokeya Stift und Heft zur Hand nimmt, fangen ihre Augen an zu leuchten. Konzentriert sitzt sie mit 22 Mitschülern im Klassenzimmer und notiert, was der Lehrer an die Tafel schreibt. „Wer kann diese englischen Wörter aussprechen?", fragt er. Cow!, Moon!, Horse!, Umbrella!, rufen die Kinder stolz im Chor. Kuh, Mond, Pferd, Schirm. Rokeya strahlt. Hier ist ihre zweite, ihre bessere Welt. „Ich komme fast jeden Morgen vor der Arbeit in die UNICEF-Schule, seit über einem Jahr", sagt sie. „Ich will lernen!" Die Schule, die Rokeya besucht, wurde vom Kinderhilfswerk UNICEF eingerichtet. Hier lernen zehn- bis 14-jährige Kinder neben ihren Jobs täglich drei Stunden kostenlos Lesen und Schreiben. Einige belegen außerdem Berufskurse, etwa in Nähen und Tischlern.

(Nach: Kirsten Bertrand, Ich will aus meinem Leben etwas machen, GEOlino, Heft Nr. 12/2006)

Was man über Bangladesch wissen sollte

Bangladesch ist ein Land in Asien. Es ist das am dichtesten besiedelte Land der Erde. In den Wäldern leben noch seltene Tiere, wie zum Beispiel der Königstiger und der Malaienbär. Der Fluss Ganges bildet hier ein riesiges Delta, bevor er ins Meer mündet. Die Menschen leiden oft unter Hochwasserkatastrophen, bei denen es viele Todesopfer gibt. Rokeya ist eines von schätzungsweise acht Millionen Kindern in Bangladesch, die arbeiten müssen. Das Land gehört zu den ärmsten der Welt. Mehr als die Hälfte der 140 Millionen Einwohner lebt in bitterer Armut, ohne Bildung. Das Land ist kaum in der Lage, die vielen Menschen zu ernähren. Nicht einmal die Hälfte der Kinder hat die Möglichkeit, eine Schule zu besuchen.

Kinderarbeit

1. Warum müssen so viele Kinder schwere Arbeit leisten?
2. Der Text enthält mehrere Zahlenangaben. Wähle drei oder vier besonders wichtige davon aus und erkläre ihre Bedeutung.
3. Wann ist Kinderarbeit schädlich, wann nicht? Erkläre die Unterschiede.

Yae Win Tun, 13, aus Birma in Asien leistet täglich Schwerstarbeit und verdient weniger als einen Dollar pro Tag.

Arbeit muss nicht schädlich sein

Wahrscheinlich hast du auch schon gearbeitet, zum Beispiel indem du deinen Eltern bei der Hausarbeit geholfen hast. Vielleicht hast du sogar Verpflichtungen, die du regelmäßig zu erledigen hast und die du als Arbeit empfindest. Die meisten Experten aus den Kinderschutzorganisationen vertreten die Ansicht, dass es nicht schädlich sein muss, wenn ein Kind arbeitet. Im Gegenteil: Man lernt dabei, etwas zu leisten und anderen zu helfen. Auch lohnt es sich manchmal, sein Taschengeld durch kleinere Arbeiten aufzubessern.

Schädliche Kinderarbeit

Schädlich ist Kinderarbeit, wenn sie die geistige und körperliche Gesundheit von Kindern zerstört, wenn die Kinder ausgebeutet werden und wenn die betroffenen Kinder keine Chance haben, eine Schule zu besuchen.
Weltweit muss jedes sechste Kind arbeiten, um sein eigenes und das Leben seiner Familie zu sichern. Das sind 246 Millionen. Davon sind 73 Millionen unter zehn Jahre alt. Das sind nahezu so viele, wie es Menschen insgesamt in Deutschland gibt (82 Millionen). Nicht wenige der arbeitenden Kinder sind sogar erst fünf oder sechs Jahre alt.
In vielen Ländern müssen Kinder wie Sklaven schuften. Für winzige Löhne arbeiten sie auf Feldern, Kaffeeplantagen, in Bergwerken, dunklen Teppichwerkstätten und als Straßenverkäufer – manchmal zwischen zehn und vierzehn Stunden am Tag.
Am häufigsten gibt es schädliche Kinderarbeit in den armen Ländern dieser Erde, die auch als Entwicklungsländer bezeichnet werden. Auch in Deutschland und in anderen eher reichen Ländern gibt es schädliche Kinderarbeit, allerdings viel weniger häufig.

Maßnahmen zum Schutz der Kinder

Fast überall auf der Welt ist schädliche Kinderarbeit per Gesetz verboten und dennoch gibt es sie. Der Grund ist meist die blanke Not. Die Kinder arbeiten, weil ihre Familien sonst nicht überleben können. Entweder verdienen die Eltern zu wenig Geld oder sie haben überhaupt keine Arbeit oder die Kinder sind auf sich allein gestellt und müssen selbst dafür sorgen, dass sie überleben können. Auch da, wo Kinderarbeit verboten ist, drücken die Behörden oft beide Augen zu, weil sie keine Hilfsmöglichkeiten sehen oder sehen wollen.
Wichtige Organisationen haben sich zum Ziel gesetzt, Schritte gegen schädliche Kinderarbeit zu unternehmen. Dazu gehören zum Beispiel das Weltkinderhilfswerk der Vereinten Nationen mit dem Namen UNICEF, die Kinderhilfsorganisationen *Terre des Hommes* und die *Kindernothilfe*, die Kirchen mit den Aktionen von *Miseror* und *Brot für die Welt*. Sie – und viele andere – arbeiten daran, den notleidenden Kindern eine Chance zu bieten, und sind dabei auf die Unterstützung von uns allen angewiesen.
In Deutschland ist Kinderarbeit bis zum Alter von 14 Jahren per Gesetz verboten. Allerdings enthält das Jugendarbeitsschutzgesetz zu diesem Verbot einige Ausnahmen. Tätigkeiten wie zum Beispiel das Austragen von Zeitungen sind ab 13 Jahren für zwei Stunden am Tag erlaubt. Ab 6 dürfen Kinder bei Theateraufführungen, in Filmen und im Fernsehen auftreten.

Trainingsplatz

Wir erstellen eine Liste über nicht schädliche und schädliche Kinderarbeit

Mit Unterstützung von UNICEF wurde eine Übersicht angelegt, die folgendermaßen aufgebaut ist:

Nicht jede Arbeit schadet Kindern	
Arbeit ist in Ordnung, wenn …	Arbeit ist schädlich, wenn …
• die Kinder nicht zu jung dafür sind.	• Kinder ausgenutzt werden.
• …	• …
• …	• …

Arbeit ist in Ordnung, wenn …	**Arbeit ist schädlich, wenn …**
… die Kinder nicht zu jung dafür sind.	
… die Kinder ausgenutzt werden.	
… die Kinder jederzeit Pause machen können.	
… die Kinder von der Familie getrennt werden.	
… die Kinder deshalb nicht in die Schule gehen können.	
… die Kinder trotzdem spielen und lernen können.	
… der Lohn angemessen ist.	
… die Tätigkeit gefährlich ist.	
… die Kinder dafür zu jung sind.	
… die Tätigkeit nicht die Gesundheit gefährdet.	
… nicht genug Pausen eingeplant sind.	
… die Kinder fair behandelt werden und sich beschweren können, wenn dies nicht der Fall ist.	
… die Kinder genug Freizeit haben.	
… die Jobs schlecht bezahlt sind.	

So könnt ihr vorgehen:

Übertragt die Tabelle in euer Heft. Ordnet die weiteren Gründe für und gegen Kinderarbeit darin ein. Das geht am besten zu zweit. Vergleicht eure Ergebnisse in der Klasse.

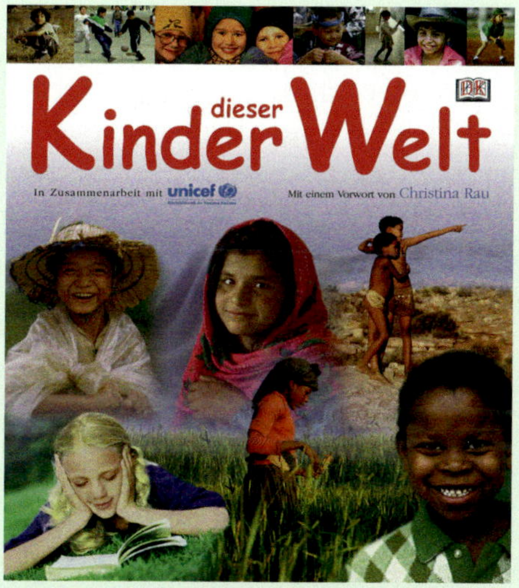

Die komplette Aufstellung findet ihr in dem Buch „Kinder dieser Welt“, das in Zusammenarbeit mit UNICEF im Dorling-Kindersley Verlag erschienen ist (2003, S. 77).
Das Buch enthält viele Bilder und Informationen über Kinder in aller Welt. Schaut auch im Internet unter www.unicef.de nach.

2 Arme Kinder in Deutschland

Wir überlegen, was wir und was Politiker tun können

Im Kinderprojekt Arche erhalten Kinder aus armen Familien kostenloses Mittagessen. Das Projekt kämpft gegen die Benachteiligung armer Kinder in Deutschland. www.kinderprojekt-arche.de

Deutschland ist ein reiches Land. Doch auch hier müssen Kinder in Armut leben. Sie müssen zwar nicht um ihr Überleben kämpfen, wie viele Kinder in den Entwicklungsländern. Sie leiden aber oft auch unter ihrer Situation.

- Warum soll man Menschen nicht nach ihrem Reichtum oder nach ihrer Armut beurteilen?
- Was kann jeder Einzelne tun, damit Kinder aus Familien nicht benachteiligt sind?

Das sind die Fragen, um die es hier geht.

Der Fall: Eine Familie tut alles, damit es ihren Kindern gut geht

[...] Familie L. wohnt mit sechs schulpflichtigen Kindern im eigenen Häuschen in der Kleinstadt. Das älteste ist 17, das jüngste ist 6. Der Mann verdient nicht schlecht, aber da ist – durch seine Arbeit bedingt – der zweite Haushalt, der kostet, dann die Abzahlungen der Hauskredite: Sie haben sich übernommen. „270 Euro habe ich an Haushaltsgeld pro Woche für Lebensmittel und Hygieneartikel. 20 Euro für Benzin, Kleidung geht extra." Das heißt, die Jüngeren akzeptieren noch die Kleidung, die sie in der Kleiderkammer des Kinderschutzbundes bekommt. Für die Älteren kauft sie „so billig wie möglich, unsere Älteste fand neulich eine Hose bei C&A für 20 Euro" und ist auf Schlussverkauf und Sonderangebote angewiesen. Darum ist das Auto so wichtig. Gerade sollte die Reparatur für den TÜV am zwölf Jahre alten Kombi 1 000 Euro kosten. „Die hatte ich nicht", berichtet Annette L., aber „Freunde halfen, es zu finanzieren." [...]

Viele Freunde trotz Armut

Dass es bei Annette L. knapp zugeht, wissen nicht nur die Freunde und die Nachbarn. Die Apotheke liefert inzwischen auf Rechnung, damit Annette L. nicht warten muss, bis die Privatversicherung ihres Mannes erstattet. „Die Schulfreunde unserer Kinder sind gern bei uns, obwohl sie wissen, dass wir so dran sind. Bei uns sind andere Werte wichtig, und das gefällt ihnen auch." Gemobbt wurden Annette L.s Kinder noch nie; „sie sehen auch immer ordentlich aus." Am Wochenende plant Annette L., was die Woche über gekocht wird. Zweimal darf sie im Tafelladen mit Bedürftigkeitsausweis einkaufen, mal morgens, mal abends. [...]

Der größte Wunsch

Der größte und unerreichbare Wunsch von Annette L. – neben dem, dass das Auto durchhält – ist einmal ein gemeinsamer Urlaub. Annette L. haben die Sorgen schon mal richtig krank gemacht. „Für mich war es schwer, als hilfebedürftig angesehen zu sein. Ich habe gespürt, dass wir schlechter gestellt sind. Es war schwer, gesellschaftlich das Gefühl zu haben: Ich habe trotzdem einen Wert, trotz der vielen Kinder. Jetzt lerne ich das positive Denken. Ich erlebe jeden Tag so viel schönen Reichtum: die Freude, die die Kinder machen." Obwohl sie auf vieles verzichten müssen. [...]

(Aus: Sozialcourage. Das Magazin für soziales Handeln, hrsg. vom Deutschen Caritasverband, Nr. 3/2007, verf. von Bernhard Seiterich)

1. Worauf müssen Kinder und Eltern in dieser Familie verzichten? Notiert allein.
2. Warum sind Eltern und Kinder trotzdem zufrieden? Findet es zu zweit heraus.
3. Versucht, euch in die Rolle eines Kindes der Familie zu versetzen: Was würdet ihr von euren Klassenkameraden erwarten? Sprecht darüber in der Klasse.

Was können wir tun, damit Kinder armer Eltern sich genauso wohlfühlen wie alle anderen auch?

Familie L. muss mit sehr wenig Geld auskommen. Die sechs Kinder kann man als arm bezeichnen. Das heißt aber nicht, dass sie unglücklich sind. Sie bekommen oft zu Hause Besuch von ihren Schulfreunden und sie wurden noch nie in der Schule wegen ihrer Armut gemobbt. Die Kinder der Familie sind nicht unglücklich, weil sie viele Freunde haben und sich in ihrer Schulklasse wohlfühlen. Sie gehören zur Klassengemeinschaft wie alle anderen auch.
Unglücklich sind Kinder, wenn die anderen Klassenkameraden auf sie herabblicken und sie spüren lassen, dass sie nicht dazugehören, weil sie zum Beispiel keine teure Bekleidung tragen.
Das Gefühl, ausgestoßen zu sein, ist für Kinder aus armen Familien oft schlimmer als das fehlende Geld. In fast allen Schulklassen gibt es Kinder, die aus ärmeren Familien stammen. Jeder von euch kann überlegen, was die Klassengemeinschaft tun kann, damit sich niemand ausgestoßen fühlen muss.

Der Wohfühltisch-Test

Die beiden Kinder auf der Zeichnung kommen aus armen Familien. Sie fühlen sich wohl in ihrer Klasse. Um das zu verdeutlichen, sind sie auf einem Tisch mit vier Beinen dargestellt, dem Wohlfühltisch. Der Wohlfühltisch hat vier Beine. Alle sind stabil und tragen die Tischplatte. Sie sind

1. das Nicht-Lustig-Machen-Bein,
2. das Nicht-Ausschließen-Bein,
3. das Gute-Klassengemeinschaft-Bein,
4. das Jeder-Hilft-Jedem-Bein.

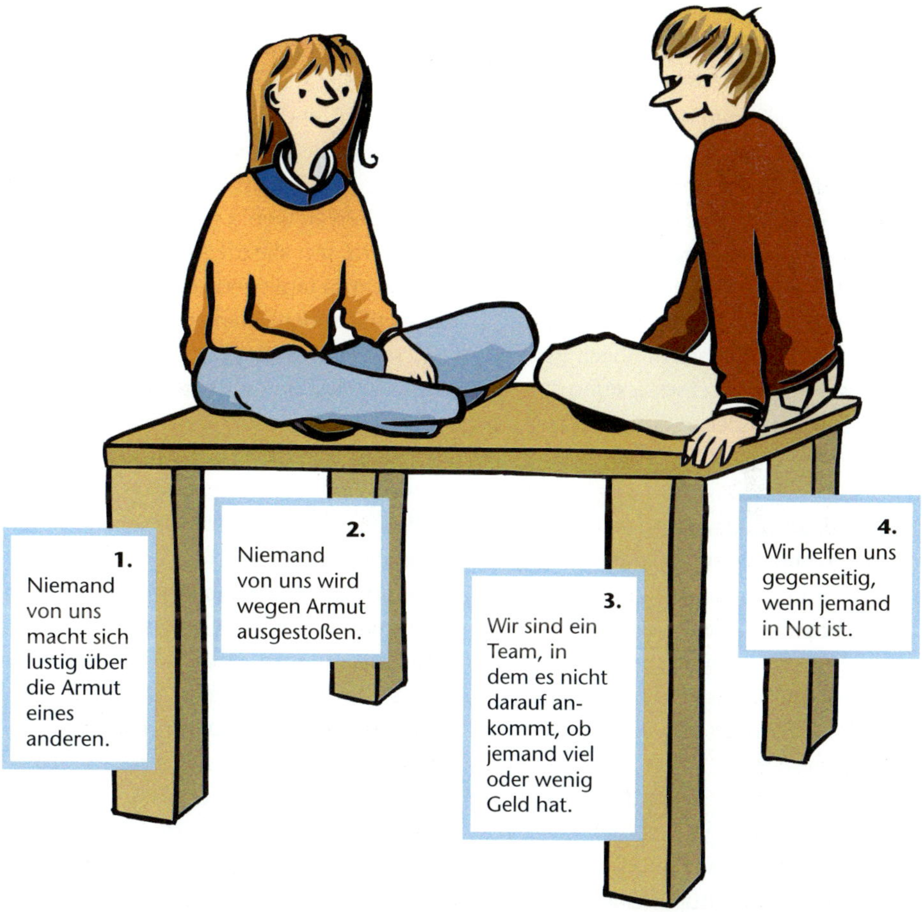

1. Treffen die Äußerungen an den Tischbeinen auf eure Klassengemeinschaft zu? Überlege allein.
2. Wie sehen andere die Situation? Beratet zu zweit oder zu dritt.
3. Was kann die Klasse tun, damit sich alle wohlfühlen, egal wie reich oder wie arm sie und ihre Eltern sind? Sprecht in der Klasse darüber.

Kinderarmut in Deutschland

1. Wodurch unterscheidet sich die Kinderarmut in Deutschland von der Kinderarmut in einem Entwicklungsland?
2. Was sind Ursachen, was sind Folgen von Kinderarmut? Beschreibe sie.
3. Worunter leiden die betroffenen Kinder mehr: unter dem Mangel an Geld oder unter dem Mangel an Zuwendung? Schreibe auf, wie du über diese Frage denkst.

Die Situation

Auch in den reichen Ländern auf der Erde gibt es Kinder, die arm sind, so auch in Deutschland. Insgesamt leben hier rund 12 Millionen Kinder. 1,7 Millionen davon gelten als arm. Das bedeutet, dass in dem reichen Land Deutschland etwa jedes siebte Kind unter 14 Jahren von Armut betroffen ist. Das hat das deutsche Kinderhilfswerk ausgerechnet.
Weltweit hat die Kinderarmut viel größere Ausmaße. In den Entwicklungsländern sind viele Kinder so arm, dass sie hungern müssen und ihr Leben in Gefahr ist.
In den reichen Ländern ist die Kinderarmut in den vergangenen Jahren immer weiter angestiegen. In den armen Ländern haben sich auch Erfolge eingestellt. So ist zum Beispiel die Zahl der Kinder auf der Welt deutlich zurückgegangen, die innerhalb der ersten fünf Lebensjahre sterben.

Armut: Was ist das?

Kinderarmut in Deutschland ist etwas anderes als Kinderarmut in einem Entwicklungsland. Man kann sogar sagen, dass ein armes Kind in Deutschland aus der Sicht eines armen Kindes in Afrika noch als reich gelten würde.
Absolut arm sind Kinder, die hungern und wegen mangelnder Ernährung vom Tod bedroht sind. Diese absolute Armut gibt es in Deutschland nicht. Hier bedeutet Armut, dass den Familien und den Kindern zu wenig Geld zur Verfügung steht, um alle die Dinge zu kaufen, die man zum täglichen Leben braucht. Von Armut spricht man auch, wenn die Kinder vernachlässigt werden, wenn sie keine Schulbildung erhalten, keine Freunde finden und sich sozial ausgegrenzt fühlen.

Ursachen in Deutschland

In Deutschland sind Kinder arm, weil ihre Eltern arm sind. Der wichtigste Grund für die Armut der Eltern ist die Arbeitslosigkeit. Auch Familien, in denen die Eltern eine Arbeitsstelle haben, können von Armut betroffen sein. Das ist dann der Fall, wenn die Arbeit zu schlecht bezahlt wird, um die Familie angemessen versorgen zu können. Weitere Ursachen für die Armut der Kinder können darin bestehen, dass die Eltern krank sind und sich nicht mehr in der Lage sehen, ihre Kinder mit den Dingen zu versorgen, die diese für das Leben brauchen.

Folgen für die Kinder

In den reichen Ländern leiden arme Kinder besonders darunter, dass sie täglich sehen, dass andere viel mehr haben und viel besser umsorgt werden als sie selbst. Es entsteht ein Gefühl der Ausgrenzung und der Einsamkeit. Dieses Problem wiegt für viele noch schwerer als der Mangel an Geld.
Schlechte Schulleistungen können eine weitere Folge sein. Kinder lernen schlechter, wenn sie traurig sind und sich nicht dazugehörig fühlen.

Hilfsmaßnahmen

Arme Familien unterstützt der Staat mit Geld. Für Kinder aus Familien, in denen die Eltern längere Zeit arbeitslos sind, gibt es – nach dem Alter der Kinder gestaffelt – zwischen 200 bis 300 Euro pro Kind monatlich. Auch Zuschüsse für Schulsachen, Klassenfahrten und spezielle Förderprogramme werden geleistet. Neben den staatlichen Hilfen wird es auch wichtig sein, dass die Kinder untereinander zusammenstehen. Um das zu erreichen, kann jede Schülerin und jeder Schüler in der Klasse einen eigenen Beitrag leisten.

Was würdest du als Politikerin oder Politiker gegen Kinderarmut tun?

Beispiel Chipkarte

Die Bekämpfung der Kinderarmut im eigenen Land ist auch ein Thema, das unter den Politikerinnen und Politikern aller Parteien heftig diskutiert wird.
Als ein Mittel zur Verbesserung der Situation armer Kinder gilt die Chipkarte. Diese Karte enthält verschiedene Leistungen, die wie Gutscheine funktionieren. Zusätzlich zu der finanziellen Unterstützung, die bereits gezahlt wird, können diese Chipkarten den Kindern aus armen Familien zur Verfügung gestellt werden. Der Unterschied zu den bisherigen staatlichen Leistungen liegt darin, dass die Hilfe nicht aus mehr Geld, sondern aus zusätzlichen Sachleistungen besteht. Wie immer in der Politik, gibt es zur Einführung solcher Chipkarten unterschiedliche Ansichten. Einige davon sind auf dieser Seite abgedruckt.
Überlege:

- Welche dieser Ansichten überzeugt dich am stärksten?
- Chipkarte, ja oder nein? – Wie würdest du in der Rolle eines Politikers entscheiden?

So eine Karte ist eine prima Sache. Sie gibt den betroffenen Kindern das, was sie dringend brauchen, und ist eine echte Hilfe.

Ich bin für die Chipkarte. Sachleistungen sind besser als Geld. Man sollte die Karte allen Kindern zur Verfügung stellen. Dann merkt niemand, ob ein reiches oder ein armes Kind sie benutzt.

Ich bin dagegen, weil die Eltern entscheiden sollen, was ihr Kind braucht. Man sollte den Eltern armer Kinder lieber mehr Geld geben.

Ich bin gegen die Chipkarte. Man erkennt sofort, dass ein Kind arm ist, wenn es sie benutzt. So fühlt es sich noch mehr benachteiligt.

1. Würdest du als Politiker für oder gegen die Chipkarte stimmen? Notiere deine Stellungnahme.

So kannst du vorgehen:

Wenn du dafür bist, überlegst du dir eine möglichst überzeugende Begründung für deine Ansicht.
Wenn du dagegen bist, überlegst du, wie armen Kindern auf andere Art besser geholfen werden kann.

3 Kinder engagieren sich für Kinderrechte

Wir sammeln Projektideen

Wer kennt nicht den Hip-Hop-Star Thomas D. von den Fantastischen Vier! Aneke, Meike, Tobias, Niels, Yannik, Eva und Johannes vom Kinderrechtsteam „Sonnenkinder" werden dagegen nur wenige kennen. Aber alle haben etwas miteinander zu tun. Die sieben entwarfen nämlich einen Rap-Text zu den Kinderrechten und faxten ihn an Thomas D. In den Kinderrechten steht, worauf alle Kinder in der Welt einen Anspruch haben – egal, in welchem Land sie leben. Wenig später trafen sich die Kinder mit Thomas D. und ihrem Lied zum ersten Mal zum Rappen. Das war ein hartes Stück Arbeit. Texte wurden im Sprechgesang geübt, verworfen, neu gedichtet, wieder verändert, bis man den richtigen Flow gefunden hatte. Dann wurde geübt, wochenlang, bis der Song saß. Die Sonnenkinder waren ganz schön aufgeregt. „Aber keine Panik", beruhigte sie Thomas D. „Hauptsache, ihr habt euren Text drauf, der Gesang kommt dann von ganz allein aus euch raus, wenn wir das gemeinsam proben." Und sie probten, sangen und zeichneten den Song auf. Und das möchte der Song erreichen: zum Engagement für Kinderrechte ermuntern.

KINDERRECHTE-RAP

Setzt euch für die Kinderrechte ein.
Lasst uns Kinder damit nicht allein!
Viele Kids auf dieser Welt sind arm,
macht mit und schlagt Alarm!

Damit jeder rechnen und schreiben kann,
gilt das Recht auf Bildung für jedermann.
Wissen macht groß und bist du auch klein,
dann wirst du niemals ein Straßenkind sein.

Es ist egal, woher du kommst, ganz egal, wer du bist,
weil jeder tief im Innern wie der andere ist.
Wir geben Bescheid, denn alles, was zählt,
ist Gerechtigkeit für alle Kinder dieser Welt.

Arbeiten müsst ihr auf gar keinen Fall!
Wer euch ausbeutet, hat echt 'n Knall!
Vielen Kindern geht es wirklich schlecht,
doch aus diesem Grund gibt's das Kinderrecht.

Für alle diese Rechte setzen wir uns ein,
niemand ist dafür zu groß oder zu klein!
Selbst Kinder können was für Kinder machen,
nämlich Spenden sammeln und andre Sachen!

Setzt euch für die Kinderrechte ein.
Lasst uns Kinder damit nicht allein!
Viele Kids auf dieser Welt sind arm,
macht mit und schlagt Alarm!

(Aus: Hans-Martin Große-Oetringhaus, Macht mit und schlagt Alarm, in: Engelmann, Flechtner (Hrsg.): Kinder ohne Kindheit, Patmos Verlag 2006, S. 187 f.)

Brauchen Kinder überhaupt eigene Rechte?

Kinder sind etwas Besonderes. Denn Kinder sind schwächer als Erwachsene. Verletzlicher. Stärker auf Schutz und Fürsorge angewiesen. Man kann ihnen leichter verweigern, was ihnen zusteht. Kinder machen auch Erfahrungen, an die sich Erwachsene nicht mehr erinnern können oder wollen, zum Beispiel, dass sie als unvernünftige, halbfertige Wesen behandelt werden, deren Meinungen nicht zählen und denen man nichts zutraut. Deshalb war es ein großer Fortschritt, als die UNO in New York 1989 das Abkommen über die Rechte des Kindes beschloss. Dieses Abkommen ist ein weltweit gültiges Grundgesetz, in dem festgelegt ist, worauf Kinder einen Anspruch haben und wovor sie unbedingt geschützt werden müssen – nicht nur in den reichen Ländern, sondern überall auf der Erde. 54 Artikel mit den Rechten der Kinder zählt die Konvention auf. Was gehört alles dazu? Rechts steht eine kleine Aufzählung. Sie ist nicht vollständig. Alle Staaten dieser Erde, bis auf die USA und Somalia, haben das Abkommen über die Kinderrechte unterschrieben. Damit verpflichten sie sich, diese Rechte in ihren Ländern durchzusetzen. Allerdings kann niemand sie dazu zwingen. Trotzdem sind die Kinderrechte mehr als nur schöne Worte. Sie setzen nämlich neue Maßstäbe für die Behandlung von Kindern.

(Aus: Sabine Christiansen und Janosch (Hrsg.). Gibt es hitzefrei in Afrika? So leben die Kinder dieser Welt, Heyne Verlag, München 2006, S. 154f.)

Kinder haben das Recht, ...

- mitzuentscheiden. Das heißt, dass Kinder ihre Gedanken frei äußern dürfen, dass sie bei allem, was sie direkt angeht, gefragt werden sollen und dass ihre Meinung beachtet werden muss – zu Hause genauso wie in der Schule oder auf Ämtern und Behörden.
- zur Schule zu gehen.
- bei Krankheit medizinisch versorgt zu werden.
- die eigene Sprache zu sprechen, die eigene Kultur zu pflegen und die eigene Religion auszuüben, wenn Kinder einer Minderheit angehören.
- auf Information durch Radio, Fernsehen und Zeitungen.
- auf Privatleben. Das heißt zum Beispiel, dass kein Erwachsener ohne ihre Erlaubnis die Briefe oder Tagebücher von Kindern lesen darf.
- auf Schutz vor Ausbeutung und jeder Art von Arbeit, die die Gesundheit gefährdet.

1. Schaut euch den Rap-Text genau an. Welche Aussagen darin findet ihr besonders wichtig und warum? **Tipp:** Wie wäre es, wenn ihr den Rap auswendig lernt oder einen eigenen Text verfasst?
2. Eine Konvention ist eine vertragliche Vereinbarung. Stellt zusammen, was ihr hier über die Kinderrechtskonvention der Vereinten Nationen erfahren habt.
3. „Kinder haben Rechte" – Gestaltet zu diesem Thema eine Seite in eurem Arbeitsheft (oder ein Plakat zum Aufhängen).

Was kann man machen, um anderen Kindern zu helfen?

UNICEF ist das Kinderhilfswerk der Vereinten Nationen. Jedes Jahr verleiht diese Hilfsorganisation den Junior-Botschafter-Preis. Damit werden Aktionen ausgezeichnet, in denen sich Kinder und Jugendliche beispielhaft für die Rechte gleichaltriger Kinder überall in der Welt starkmachen. Von Jahr zu Jahr wird die Beteiligung von Schülerinnen und Schülern aus allen Bundesländern und allen Schularten daran größer. Einige Preisträger werden hier vorgestellt. Weitere Preisträger findet ihr im Internet unter www.unicef.de.

A Mit ihrer Schminkaktion „1 000 Gesichter für Afrika – Wir geben Kindersoldaten ein Gesicht" machten die drei Gewinnerinnen des Wettbewerbs auf das Schicksal der Kriegskinder im Kongo aufmerksam. Ricarda (14), Stefanie (14) und Maïté (15) sammelten außerdem über 360 Euro an Spenden.

B Einen Preis erhielten auch neun Jungen im Alter zwischen 12 und 14 mit ihrer Aktion „Heimkids für Straßenkids". Die Schüler der Waldhausschule in Malsch verkauften „Anti-AIDS-Muffins" zugunsten von HIV-positiven Straßenkindern in der Ukraine, stellten eine Wanderausstellung zusammen und starteten eine Unterschriftensammlung gegen AIDS.

C Marlen Lorenz (10) und Lea Rieke (9) aus Hannover erreichten mit ihrer selbstgestalteten Zeitung „Kinder in Not" den vierten Platz. In vier Ausgaben berichteten sie über Kinderrechte, Afrika, Armut und Wassermangel.

D Den Junior-Botschafter-Preis bekam auch Janika Müller aus dem nordrhein-westfälischen Siegen mit ihren „Händen gegen Kinderarbeit". Die 15-Jährige bastelte kleine Hände aus Knete, die sie gegen eine Spende zugunsten von Hilfsprojekten verkaufte.

E Einen Preis belegten 2009 der 11-jährige Marvin und seine fünf Mitschüler Tobias, Mara, Lukas, Niklas und Lena (alle 11 und 12 Jahre) aus Ettlingen bei Karlsruhe. Marvin hatte die Idee, ein „Fußballevent der anderen Art" zu organisieren. Bei einem Turnier mit 250 jungen Kickern informierten die Schüler über weltweite Kinderarmut und sammelten Spenden.

F Dass viele Kinder weltweit ihr Recht auf Bildung nicht wahrnehmen können, wollten die Schwestern Laura und Sofie K. und ihre Freundinnen Franziska G. und Katharina M. aus Weilheim (Bayern) nicht einfach hinnehmen. Sie verschönerten mehr als 1 000 Bleistifte – ein Symbol für Bildung – und verkauften sie gegen eine Spende für das UNICEF-Projekt „Schulen für Afrika".

Projektideen

Aktion Schülersolidarität

Solidarität bedeutet, dass man aus einem Zusammengehörigkeitsgefühl zu anderen Menschen heraus handelt. Die Aktion Schülersolidarität ermuntert Schülerinnen und Schülern, solidarisch zu handeln und Hilfsbereitschaft zu zeigen gegenüber benachteiligten Kindern überall auf der Welt – also auch im eigenen Land und in der eigenen Umgebung. Sie wird von der Kinderhilfsorganisation Terre des Hommes betreut und von den Vereinten Nationen und UNICEF unterstützt.

„Hilfe für Kinder in Not" – das ist das Motto, unter dem die Aktion Schülersolidarität steht. Hier ein Ausschnitt aus der Broschüre:
Aber was kann man denn machen? Gibt's Ideen? Wie Sand am Meer! Zum Nachmachen. Zum Andersmachen. Zum Bessermachen. Zum Beispiel Rappen und Straßenmusik, Marathon-Tanzen und Sponsoren-Rallye, Theater spielen und Solidaritäts-Fußballspiel, Video- oder Diaabend, Ausstellungen oder Essen wie in Indien, Imbiss am Elternabend und Schulgottesdienst, Flohmarkt und Konzert, Schuhputzaktion oder Straßentheater in der Fußgängerzone. Oder einen Tag arbeiten und Geld für ein Projekt verdienen. Dinge, die erledigt werden müssen, gibt es immer. Zum Beispiel Fenster putzen, Keller entrümpeln, Rasen mähen, Garten umgraben, Stall ausmisten, Türen streichen, babysitten. Es gibt eine Menge Ideen.

KinderrechtsTeams

Die KinderrechtsTeams von Terre des Hommes setzen sich weltweit für die Rechte der Kinder ein. Kinder und Jugendliche bilden in ihrem Freundeskreis Teams, entwickeln fantasievolle Aktionen und führen sie eigenverantwortlich durch. […]
Um auf Kinderrechtsverletzungen aufmerksam zu machen, schlüpfen KinderrechtsTeams zum Beispiel in die Rolle von Straßenkindern, führen Theaterszenen über verkaufte Kinder auf, machen Info-Aktionen in der Fußgängerzone ihrer Stadt, demonstrieren oder sammeln Spenden für Projekte. […] Ein KinderrechtsTeam gründen kann jeder, der sich gegen Kinderrechtsverletzungen einsetzen möchte.

(Aus: Aktion Schülersolidarität, hrsg. von Terre des Hommes, S. 41 und 45, ohne Jahrgang)

Unter folgenden Internetadressen erhaltet ihr alle notwendigen Informationen über den Junior-Botschafter-Preis von UNICEF, über die Aktion Schülersolidarität und über KinderrechtsTeams:

- www.juniorbotschafter.de
- www.kinderrechtsteams.de
- www.unicef.de
- www.tdh.de/kidsaktiv
- www.tdh.de/schuelersolidaritaet

1. Bei welcher der vorgestellten Aktionen A bis F hättest du am liebsten mitgemacht? Begründe deine Wahl.

2. Finde zwei oder drei Ideen aus der Aufzählung auf dieser Seite, die du für besonders nachahmenswert hältst. Beratet zu zweit und wählt gemeinsam aus.

3. Das vierblättrige Kleeblatt kannst du in dein Heft zeichnen und für jedes Blatt einen Beitrag ausdenken, den du selbst leisten kannst.

4 Wie können Kinder in Deutschland weltweit Freunde finden?

Wir knüpfen Kontakte mithilfe des Internets

An einem Freitag in der 6 c

Die Klassenlehrerin Frau Starkmut wirft Laptop und Beamer an und zeigt den Schülerinnen und Schülern ihrer Klasse eine E-Mail, die sie von einer Schulklasse in Japan erhalten hat, und dazu eine angehängte Internetpräsentation. Nachdem die Mail von allen gelesen wurde, schaut man sich sehr interessiert die angefügte Präsentation an, welche die japanischen Kinder in Form von Folien gestaltet haben.
Danach überlegen die Klasse und Frau Starkmut gemeinsam, wie man auf den Brief und die Präsentation reagieren sollte.

- Wie hättet ihr am liebsten reagiert?

Liebe Schülerinnen und Schüler,

wir sind die Klasse 6 der Shogakko-Primary-Scool in Kioto, Japan. Wir möchten sehr gerne mehr darüber erfahren, wie gleichaltrige Schülerinnen und Schüler in Deutschland leben. Aus diesem Grund haben wir folgende herzliche Bitte an euch. Könnt ihr uns Informationen übermitteln?

Wir sind sehr interessiert an Informationen über eure Schule und über das Schulsystem in Deutschland. Wir möchten auch gerne mehr darüber erfahren, wie Kinder und Jugendliche in Deutschland leben. Könnt ihr uns berichten, wie es in eurer Stadt und in eurem Land aussieht?

Wir haben für euch eine Präsentation über uns und unser Land zusammengestellt und als Datei an diese E-Mail angehängt. Wir werden sehr glücklich sein, wenn ihr uns auch eine kleine Zeitung zusenden könntet.

Wir bedanken uns sehr herzlich im Voraus bei euch und wünschen euch immer Glück und ein langes Leben.

Nach und nach schauen sich die Schülerinnen und Schüler der Klasse 6 c die folgenden Folien an:

1

Unsere Präsentation für unsere Freunde in Deutschland

2

Unser Schulsystem

- Bei uns besuchen fast alle Kinder einen Kindergarten.
- Danach gehen sie sechs Jahre in die *Shogakko*. Das ist die Grundschule.
- Dann besuchen alle die *Chugakko*. Das ist die Mittelschule.
- Am Ende müssen wir eine strenge Prüfung machen. Wer sie besteht, kann die Oberschule besuchen und das Abitur machen. Die Oberschule heißt *Kotogakko*.

3

Unsere Schrift und unsere Flagge

Japan ist das Land der aufgehenden Sonne. Der rote Punkt in unserer weißen Landesflagge symbolisiert eine Sonnenscheibe.

Unsere Schrift besteht aus 1995 Zeichen. Wir lernen sie nach und nach. Dazu lernen wir auch, Englisch zu schreiben und zu sprechen.

4

Freizeit

- Die Woche über haben wir wenig Freizeit.
- Die Schule dauert bei uns immer bis zum späten Nachmittag.
- Viele von uns haben danach noch Nachhilfeunterricht, der manchmal bis abends dauert.
- Sport ist in der Freizeit beliebt.
- Wir telefonieren viel und hören oft Musik.

5

Unser Land

- Japan besteht aus vielen kleinen Inseln.
- Die vier wichtigsten sind Honshu, Hokkaido, Kyushu und Shikoku.
- Die Hauptstadt Tokio liegt auf der Insel Honshu. Tokio ist eine der größten Städte der Welt.
- Staatsoberhaupt unseres Landes ist der Tenno. Das ist der Kaiser.
- Unser Land ist demokratisch mit einem gewählten Parlament.

6

Sehenswürdigkeiten

- Die größte Natursehenswürdigkeit ist der Berg Fuji. Er ist ein Vulkan und 3776 Meter hoch.
- In Japan gibt es viele schintoistische und buddhistische Tempel. Allein in unserer Stadt Kioto sind es fast 2000.

1. Welche Informationen aus dieser Präsentation sind für euch neu und interessant?

2. Welche Unterschiede und welche Ähnlichkeiten zum Leben in Deutschland fallen euch auf?

Methodenkarte 10

S M U H

Thema: Unsere Klasse, unser Land

Eine Internetpräsentation gestalten

Stellt euch vor, ihr möchtet eine Präsentation erstellen, in der ihr eure Klasse und euer Land anderen Kindern in einer anderen Schule irgendwo auf der Welt vorstellt. Das Internet bietet euch die Möglichkeit dazu.

Wie macht man das?

1. Wählt die Empfänger aus.

Ihr könnt überlegen, ob der Empfänger eurer Präsentation eine Partnerschule oder eine andere Schulklasse sein soll. Auch Eltern, Freunde und Bekannte kommen als Empfänger infrage. Sicherlich werden viele an eurer Präsentation interessiert sein.

2. Verständigt euch über die Themen eurer Präsentation.

Was soll in eurer Präsentation gezeigt werden? Ihr könnt zum Beispiel eure Klasse vorstellen, eure Schule, Hobbys, Freizeit, besondere Feste, Sehenswürdigkeiten in eurer Umgebung, Informationen über euer Bundesland, über Deutschland und anderes mehr. Verständigt euch über die Themen.

3. Einigt euch auf die Form.

Die japanischen Schüler haben die Form einer PowerPoint-Präsentation gewählt, um sich über das Internet zu präsentieren. Mit diesem Programm kann man Folien gestalten. Für eure Präsentation könnt ihr das gleiche oder ein ähnliches Programm verwenden. Dabei solltet ihr darauf achten, dass alle Folien eine einheitliche Form haben. Die Form der Präsentationsgestaltung nennt man auch Layout.

4. Teilt die Arbeit auf.

Dazu könnt ihr Partnerschaften bilden. Die einen nehmen sich das Thema Schule vor, die anderen das Thema Hobbys, wieder andere stellen Informationen über die eigene Stadt, das Bundesland oder über Deutschland zusammen. Die Lernpartner können gemeinsam am Computer arbeiten und für die Präsentation jeweils eine oder zwei Folien gestalten.

5. Fügt die Einzelergebnisse zusammen.

Wenn alle Folien fertig sind, müssen sie zu einer Gesamtpräsentation zusammengestellt werden. Das können einige wenige Schüler oder auch der Lehrer übernehmen.

6. Betrachtet und überarbeitet eure Gesamtpräsentation.

Schaut euch gemeinsam eure Präsentation an. Überlegt dabei, wie sie auf andere Kinder wirken wird. Habt ihr euch positiv dargestellt? Habt ihr Fehler vermieden? Überarbeitet die Folien noch einmal, bevor ihr sie versendet.

Worauf ihr noch achten solltet

Denkt daran, dass Menschen eure Internetpräsentation anschauen werden, die ihr gar nicht persönlich kennt. Stellt daher nur Informationen zur Verfügung, die jeder wissen darf und die nicht zu privat sind.

Globales Lernen

1. Warum kann niemand ernsthaft behaupten, von Not und Elend in der Welt nichts zu wissen?
2. Was gehört zu globalem Lernen? Suche die Aussagen dazu im Text und notiere sie in Stichworten.
3. Die Zeichnung weist darauf hin, wie die Probleme in der globalisierten Welt miteinander vernetzt sind. Was können ein in Deutschland beschenktes Kind, ein Teddybär und das Mädchen Mei Ling miteinander zu tun haben?

Erster Schritt: Sich informieren über den Zustand der Welt

Wer heute Fernsehen schaut und Zeitungen liest, kann sehen, was in der Welt geschieht. Wer die richtigen Internetadressen verwendet, kann sich sofort und umfassend informieren über Schicksale von Kindern überall auf der Welt, über ihre Armut und ihre Not, über alles, worunter Kinder leiden, und über Maßnahmen, mit denen Kindern und ihren Eltern geholfen werden kann. Nie zuvor waren die Informationsmöglichkeiten so groß und so umfassend, wie sie es heute sind. Heute kann niemand sagen, er könne über das Elend in der Welt nichts in Erfahrung bringen. Zum globalen Lernen gehört, dass man sich informiert und mit den Problemen auf der Welt auseinandersetzt.

Zweiter Schritt: Fremde Kulturen kennenlernen

Kinder und Jugendliche können heute mit Gleichaltrigen in der Welt Kontakt aufnehmen, auch wenn sie nicht die Chance haben, zu verreisen. Das Internet hat es möglich gemacht. Viele Schulen stehen mittlerweile in Kontakt mit anderen Schulen an weit entfernten Orten in der Welt. Das gibt Schülerinnen und Schülern die Möglichkeit, andere Menschen kennenzulernen und deren Kultur zu verstehen.

Die Kultur umfasst alles, was die Menschen sich geschaffen haben und wie sie ihr Zusammenleben gestalten. Zur Kultur gehören zum Beispiel Kunst, Musik, Religion, Sitten und Gebräuche. Zum globalen Lernen gehört, dass man sich mit den unterschiedlichen Kulturen auf der Welt auseinandersetzt, um Verständnis für die Unterschiedlichkeit der Menschen und ihrer Lebensweisen zu entwickeln.

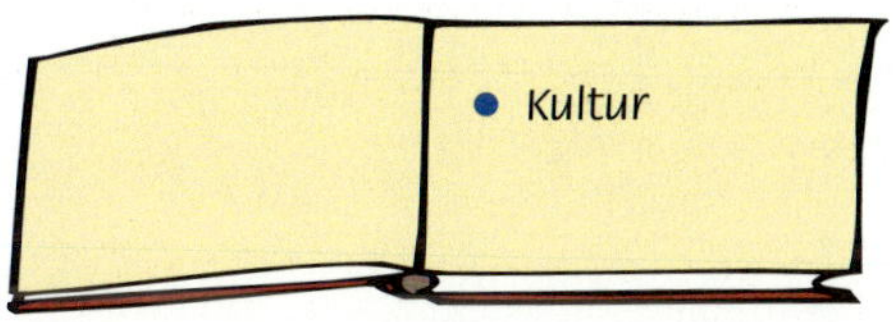

Dritter Schritt: Hilfsbereit sein

Wir leben im Zeitalter der Globalisierung. In diesem Begriff steckt das Adjektiv global. Es bedeutet weltumspannend. Gemeint ist damit, dass im Zeitalter der Globalisierung die Welt immer mehr zusammenwächst. Wir sehen, dass die großen Probleme weltweit bestehen und weltweit gelöst werden müssen. Dazu zählen der Kampf gegen die weltweite Armut, für Verbesserung der Kinder- und Menschenrechte, für den Schutz der Umwelt.

Zum globalen Lernen gehört, dass jeder einen eigenen Beitrag dazu leistet, die Welt ein wenig besser zu machen. Globales Lernen beginnt immer in der eigenen Umgebung. Wer anderen Menschen helfen will, macht nicht mit bei Mobbing-Aktionen und lacht andere nicht aus, weil sie zum Beispiel weniger Geld zur Verfügung haben und sich keine Kleidung nach der neuesten Mode leisten können.

Kompetenzstationen

Kinder in aller Welt

Station 1 Kinder in Armutsländern

S M U H

Sucht euch Jaqueline oder Rokeya aus. Schreibt einen Text, in dem die vorgegebenen Begriffe vorkommen.

Chala – Äthiopien – Arzt – arbeiten

Lösung: Chala ist ein neunjähriger Junge aus Äthiopien. Er lernt in der Schule seines Dorfes, weil er einmal Arzt werden will. Chala und seine Geschwister arbeiten nach der Schule, um der Familie zu helfen.

Jaqueline – Ruanda – Maniok – kleines Feld

Lösung: ???

Rokeya – Hammer – Bangladesch – Schule

Lösung: ???

Station 2 Arme Kinder in Deutschland

S M U H

Hier sind kluge Antworten gefragt! Versuche, die erste Person davon zu überzeugen, dass sie nicht Recht hat, und erkläre der zweiten, was man tun kann.

Station 3 – Kinder engagieren sich für Kinderrechte

S M U H

Übertrage diese Übersicht in dein Heft und vervollständige sie.

Drei wichtige Kinderrechte sind: **???**

Drei gute Ideen für Projekte sind: **???**

Station 4 – Können Kinder weltweit Freunde finden?

S M U H

Wenn man in der Klasse eine Internetpräsentation für eine andere Schulklasse irgendwo auf der Welt vorbereitet, sollte man Schritt für Schritt vorgehen. Schreibe die Schritte so untereinander, dass sich eine sinnvolle Reihenfolge ergibt.

- Themen auswählen **Nr. ?**
- die fertige Präsentation überarbeiten **Nr. ?**
- sich über die Form der Präsentation verständigen **Nr. ?**
- Einzelergebnisse zusammenfügen **Nr. ?**
- die Arbeit auf Teams verteilen **Nr. ?**
- Empfänger auswählen **Nr. ?**
- die Präsentation versenden **Nr. ?**

Glossar

Ein GLOSSAR ist eine Sammlung wichtiger Grundbegriffe. Es enthält kurze Begriffserklärungen, damit jeder die Begriffe verstehen und anwenden kann.

„Leider" sind die Begriffe hier noch nicht den Erklärungen zugeordnet. Ihr könnt helfen, indem ihr zu den Begriffen die jeweils passende Erklärung sucht. Ihr könnt so ein Glossar für dieses Buch in eurem Heft erstellen. Das kann man sich als langfristige Hausaufgabe vorstellen, zum Beispiel: „Ich notiere mir jede Woche zwei Begriffe und zwei Erklärungen und schaffe alles bis zu einem vereinbarten Termin."

Bürgermeister/Bürgermeisterin

Demokratie

Entwicklungsländer

Familie

Gesetze

Globalisierung

Internet

Kinderrechte

Kommunalpolitik

Kompromiss

Konflikt

Nachhaltigkeit

Politik

Recycling

Schülervertretung

Staat

Steuern

Treibhauseffekt

Umweltschutz

Wirtschaft

1 Darunter versteht man die aufgeschriebenen Regeln, an die sich die Menschen in einem Staat halten müssen. Dazu zählen zum Beispiel die Regeln, die im Straßenverkehr gelten, und das Verbot, gegenüber anderen Menschen Gewalt anzuwenden. Damit die Regeln eingehalten werden, gibt es Strafen für die Nichtbeachtung. Sie werden von den gewählten Parlamenten verabschiedet und im Konfliktfall von den unabhängigen Gerichten angewendet.

2 Man kann es sich wie ein riesiges Spinnennetz vorstellen. Die einzelnen Verbindungspunkte sind die Computer. Die Fäden dazwischen sind die Leitungen, die alle Computer miteinander verbinden. Insgesamt ist mit diesem Begriff das weltweit größte Netz von Computern gemeint, die alle miteinander vernetzt sind. Wer sich einen Computer zulegt und sich bei einem entsprechenden Anbieter anmeldet, hat automatisch Zugang zum weltweiten Netz und kann weltweit Informationen aussenden und Informationen empfangen.

3 In dieser Form werden oft Entscheidungen getroffen zwischen Menschen und Gruppen, die miteinander zu tun haben, aber unterschiedlicher Meinung sind: also zwischen Lehrern und Schülern über das Maß der Hausaufgaben, zwischen Vertretern verschiedener Parteien in der Politik. Das lateinische Wort bedeutet „Ausgleich" und „Übereinkunft" und gilt dann, wenn alle Interessen berücksichtigt sind, als eine faire und demokratische Art der Entscheidung.

4 Dieses Ziel ist eine der wichtigsten Aufgaben für die Menschheit. Gemeint sind damit alle Maßnahmen, die dem Schutz des Bodens, des Wassers und der Luft dienen. Der Staat arbeitet an dieser Aufgabe, indem er schützende Gesetze beschließt. Fabriken müssen darauf achten, dass kein Dreck, keine Abgase und keine verschmutzten Abwässer in die Umwelt gelangen. Familien und einzelne Personen können ebenfalls ihren Beitrag dazu leisten, dass dieses wichtige Ziel erreicht wird.

Bürgermeister/Bürgermeisterin

Demokratie

Entwicklungsländer

Familie

Gesetze

Globalisierung

Internet

Kinderrechte

Kommunalpolitik

Kompromiss

Konflikt

Nachhaltigkeit

Politik

Recycling

Schülervertretung

Staat

Steuern

Treibhauseffekt

Umweltschutz

Wirtschaft

5 Sie ist die erste und die wichtigste Gruppe, in die ein Mensch hineingeboren wird. Niemand kann sie sich aussuchen. Ihre Form kann sehr unterschiedlich sein. Oft verstehen wir darunter eine Gemeinschaft, die aus Eltern und einem oder mehreren Kindern besteht. Sie kann aber auch aus einer alleinerziehenden Mutter oder einem Vater und den Kindern bestehen. In anderen Ländern sieht die Form dieser Gruppe oft ganz anders aus.

6 Sie oder er ist Leiterin bzw. Leiter einer Gemeinde, ob haupt- oder ehrenamtlich hängt von der Größe der Gemeinde ab. Sie führen den Vorsitz in den Gemeinde- und Stadträten. Ihre Rechte und Pflichten sind in den Gemeindeordnungen geregelt, die von Bundesland zu Bundesland unterschiedlich sind.

7 Durch sie wirken die Schüler an der Gestaltung des Schullebens mit. Sie hat die Aufgabe, die Interessen der Schüler zu vertreten. Sie besteht aus den gewählten Sprecherinnen und Sprechern der Klassen- und Jahrgangsstufen und dem Schülersprecher (plus Stellvertreter). Die zentrale Einrichtung zur Wahrnehmung der Mitwirkungsrechte ist der Schülerrat.

8 Unter diesem Effekt versteht man, dass sich die Lufthülle, welche die Erde umgibt, allmählich aufwärmt und so zu einem Klimawandel auf der Erde führt. Verantwortlich dafür ist vor allem das in der Atmosphäre vorhandene Kohlendioxid (CO_2). Es wird durch Autoabgase, Industrieanlagen und Kraftwerke erzeugt. Die befürchteten Folgen des Klimawandels sind das Abschmelzen der Polkappen und die Ausbreitung der Wüsten. Die Menschen müssen den Ausstoß von CO_2 einschränken, damit es nicht zu den befürchteten negativen Folgen kommt.

9 Mit diesem Sammelbegriff bezeichnet man die Summe der Länder auf der Welt, die als arm gelten. Fast acht von zehn Menschen auf der Erde leben in einem solchen Land. Einige Merkmale der Armut sind: Unterernährung, fehlende medizinische Versorgung, wenig Bildung für die Kinder, krasse Gegensätze zwischen Arm und Reich.

10 Darin steckt das Wort global und das bedeutet weltumspannend. Gemeint ist, dass die Welt immer weiter zusammenwächst. Die Menschen betreiben weltweiten Handel. Durch das Internet stehen immer mehr Menschen weltweit in Kontakt miteinander. Auch begreifen die Menschen zunehmend, dass die großen Probleme, wie zum Beispiel der Umweltschutz oder die Bekämpfung der Armut auf der Welt, in internationaler Zusammenarbeit gelöst werden müssen.

11 Der Begriff stammt aus der Forstwirtschaft und bedeutet ursprünglich, dass man nur so viel Wald abholzen darf, wie wieder nachwachsen kann. Heute wird der Begriff im Zusammenhang mit dem Schutz der Umwelt verwendet. Gemeint ist, dass die Menschen die Umwelt so zu schützen haben, dass auch die nachfolgenden Generationen noch in einer intakten Natur leben können.

Bürgermeister/Bürgermeisterin

Demokratie

Entwicklungsländer

Familie

Gesetze

Globalisierung

Internet

Kinderrechte

Kommunalpolitik

Kompromiss

Konflikt

Nachhaltigkeit

Politik

Recycling

Schülervertretung

Staat

Steuern

Treibhauseffekt

Umweltschutz

Wirtschaft

12 Dazu gehören alle Betriebe und Versorgungseinrichtungen, die uns mit den Dingen versorgen, die wir zum Leben benötigen. Sie hat die Aufgabe, unseren Bedarf an Gütern (zum Beispiel an Nahrungsmitteln, Kleidung, Autos, Computern usw.) und die Dienstleistungen (zum Beispiel ärztliche Versorgung, Kinder-, Jugend- und Altenpflege usw.) zu decken. Auch das Geld und die Banken spielen in diesem System eine zentrale Rolle. Das Geld ist das Tauschmittel, mit dem wir uns die benötigten Dinge kaufen können. Der Begriff bezeichnet ein System und eine Tätigkeit, die nahezu jeder Mensch ausüben muss durch Arbeit, Planung und Einteilung seiner Mittel.

13 Hierin steckt das griechische Wort „Polis“, das man sinngemäß mit „Gemeinschaft“ übersetzen kann. Heute verstehen wir darunter alle die Aufgaben und Zukunftsprobleme, die gelöst werden müssen, damit die Menschen im Staat friedlich, frei und in Sicherheit miteinander leben können. Sie wird von Parteien, Bürgerinitiativen, Interessenverbänden und engagierten Personen (auch von Jugendlichen) gemacht. Die Vorstellungen und Interessen über die Lösung von Zukunftsaufgaben sind zwischen den beteiligten Menschen bzw. Gruppen oft sehr verschieden.

14 Das Wort bedeutet „Zusammenstoß“. Es bezeichnet eine Auseinandersetzung, die entsteht, wenn Menschen oder Gruppen aufeinandertreffen, die unterschiedliche Interessen vertreten. Die streitenden Parteien versuchen dann, mit Argumenten und mit Macht den Streit siegreich zu beenden. Oft gelten diese Auseinandersetzungen als unvermeidlich, zum Beispiel, wenn alljährlich die Arbeitgeber und Arbeitnehmer in den Tarifverhandlungen über die Höhe der Löhne streiten. In der Demokratie gilt ein Streit, der auf Meinungsunterschieden oder Interessengegensätzen beruht, nicht als schlecht. Wichtig ist, dass man lernt, fair zu streiten und Gewalt auf alle Fälle zu vermeiden.

15 Wörtlich übersetzt heißt das aus der griechischen Sprache stammende Wort „Herrschaft des Volkes“. Für unsere moderne Zeit bedeutet das Wort, dass alle Herrschaft im Staat vom Volk ausgeht. Das Volk wählt seine Vertreter in die Gemeinderäte, die Landtage und den Bundestag. Der wichtigste Wert dieser Staatsform ist, dass die Menschen frei sind und gleiche Rechte haben.

16 Man versteht darunter die Rechte, die den Kindern unabhängig von ihrer Herkunft, ihrem Geschlecht oder ihrem Glauben weltweit zustehen müssen. Im Jahr 1989 wurden diese Rechte in einer Erklärung der Vereinten Nationen in New York in 54 Artikeln aufgeschrieben und verkündet.

Bürgermeister/Bürgermeisterin

Demokratie

Entwicklungsländer

Familie

Gesetze

Globalisierung

Internet

Kinderrechte

Kommunalpolitik

Kompromiss

Konflikt

Nachhaltigkeit

Politik

Recycling

Schülervertretung

Staat

Steuern

Treibhauseffekt

Umweltschutz

Wirtschaft

17 Oft sagen die Erwachsenen, dass wir alle das sind. Wörtlich übersetzen kann man das Wort aus dem frühen Mittelalter mit „Lebensweise". Man versteht darunter die Organisation, die die Menschen in der Gesellschaft, zum Beispiel in Deutschland oder in Frankreich, sich gegeben haben, damit sie gerecht und friedlich miteinander leben können. Wer sich nicht an Gesetz und Recht hält, wird in seinem Auftrag bestraft. Er fordert von den Menschen, dass sie einen nicht unerheblichen Teil ihres Einkommens in Form von Steuern und Abgaben an ihn abtreten. Er verteilt dieses Geld dann wieder, zum Beispiel an Familien in Form von Kindergeld. Er gibt es aus zum Bau von Straßen, Schienen, Flugplätzen, Krankenhäusern, Schulen und für vieles mehr. Manchmal schimpfen die Leute auf ihn, weil er Geld für die Erfüllung seiner Aufgaben verlangt.

18 Darunter versteht man die Abgaben, die die Bürger an den Staat zahlen müssen. Wer sie nicht bezahlt, macht sich strafbar. Mit diesem Geld bestreitet der Staat seine Aufgaben. Diese Abgaben werden fällig, wenn man Lohn erhält, wenn man eine Erbschaft macht, wenn man Benzin tankt, wenn man etwas einkauft, wenn man in einem Restaurant etwas isst und bei vielen anderen Gelegenheiten noch. Viele schimpfen über diese Abgaben, aber alle wissen auch, dass ohne sie der Staat nicht funktionieren kann.

19 Das ist die Politik, die in den Gemeinden gemacht wird, also in den Stadt- und Landgemeinden. Kommunal heißt „die Gemeinde betreffend", eine Kommune ist eine Gemeinde. Alle wahlberechtigten Bürgerinnen und Bürger können mitbestimmen, was politisch in ihrer Gemeinde geschieht, zum Beispiel, indem sie an den Wahlen zur Gemeindeverwaltung teilnehmen oder sich als Kandidat aufstellen lassen. Kinder und Jugendliche haben auch Mitwirkungsmöglichkeiten – zum Beispiel durch Kinder- und Jugendparlamente.

20 Der Begriff aus der englischen Sprache spielt im Umweltschutz und hier speziell in der Müllentsorgung eine wichtige Rolle. Man versteht darunter die Wiederverwendung von Abfällen, entweder indem man Dinge mehrfach benutzt, wie zum Beispiel Pfandflaschen, oder indem man die im Müll enthaltenen wertvollen Stoffe herauslöst und zur Herstellung neuer Produkte verwendet.

Wenn ihr das Glossar bearbeitet habt, könnt ihr in Partnerarbeit folgende Übung machen. Eine(r) von euch beiden nimmt das Buch und fragt nach der Erklärung eines Begriffs. Der Partner versucht, die Frage zu beantworten. Der Schüler mit dem Buch hört gut zu, lobt bei richtiger Beantwortung und ergänzt fehlende Informationen mithilfe des Textes. Dann nimmt der andere das Buch und erfragt einen Begriff. So geht es weiter, bis alle Begriffe erfragt sind.

Register

Bildquellenverzeichnis

© A1PIX/SAY: 163 u. – © G. M. B. Akash: 148 u. l., 151 – © Foto Begsteiger KEG/fotobegst: 59 (G) – Stadt Bonn: 77 u. l. - Martin Brockhoff: 59 (H) - Bundesministerium für Verbraucherschutz: 119 u., 125 l. – Carl Bantzer Schule: 3 (2), 28 – © CARO/Claudia Hechtenberg: 138 – Deutsches Kinderhilfswerk: 68 l. - © die bildstelle/REX FEATURES LTD.: 133 - Dorling Kindersley: 153 - Foto: © dpa-Bildarchiv/Getty Images Justin Sullivan: 164 – © dpa-Sportreport: 108 – Foto: Duerr/terre des hommes: 4 (8), 147 o. – Dominique Ecken/Keystone: 4 (6), 106 – Stadt Essen: 77 o. r. – © Wolfgang Filser: 96 u. – © Ralf Gerard/JOKER: 59 (F) – Shawn G. Henry: 50 – Stefan Husch/TERZ: 37 – Foto: Jesuitenmission: 4 (8), 146 o. r. – Foto: Enno Kapitza: 53, 59 (I.) – © Keystone/DiAgentur: 59 (B) – Aus: Wolfgang Heumer, Kora und die Korallen, in: Acht Grad Ost, Klimahaus Bremerhaven, Nr. 1, 2010/Illustration: © Olaf Kock: 128 (beide) – © Thomas Koehler/photothek. net: 70 o. r. – © Martin Leissl/VISUM: 3 (4), 64 – Mainbild/Nils-Johan Norenlind – TIOFOTO: 87 (2) – © Mathyschok/mediacolors: 87 (3) – Peter Menzel: 52 – Foto: Norbert Millauer/ddp: 36 – Aus: Birgit Neiser, Max macht Mäuse, mit Illustrationen von Ralf Butschkow, moses Verlag 2000, S. 14: 92 (beide), 93 – © National Coalition: 167 – net-design Sabine Holz, Jülich: 67 – © Margret Nußbaum: 66 – © OKAPIA: 59 (D) – Stadt Olpe: 77 o. l. – © picture-alliance: 87 (6) – © picture-alliance/Bildagentur-online: 3 (3), 46 – © picture-alliance/chromorange: 23 u., 90 – © picture-alliance/Denkou Images: 49 – © picture-alliance/Design Pics: 100 – © picture-alliance/dpa: 4 ((8) 3 Bilder), 73, 87 (5, 7, 8, 9), 110, 114, 115, 121, 129 o., 146 o. l. + u. l. + u. r., 148 o. l., 149, 152, 154, 163 o. – © picture-alliance/dpa-infografik: 48, 120, 141 – © picture-alliance/Helga Lade GmbH, Germany: 23 o. – © picture-alliance/landov: 129 u. – © picture-alliance/moodboard: 99 o. – © picture-alliance/Paul Mayall: 118 – © picture-alliance/scanpix: 34 – © picture-alliance/ZB: 87 (1), 111, 122, 156 – © plainpicture/ Fiets, B.: 59 (A) – Aus: „Spielverderber – Das Geschäft mit dem Kinderspielzeug", RETAP-Verlag, Bonn 2002: 165 – Robert Perthel-Haus, Köln: 62 – © Gina Sanders – Fotolia.com: 143 – © Norbert Schaefer: 59 (E) – © Schapowalow/Montag: 59 (C) – © Stadt Bielefeld und Kidsville Redaktionsbüro: 71 (beide), 72 – Foto: Stadtarchiv Paderborn/Stuttgarter Luftbild Elsässer: 77 u. r. – Leong Ka Tai, Hongkong: 51 – TransFair e. V.: 119 o., 125 r. – Foto: UNICEF/Michael Klaus: 148 o. r., 150 – Foto: UNICEF/Hyou Vielz: 160 (alle) – © vario images: 4 (7), 126 – © vario-press/Bernhard Classen: 96 m. – VCL/Bavaria: 104 – Verlagsarchiv Schöningh/Gemm: 70 m. r. – Verlagsarchiv Schöningh/ Wolfgang Mattes: 15, 16 (alle), 33 – Verlagsarchiv Schöningh/Andreas Müller: 22, 24, 134 (alle), 145 u. – Verlagsarchiv Schöningh/Günter Schlottmann: 57 (beide), 87 (4), 98, 102, 109, 136, 137 (beide) – Verlagsarchiv Schöningh/Andrea Temme: 94 (beide) – Verlagsarchiv Schöningh/Michael Vogdt: 3 (1), 4 (5), 12, 20, 60, 70 l., 76, 84, 113 – Illustration von Joachim Knappe aus: WAS IST WAS Wirtschaft spezial, S. 24: 99 u. – Wikipedia: 91 – © www.kinderrathaus.de: 3 (4), 65 u. – weitere: Verlagsarchiv Schöningh

Sollte trotz aller Bemühungen um korrekte Urheberangaben ein Irrtum unterlaufen sein, bitten wir darum, sich mit dem Verlag in Verbindung zu setzen, damit wir eventuell notwendige Korrekturen vornehmen können.

Lösungen zu den Kompetenzstationen

1. Meine Klasse und ich S. 27

Station 1: Regeln zum Verhalten vor dem Unterrichtsbeginn können sein: ruhig auf den Platz setzen; Schulbuch und Arbeitsheft auf den Tisch legen; auf den Lehrer warten. Regeln für das Verhalten gegenüber Klassenkameraden: niemandem Gewalt zufügen; sich nicht über andere lustig machen; nichts kaputt machen, was anderen gehört. Regeln für die Gesprächsführung im Unterricht: sich melden, bevor man etwas sagt; zuhören, wenn andere reden; keine abfälligen Bemerkungen machen.

Station 2: Meinungsfreiheit: In der Demokratie dürfen alle Menschen frei ihre Meinung sagen. Wahlen: Die Bürger wählen Politiker und Parteien, von denen sie eine Zeit lang regiert werden. Mehrere Parteien: Es gibt unterschiedliche Parteien, die ihre Vorstellungen in Parteiprogrammen kundtun.

Station 3: Eine Gewinner-Gewinner-Lösung liegt vor, wenn alle mit der Streitlösung zufrieden sind und mit einem guten Gefühl auseinandergehen. Eine Gewinner-Verlierer-Lösung liegt vor, wenn es Sieger und Besiegte gibt und einer den gesamten Schaden hat. Eine Verlierer-Verlierer-Lösung liegt vor, wenn eine Freundschaft zerbricht und alle Streitenden geschädigt werden.

2. Leben in der Schulgemeinschaft S. 45

Station 1: 1. Frage: Der Klassensprecher vertritt die Interessen der Klasse, informiert die Klasse über wichtige Angelegenheiten der SV, führt die Beschlüsse der Klasse aus, bereitet die SV-Stunde vor. 2. Frage: Das aktive Wahlrecht bedeutet, dass man das Recht hat, wählen zu gehen. Das passive Wahlrecht bedeutet, dass man das Recht hat, gewählt zu werden.
3. Frage: Klassensprecher- und Stellvertreterwahl, Wahl des Schülersprechers durch den Schülerrat oder durch die gesamte Schülerschaft. 4. Frage: In der Demokratie hat nur das Volk das Recht, zu entscheiden, wer für eine gewisse Zeitspanne regieren darf. Dies ist nur durch eine Wahl möglich.

Station 2: (1) Ein Recht ist eine garantierte Freiheit. (2) Nie hat jemand grenzenlose Rechte. (3) Das wichtigste Recht in der Schule ist das Recht auf Bildung. (4) Das Recht auf eine eigene Meinung darf nicht missbraucht werden, um andere zu beleidigen. (5) Unter einer Pflicht versteht man eine Aufgabe, die man zu erfüllen hat. (6) Eine wichtige Schülerpflicht ist die Pflicht zum regelmäßigen Schulbesuch.

Station 3: (1) Wahl durch den Schülerrat (A) und durch die gesamte Schülerschaft (B); (2) A: Eine Wahl durch alle ist ein sehr demokratisches Verfahren. B: Der Schülerrat kann besser beurteilen, welche Kandidatinnen bzw. Kandidaten geeignet sind.

3. Zusammenleben in der Familie S. 63

Station 1: Etwa 3 von 100 Jugendlichen leben bei alleinerziehenden Vätern. (Darstellung in Symbolen: Vater + Kind) Etwa 17 von 100 Jugendlichen leben bei alleinerziehenden Müttern. (Darstellung in Symbolen: Mutter + Kind) Etwa 75 von 100 Jugendlichen leben in traditionellen Familien. (Darstellung in Symbolen: Vater + Mutter + Kind)

Station 2: Bei der Neuverteilung der Aufgaben in der Familie Schneider muss darauf geachtet werden, dass eine Doppelbelastung von Frau Schneider durch Beruf und Familie vermieden wird. Da Frau Schneider nun halbtags arbeitet, ihr Mann aber ganztags, wird der Anteil an Arbeiten, die Frau Schneider übernimmt, größer sein als der Anteil ihres Mannes. Nico und Elena können einen etwa gleich großen Anteil übernehmen. Sandra ist mit ihren drei Jahren noch zu klein, um Aufgaben in der Familie zu übernehmen.

Station 3: In dem Brief sollten ...

- die Lebensbedingungen Petras genannt werden (Stichworte: keine Betreuung, keine Fürsorge, kein Essen und keine neue Kleidung, Alkoholsucht der Mutter, Vater kümmert sich nicht und bezahlt keinen Unterhalt),
- die Folgen genannt werden (Stichworte: Schulschwänzen, Leistungsabfall in der Schule, ungesunde Ernährung, ungepflegtes Erscheinungsbild, keine Freunde).

4. Demokratie in der Gemeinde S. 83

Station 1: Richtig sind die Aussagen 1, 4 und 5.

Station 2: Fehler: (1) Das Amt wird nicht übergeben, der Bürgermeister wird von den Wahlberechtigten gewählt. (2) Der Bürgermeister bestimmt nicht. Er ist an die Entscheidungen des Rates gebunden. (3) Der Stadtrat besteht aus gewählten Kandidaten. (4) Die Stadt hat drei Einnahmequellen: Steuern, Gebühren und Finanzzuweisungen vom Land und vom Bund. Erklärung: Es gibt Gesetze, die verhindern, dass einer allein alles bestimmt. Gemeindepolitik wird von den gewählten Volksvertretungen, also den Gemeinde- oder Stadträten, ausgeübt. Diese werden in regelmäßigen Abständen von den Bürgern gewählt. Außerdem können die Bürger einer Gemeinde aktiv in der Politik mitwirken, z. B. über Bürgerbegehren und Bürgerentscheid.

Station 3: 1. Die eigene Heimatgemeinde ist wichtig für die darin lebenden Menschen, weil man sich hier die meiste Zeit aufhält und die örtlichen Einrichtungen in Anspruch nimmt. 2. Manchmal ärgern sich die Bewohner einer Gemeinde, weil sie nicht immer damit einverstanden sind, was der Rat der Stadt beschließt. 3. Oft schließen sich mehrere Gemeinden zu Verbandsgemeinden zusammen, weil sie so ihre Aufgaben besser bewältigen und Geld sparen können.

5. Vom richtigen Umgang mit Geld S. 105

Station 1: Robinson musste zunächst für Trinkwasser und Essen, dann weiter für Kleidung und ein Dach über dem Kopf als Schutz gegen Sonne, Regen und nächtliche Kälte sorgen. Er konnte auf der Insel lediglich seine Grundbedürfnisse stillen, die ihm das Überleben sicherten. Nur sehr eingeschränkt konnte er seine Konsum- und Luxusbedürfnisse sowie seine kulturellen Bedürfnisse stillen. Nicht stillen konnte er seine sozialen Bedürfnisse, da er zunächst allein auf der Insel war.

Station 2: Wenn man etwas einkauft, hat man verschiedene Möglichkeiten zu bezahlen. Hat die Ware nur einen geringen Wert, zahlt man am besten mit **Münzen**. Das ist Metallgeld, wobei die verschiedenen Münzen jeweils einen anderen Wert haben. Hat die Ware einen höheren Wert, ist es sinnvoll, mit **Papiergeld** zu bezahlen. Das sind unterschiedliche Scheine, auf denen der Wert des Geldscheins aufgedruckt ist. Beides zusammen bezeichnet man als **Bargeld**. Man kann damit direkt aus dem eigenen Geldbeutel an der Kasse bezahlen. Der Wert von Münzen und Papiergeld wird in **Euro** und Cent bemessen. Das ist die Währung in vielen Ländern Europas. **Buchgeld** ist unsichtbares Geld, das man nicht anfassen kann. Es handelt sich dabei um Geld, das man zum Beispiel von einem Konto auf ein anderes Konto überweist oder auf ein Konto einbezahlt. Weil es nur in den Büchern der Bank auftaucht, heißt es Buchgeld.

Station 3: Natürlich möchte jeder beim Einkaufen für sein Geld eine möglichst hohe **Gegenleistung** bekommen. Sicherlich ist euch auch schon aufgefallen, dass die Preise von Geschäft zu Geschäft **verschieden** sind. Sinnvoll ist es daher, die Preise zu **vergleichen**. Auch sollte man immer auf eine möglichst hohe Qualität der Ware achten. Wirtschaftlich klug handelt man auch, wenn man **nachhaltig** produzierte Ware kauft.

6. Kinder und Jugendliche als Verbraucher S. 125

Station 1: Henrik darf den CD-Player behalten, weil er ihn aus seinen Ersparnissen und einem Geschenk seines Opas gekauft hat.

Station 2: Wenn das Angebot steigt, sinken die Preise. Wenn das Angebot sinkt, steigen die Preise. Wenn die Nachfrage steigt, steigen die Preise. Wenn die Nachfrage sinkt, sinken die Preise.

Station 3: Das Bio-Siegel bedeutet, dass bei der Herstellung die Umwelt geschont wurde. Das Fairtrade-Siegel bedeutet, dass die Arbeiter und Bauern, die das Produkt hergestellt haben, angemessene Löhne bekommen haben und nicht ausgebeutet wurden. Wenn man Waren mit diesen Siegeln kauft, hat man klug eingekauft, weil man sowohl die Kriterien für nachhaltiges Einkaufen als auch das Qualitätskriterium beachtet hat. Ein weiteres Kriterium für kluges Einkaufen ist das Preiskriterium: Man vergleicht vor dem Einkaufen die Preise und entscheidet sich für das Produkt, das einen angemessenen Preis hat.

7. Umweltschutz als Zukunftsaufgabe S. 145

Station 1: (1) Der Treibhauseffekt entsteht dadurch, dass die Sonnenstrahlen wie in einem Gewächshaus nur noch teilweise aus der Atmosphäre entweichen können. So kommt es zur

Erderwärmung. (2) Durch den steigenden Energieverbrauch produzieren die Menschen immer mehr Kohlendioxid. Es wird in der Folge immer wärmer auf der Erde. (3) Pole und Gletscher schmelzen, die Temperaturen steigen. Das hat zur Folge, dass der Meeresspiegel ansteigt und Küstenregionen und Inseln überschwemmt werden, der Lebensraum für Tiere bedroht wird, Wasser knapp wird, Dürren und Überschwemmungen die Landwirtschaft erschweren, noch mehr Menschen Hunger leiden. (4) Wir müssen lernen, umweltfreundlich mit Energie umzugehen und Energie regenerativ herzustellen. Nur dann produzieren wir weniger Treibhausgase.

Station 2: Glasflasche: Glascontainer; Plastikverpackung: Gelber Sack/Gelbe Tonne; Pappe: Papiercontainer; Apfel: Restmüll-Tonne; Plastikflasche: Gelber Sack/Gelbe Tonne; ...

Station 3: Die Begriffe sind in folgender Reihenfolge in die Lücken einzusetzen: Wasserkraft – Windkraft – Strom – fossilen Brennstoffe – Treibhauseffekt.

8. Kinder in aller Welt S. 166

Station 1: Jaqueline lebt in Ruanda in Afrika. Sie muss ihre drei jüngeren Geschwister versorgen, weil ihre Eltern in einem Bürgerkrieg getötet wurden. Auf einem kleinen Feld baut sie Maniok an. Das ist ein wichtiges Nahrungsmittel für sie und für ihre Geschwister.
Rokeya ist ein Mädchen aus Bangladesch. Sie muss täglich acht bis neun Stunden schwere Arbeit leisten. Ihre Aufgabe ist es, Ziegelsteine mit dem Hammer in kleine Stücke zu zerschlagen. Nach der Arbeit geht Rokeya noch zur Schule. Rokeya lernt gerne und ist froh, dass sie in die Schule gehen kann.

Station 2: Die Meinung des Mannes ist falsch. Es stimmt zwar, dass Deutschland ein reiches Land ist. Trotzdem gibt es Kinder, die in Armut leben müssen. 1,7 Millionen Kinder gelten als arm. Das ist jedes siebte Kind.
Man kann dafür sorgen, dass Kinder aus armen Familien sich in der Klasse genauso wohlfühlen wie alle anderen auch. Wichtig ist es, (1) sich nicht lustig zu machen, (2) niemanden auszuschließen, (3) eine gute Klassengemeinschaft zu bilden, (4) sich gegenseitig zu helfen.

Station 3: Wichtige Kinderrechte: Recht auf Schulbildung, auf medizinische Versorgung, die eigene Sprache zu sprechen, sich informieren zu können und eine eigene Meinung zu haben, vor Ausbeutung geschützt zu sein. Gute Ideen für Projekte: Schminkaktionen, Theater spielen, Flohmarkt, Kuchenverkauf, Sponsoren-Rallye, Aktion Schülersolidarität, Zeitungsartikel schreiben, Straßenkind für einen Tag, Info-Aktionen und anderes mehr.

Station 4: Eine sinnvolle Reihenfolge ist: 1. Empfänger auswählen, 2. Themen auswählen, 3. sich über die Form der Präsentation verständigen, 4. die Arbeit auf Teams verteilen, 5. Einzelergebnisse zusammenfügen, 6. die fertige Präsentation überarbeiten, 7. Präsentation versenden.